权威·前沿·原创

皮书系列为
"十二五""十三五"国家重点图书出版规划项目

BLUE BOOK

智库成果出版与传播平台

图书在版编目（CIP）数据

2021 年湖南社会发展报告 / 谈文胜主编 . -- 北京：
社会科学文献出版社，2021.5
（湖南蓝皮书）
ISBN 978 - 7 - 5201 - 8306 - 2

Ⅰ. ①2… Ⅱ. ①谈… Ⅲ. ①社会发展 - 研究报告 -
湖南 - 2021 Ⅳ. ①D676.4

中国版本图书馆 CIP 数据核字（2021）第 079610 号

湖南蓝皮书
2021 年湖南社会发展报告

主　　编 / 谈文胜
副 主 编 / 唐宇文　蔡建河

出 版 人 / 王利民
组稿编辑 / 邓泳红
责任编辑 / 桂　芳

出　　版 / 社会科学文献出版社 · 皮书出版分社（010）59367127
　　　　　　地址：北京市北三环中路甲 29 号院华龙大厦　邮编：100029
　　　　　　网址：www.ssap.com.cn
发　　行 / 市场营销中心（010）59367081　59367083
印　　装 / 三河市东方印刷有限公司

规　　格 / 开　本：787mm × 1092mm　1/16
　　　　　　印　张：24.25　字　数：361 千字
版　　次 / 2021 年 5 月第 1 版　2021 年 5 月第 1 次印刷
书　　号 / ISBN 978 - 7 - 5201 - 8306 - 2
定　　价 / 168.00 元

本书如有印装质量问题，请与读者服务中心（010 - 59367028）联系

湖南蓝皮书
BLUE BOOK OF HUNAN

2021年湖南社会发展报告

REPORT ON SOCIAL DEVELOPMENT OF HUNAN (2021)

湖南省人民政府发展研究中心

主　编 / 谈文胜

副主编 / 唐宇文　蔡建河

社会科学文献出版社
SOCIAL SCIENCES ACADEMIC PRESS（CHINA）

主要编撰者简介

谈文胜 湖南省人民政府发展研究中心党组书记、主任。研究生学历，管理学博士。历任长沙市中级人民法院研究室主任，长沙市房地局党组成员、副局长，长沙市政府研究室党组书记、主任，长沙市芙蓉区委副书记，湘潭市人民政府副市长，湘潭市委常委、秘书长，湘潭市委常委、常务副市长，湘潭市委副书记、市长。主要研究领域为法学、区域经济、产业经济等，先后主持或参与"实施创新引领开放崛起战略，推进湖南高质量发展研究""对接粤港澳大湾区综合研究""湘赣边革命老区振兴与合作发展研究""创建中国（湖南）自由贸易试验区研究"等多项省部级重大课题。

唐宇文 湖南省人民政府发展研究中心党组副书记、副主任，研究员。1984 年毕业于武汉大学数学系，获理学学士学位，1987 年毕业于武汉大学经济管理系，获经济学硕士学位。2001～2002 年在美国加州州立大学学习，2010 年在中共中央党校一年制中青班学习。主要研究领域为区域发展战略与产业经济，先后主持国家社科基金项目及省部级课题多项，近年出版著作主要有《创新引领开放崛起》《打造经济强省》《区域经济互动发展论》等。

蔡建河 湖南省人民政府发展研究中心党组成员，二级巡视员。长期从事政策咨询研究工作，主要研究领域为宏观经济、产业经济与区域发展战略等。

摘　要

　　本书是由湖南省人民政府发展研究中心组织编撰的年度性发展报告。本书系统分析了2020年湖南社会发展情况，展望2021年湖南社会发展面临的形势和重点，并针对存在的问题提出政策建议。本书包括主题报告、总报告、部门篇、专题篇四个部分。主题报告是湖南省领导关于社会建设和社会治理重大问题的战略思考和重要论述。总报告深入分析了2020年湖南社会发展总体情况，研判2021年面临的形势和发展态势，系统提出促进湖南社会发展的政策建议。部门篇分别从社会治理、司法、教育、公共文化、民政、就业、住房保障、卫生健康、医疗保障、应急管理、市场监管、信访、居民收支、扶贫、残疾人事业、女性创业等相关领域进行专项研究，全方面展现湖南社会发展情况及特点，展望2021年湖南社会建设的发展。专题篇聚焦社会治理创新、社会民生建设两个专题，选取了基层组织建设、法治乡村建设、政府采购营商环境、扫黑除恶、地方立法、乡村治理、高质量就业、减贫共富、巩固脱贫成果、残疾人康复、农村居家养老、中小学劳动教育、农村留守儿童性教育等当前湖南社会领域的若干重大理论与实践问题，展开前瞻性和应用性研究，提出最新的思考、观点和针对性建议。

　　2020年，湖南防控新冠肺炎疫情取得重大成果，决胜全面建成小康社会、决战脱贫攻坚取得决定性成就，各项社会事业取得新进步，民生保障有力有效，社会平安稳定。主要社会发展目标超预期完成，全体居民人均可支配收入增长6.1%，新增城镇就业72.42万人，城镇登记失业率2.74%，居民消费价格涨幅2.3%，剩余19.9万贫困人口全部脱贫，12件重点民生实事全面完成。展望 2021 年，湖南社会发展面临的机遇和挑战都有新变化，国际环境仍然复杂多变，疫情影响有望降低，新发展阶段倒逼补齐民生短板，为实施"三高四新"战略带来重大机遇。

2021 年，湖南社会发展的主要预期目标为：居民收入稳步增长，城镇新增就业 70 万人，城镇调查失业率与全国一致，居民消费价格涨幅控制在 3% 左右。

2021 年，湖南社会发展应围绕"三高四新"战略，更好统筹发展和安全；加强民生保障，切实增进人民群众福祉；落实就业优先政策，实现更加充分更高质量就业；推动教育优质均衡发展，办好人民满意的教育；完善医疗卫生服务体系，加快建设健康湖南；提升公共文化服务水平，繁荣文化事业；全面提升治理能力，维护社会安全稳定，推进各项社会事业全面进步。

关键词： 社会事业　民生保障　社会治理　新冠肺炎疫情防控　湖南

Abstract

This book is an annual development report complied by the Development Research Center of the Hunan Provincial People's Government. It systematically reviewed the social development of Hunan in 2020, looked forward to the situation faced by Hunan's social development in 2021, and proposed targeted policy suggestion for the existing problems. The book is divided into 4 parts, including Keynote Reports, General Report, Department Reports and Special Reports. The keynote reports are the strategic thought and important exposition of the leaders of Hunan province on the major issues of social development and governance. The general report reviewed the overall situation of Hunan's development in 2020, analyzed the further situation and developing trend in 2021, and put forward policy suggestions for promoting Hunan's social development. The department reports have conducted studies on social governance, judicial work, education, public culture, civil affairs, employment, residents' income and expense, housing security, health care, medical security, contingency management, market supervision, work of letters and calls, poverty alleviation, disabled people's career, and female entrepreneurship, which reveal the characteristics and restricting factors of social development of Hunan, put forward the developing of Hunan's social development in 2021. The special reports are written by scholars who focus on social governance innovation and construction of people's livelihood, selected several influential areas to do prospective and applied research, such as construction of grass roots organization, rural construction under the rule of law, government procurement business environment, anti-corruption, local legislation, rural governance, high-quality employment, poverty reduction and common prosperity, consolidation of poverty alleviation achievements, rehabilitation of disabled people, rural home-based pension, primary and secondary school labor education, rural left behind children education, etc. These reports offered the latest opinions, proposed targeted suggestions and provided decision-making reference to promote social development in Hunan.

The novel coronavirus pneumonia epidemic prevention and control in Hunan in 2020 has made great achievements, and has achieved decisive success in building a moderately prosperous society in all respects and in fighting a decisive battle against poverty. New progress has been made in various social undertakings, and the people's livelihood is guaranteed effectively and effectively, and social security is stable. The main social development goals exceeded expectations, the per capita disposable income of all residents increased by 6.1%, the number of new urban employment increased by 724200, the registered urban unemployment rate was 2.74%, and the consumer price rose by 2.3%. All the remaining 199000 poor people were lifted out of poverty, and 12 key livelihood issues were fully completed. Looking forward to 2021, the opportunities and challenges faced by Hunan's social development have all changed. The international environment is still complex and changeable, the impact of the epidemic is expected to decrease. The new development stage will overwhelm the shortcomings of the people's livelihood, and the "three high levels and four new" strategy will bring great opportunities.

In 2021, the main expected goals of Hunan's social development are: the steady growth of residents' income, 700,000 new jobs in cities and towns, the unemployment rate in cities and towns is the same as that in the whole country, and the increase of residents' consumer prices is controlled at about 3%.

In 2021, Hunan's social development should better coordinate development and security around the "three high levels and four new" strategy; strengthen people's livelihood security, and earnestly enhance the well-being of the people; implement the priority policy for employment, and achieve more full and higher quality employment; promote the balanced development of education, run education satisfactory to the people; improve the medical and health services system, and speed up the construction of a healthy Hunan; improve public culture services, prosper cultural undertakings; governance capacity should be improved in an all-round way; social security and stability should be maintained; and all social undertakings should be advanced in an all-round way.

Keywords: Social Undertakings; People's Livelihood Security; Social Governance; Prevent COVID – 19; Hunan

目 录

I 主题报告

II 总报告

III 部门篇

Ⅳ　专题篇

社会治理创新

社会民生建设

皮书数据库阅读**使用指南**

CONTENTS

Ⅰ Keynote Reports

Ⅱ General Report

III Department Reports

Ⅳ　Special Reports

Social Governance Innovation

主 题 报 告

Keynote Reports

B.1
生命至上　安全第一

陈 飞 *

学习《习近平谈治国理政（第三卷）》，感受最深的是习近平总书记的人民情怀，习近平总书记始终把人民群众的安危冷暖放在心中最高位置。2020 年 5 月 22 日，在参加十三届全国人大三次会议内蒙古代表团审议时，总书记强调"人民至上、生命至上，保护人民生命安全和身体健康，我们可以不惜一切代价"。"十四五"规划和 2035 年远景目标中也明确要求"坚持人民至上、生命至上，把保护人民生命安全摆在首位，全面提高公共安全保障能力"。我们要牢固树立以人民为中心的发展思想，坚持"生命至上、安全第一"，统筹抓好安全和发展两件大事，奋力谱写新时代坚持和发展中国特色社会主义湖南新篇章。

---

* 陈飞，湖南省人民政府副省长。

一　把人民群众安全摆在首位

习近平总书记在全国抗击新冠肺炎疫情表彰大会上强调："在保护人民生命安全面前，我们必须不惜一切代价，我们也能够做到不惜一切代价，因为中国共产党的根本宗旨是全心全意为人民服务，我们的国家是人民当家作主的社会主义国家。"习近平总书记深刻阐述了我们党全心全意为人民服务的根本宗旨。

（一）保障人民群众安全是政治责任

人民至上是中国共产党全部实践的根本价值取向。坚持人民至上，是习近平新时代中国特色社会主义思想的"根"和"魂"。人的生命是最宝贵的，生命只有一次，失去不会再来，坚持人民至上，必须坚持生命至上、安全第一。面对突如其来的新冠肺炎疫情，习近平总书记一开始就鲜明地提出，人的生命重于泰山。这也是习近平总书记对安全生产的一贯要求。我们经常说要提高政治站位。如何提高政治站位？习近平总书记告诫我们要在全心全意为人民服务中提升政治站位。守护好人民群众生命财产安全，是为人民服务最具体、最基本、最重要的工作，是领导干部的政治责任。安全生产"三个必须""一岗双责""党政同责"就是要求各级党委政府全面落实安全生产责任，守土有责、守土负责、守土尽责，让人民群众有更多的获得感、幸福感、安全感。人民至上是我们作出正确抉择的根本前提，我们务必把安全生产摆到重要位置，绝不能只重发展不顾安全，更不能将其视作无关痛痒的事，搞形式主义、官僚主义。

（二）保障人民群众安全是人民美好生活的前提

人民对美好生活的向往，就是我们的奋斗目标。美好生活，始于安，失去安全就失去根本，将一失万无。近年来，湖南省狠抓安全生产工作，经过不懈努力，防灾减灾救灾能力不断提升，但安全工作基础并不牢固。湖南省自然灾害主要有水旱灾害、地质灾害、气象灾害、森林火灾、地震等五大灾种；安全生产领域风险主要有煤矿和非煤矿山、危险化学品和烟花爆竹、交通运输、建筑施工、消防等五个重点。这"5+5"风险，构成湖南省安全风险的"十面埋伏"，随时可能对人民生命财产安全构成威胁。水情是湖南最大的省情，火灾（文夕大火）是湖南人民最惨痛的记忆。我们必须时刻绷紧安全这根弦，守护好人民美好生活和高质量发展底线。

（三）保障人民群众安全是高质量发展的基础

习近平总书记在十九届五中全会上强调统筹发展和安全，明确指出"安全是发展的前提，发展是安全的保障"。深刻阐明了安全与发展的辩证关系。安全是为了发展，发展促进安全。社会主义的本质要求，是解放和发展社会生产力，推动高质量发展需要生产力的进步，而劳动者是生产力三要素中最活跃最重要的因素，确保劳动者的安全是推动生产力发展、促进高质量发展的基础。

目前，对"生命至上、安全第一"还存在一些认识上的误区。有的把"安全"狭隘地理解为"生产安全"，认为只要抓生产安全就可以了，把非生产安全和自然灾害排除在"安全"之外；有的认为安全生产"一票否决"只应对安全工作否决或部分安全工作否决，甚至认为安全生产"一票否决"应该取消；有的对安全生产"三个必须"认识不到位，认为只要部门职责中没有写安全责任，任务分配时躲着责任就可以回避责任。要澄清这些认识上的误区，就要用习近平新时代中国特色社会主义思想武装头脑，牢固树立以人民为中心的发展思想。生命的安全应该是全面的安全，必须坚持生产安全、非生产安全、自然灾害防治一起抓，必须坚持生产安全事故、非生产安全事故、自然灾害事件一起防。安全是"筑底板"的工程，发展是"补短板"的工程，底板不牢固，短板补得再长也意义不大，更谈不上推动高质量发展。安全是基础性工作，必须用好安全生产"一票否决"，使其发挥考核指挥棒作用。

二　推进应急管理体系和能力现代化

湖南是全国自然灾害最严重的省份之一，也是安全防范任务最繁重的省份之一。近年来，湖南省安全形势总体向好。但安全生产重特大事故时有发生，较大事故呈现频发态势，近3年都发生重特大事故的6个省份中湖南位列其中，安全事故致残也是湖南省残疾人比例较高的重要原因之一，湖南省残疾人比例比全国平均高千分之一。非生产安全较大事故起数和死亡人数大幅超过生产安全事故，自然灾害死亡失踪人数2019年排在全国第11位、2020年湖南因灾情较重排在全国第9位。这些数据表明，湖南省安全工作基础薄弱，应对重大安全风险的能力还不强，务必大力推进应急管理体系和能力现代化建设。

（一）构建权威、高效、协同的应急体系

习近平总书记在党的十九届四中全会上指出："构建统一指挥、专常兼备、反应灵敏、上下联动的应急管理体制，优化国家应急管理能力体系建设，提高防灾减灾救灾能力。"

一是要建立上下贯通的应急管理体制。机构上下贯通，才能消除掣肘、执行有力。目前，湖南省省直和大多数市州、县市区应急管理机构改革已经完成，但还有任务重的3个市及部分县市区防汛抗旱指挥部未完成转隶，另有36个县市区森林防灭火指挥部维持原状。要按照党中央确定的改革要求、改革方向和制度设计，加快完成防汛抗旱、森林防灭火、抗震救灾管理机构调整、职能整合，实现全省上下贯通、高效协同。

二是要完善应急管理机制。围绕"统一、权威、高效"目标，以全面覆盖、分级管理、各负其责为原则，明晰防抗救助全链条职责，构建权责清晰、关系顺畅、协同高效的应急管理机制。要建立健全责任落实机制、隐患排查机制、监测预警机制、网格化安全监管机制、信息报告共享机制、协调联动机制、社会动员机制、信息发布机制、舆论引导机制、追责问责机制

等，尤其要抓住责任落实机制、追责问责机制这两个关键，以此推动责任落实，做到横向到边、纵向到底，左右协同、上下联动。

三是不断完善法规制度。根据中央关于应急管理的新要求，结合新时期湖南省应急管理工作新情况新问题和体制机制新变化，有针对性地制定调整完善湖南省应急管理法规制度，为应急管理工作提供制度保障。结合实际修订完善考核办法、考核细则，力求针对性强、可操作性强、务实管用。

（二）全面提升应急能力水平

要立足长远、标本兼治，紧紧围绕应急管理能力现代化，突出应急预案、应急力量、应急救援和应急物资装备等重点，全面谋划编制好应急管理"十四五"规划，以高标准的规划引领应急管理能力提升。

一是加强应急预案建设。结合湖南自然灾害、安全生产事故种类多，分布地域广，发生频率高，造成损失重的实际，构建"1 + 2 + 42"预案体系，做到上下左右无缝衔接。加强预案演练，通过演练和实战不断修订完善预案，确保预案能用、管用、实用、好用。

二是加强应急力量建设。围绕全灾种、大应急要求，完善应急力量"一张图"编制，推进以消防救援队伍为综合力量、以基层单位为基础力量、以解放军和武警为关键力量、以企业为专业力量、以志愿者队伍为辅助力量的应急救援力量体系建设，共训共练，建成专常兼备、反应灵敏、作风过硬、本领高强的应急救援队伍，既打造应急救援的"尖刀和拳头"力量，又确保形成应急救援合力。应急救援队伍要忠实践行对党忠诚、纪律严明、赴汤蹈火、竭诚为民。

三是加强应急物资装备保障。整合各领域各行业应急资源，编制全省应急物资储备"一张图"和储备调运"一张网"，保证各类物资装备多渠道多形式储备供应，切实满足应急需求。宁可备而不用，不可用而无备。加强应急装备和应急信息化设备研发和配备，提升抢险救援能力和效率，在高危行业坚定推进"机械化换人、自动化减人"工程。

四是提升快速救援能力。应急救援要争分夺秒，必须在最短时间内把灾害损失降到最低。要把抢救生命作为应急救援第一任务，把提升第一时间到达灾害事故现场、第一时间解救受困群众、第一时间控制事故灾害的能力和解决问题的能力，作为应急救援核心能力建设。要坚持应急救援"平急结合"，平时科学布局应急力量，加强协调联动，强化基础训练、专业培训和预案演练，在训练中提高能力水平，急时临危不乱、科学应对，真正做到精准救援、科学救援。

五是要加强应急科技支撑。依靠信息科技推动应急管理现代化，充分运用大数据、物联网、云计算等技术，改变应急系统、平台、数据分散独立的状况，提升精准监测预警灾害、精准研判事故灾情、精准抢险救援等方面的综合能力和水平。要加强应急救援科技研发，要优化整合各类应急资源和应急专业人才培养，围绕应急重点、难点开展系统性、战略性、前瞻性研究，提高应急管理的科学化、专业化水平。

（三）扎实推进安全防治重点任务落实

应急管理重在预防，功夫在平时。紧紧围绕"两个坚持、三个转变"的总要求，按照党中央、国务院部署，突出湖南省自然灾害"五大灾种"和安全生产"五大重点行业领域"的实际，狠抓安全防治重点任务落实。

一是抓自然灾害防治"九大工程"建设。习近平总书记亲自部署的"九大工程"是立足我国自然灾害多发频发基本国情作出的针对性部署，湖南省要对标对表完成"九大工程"任务。灾害风险调查和重点隐患排查工程要建成"两库两图"；重点生态功能区修复工程主要完成洞庭湖区域、长江湖南段露天矿山、湘江流域山水林田湖草、武陵山区重点矿区、南岭山区等五大区域生态环境修复；地震易发区房屋设施加固工程分步实施，重点完成学校、医院、水库大坝等7类加固工程及房屋设施地震风险管理系统建设；防汛抗旱水利提升工程主要加强堤防达标建设、山洪灾害防治、重点涝区排涝建设等8类工程及水利信息化建设；地质灾害综合治理和避险移民搬迁工程主要组织实施地质灾害风险调查和隐患排查、监测预警信息化、综合治理和避险移民搬迁等工程，推进"两库两预警两提升"；应急救援中心建设工程主要完成"一部三中心"（湖南省应急指挥部，益阳、怀化、衡阳三个区域性应急救援中心）建设；自然灾害监测预警信息化工程主要建设全方位的监测感知网络，实现部门间的业务协同和信息共享，提高预测预报预警能力；推进自然灾害防治技术装备现代化工程要实现应急装备的能用、实用、好用；海岸带保护修复工程，要发挥湖南省装备制造优势，提供装备服务。

二是抓安全生产专项整治"三年行动"落实。"三年行动"是安全生产的治本之策。湖南省要在思想武装、观念转变、行动自觉上下苦功夫，着力完善和落实安全生产责任、隐患整治、本质安全建设、长效机制建设，着力从根本上消除事故隐患、从根本上解决问题，把事故防在前，坚决降低事故总量，坚决遏制较大事故，坚决杜绝重特大事故。

三是抓基础薄弱环节。认真吸取湘潭县"9·22"重大交通事故、浏阳市"12·4"烟花爆竹重大爆炸事故、耒阳市"11·29"重大煤矿透水事故惨痛教训，举一反三，加强隐患排查整治，始终保持打非治违高压态势，深入彻底整治安全生产领域顽瘴痼疾。

三　筑牢防灾减灾救灾的人民防线

防灾减灾救灾一切都是为了人民群众，同时还要紧紧依靠人民群众，进一步筑牢人民防线。

（一）加强安全常识普及

应用各类宣传工具和形式向群众普及安全常识，教育群众、引导群众自觉敬畏生命，加强自我防护，提高风险辨识和防范能力，掌握逃生、救助常识。要推动防灾减灾救灾宣传教育进企业、进乡村、进社区、进学校、进家庭，强化全社会防灾、减灾、避险意识。要组织开展常态化应急疏散培训演练，支持引导社区居民开展风险隐患排查和治理，积极推进安全风险网格化管理。

（二）坚持联防联治群防群治

要统筹"统"与"分"、"防"与"救"、"上"与"下"的关系，做到上个环节对下个环节负责、下个环节对上个环节加以监督，确保各环节责任无缝对接。要延伸治理触角，从社会基本单元抓起，加强乡镇村组、街道社区、企业班组安全基础建设，强化末端管理。要发动人民群众参与隐患排查、知识宣传，使人人成为安全防治工作的参与者、监督者和受益者，构建全民共建共治共享新格局。

（三）加强本质安全建设

人、物、制度和不断变化的时空环境是本质安全"四要素"。其中，人是本质安全的决定性因素。要强化对企业法人、技术负责人、安全管理人员的培训考核，加大对持证上岗的检查力度。企业要加强对全体员工的教育培训，提升全员安全素质。提倡不伤害他人、不能被他人伤害，提高全社会安全素质，建设本质安全。要健全落实风险分级管控和隐患排查治理双重预防工作机制，全面推行企业风险主动报告制度。

（四）加强应急管理队伍建设

把政治建设摆在首位，不断提高应急干部队伍政治判断力、政治领悟力、政治执行力。要加强能力建设，加强培训和各类专业知识学习，进一步完善省市县三级应急人才体系，注重各类专家型、复合型人才培养。要加强作风建设，严格教育管理，把纪律和规矩挺在前面，着力建设政治过硬、本领高强、忠于党和人民的应急管理干部队伍。

四　力戒安全工作中的形式主义、官僚主义

每一起事故都是形式主义、官僚主义的结果。湘潭县"9·22"重大交通事故暴露出的"大吨小标"、马路市场问题，相关文件早已做了规定，问

题没有解决。浏阳市"12·4"烟花爆竹重大爆炸事故暴露出的独立工区、分包转包、三超一改等问题顽症，长期没得到解决。耒阳市"11·29"重大煤矿透水事故暴露出的超深越界、分包转包、以采代改问题长期没有解决，直至事故发生。以口号代替行动，以会议代替落实，以签字代替培训，以汇报代替检查，以台账代替现场，以罚款代替整改，问题反复整改、反复出现，规章成了"稻草人"。在安全领域搞形式主义、官僚主义就会以人民群众的鲜血、生命为沉重代价。安全工作切忌花拳绣腿、虚张声势，必须坚持问题导向、目标导向、结果导向，抓铁有痕，踏石留印。

（一）完善责任体系

要按照"党政同责、一岗双责"和"三个必须"的要求，落实各级党委政府的领导责任、部门的监管责任、企业的主体责任、社会的监督责任"四位一体"的责任体系，形成完整的责任链条。领导责任要实现"一岗双责"全覆盖，齐抓共管。监管责任要落实到各个具体岗位，杜绝"走过场""睁一只眼闭一只眼"，确保能发现问题，监督整改问题到位。主体责任要落实到班组岗位，并随着时空环境变化，责任主体要随之尽责履责。

（二）狠抓隐患整改

隐患不除，事故难息。安全生产重在预防，工作在平时。要针对安全生产事故主要特点和关键问题，举一反三，突出重点行业、重点时段、重点区域，查找问题隐患，细化整改方案，狠抓隐患整改落实。发现隐患是能力，发现不了隐患就是失职；整改隐患是责任，使隐患成为事故就是失责。要强化风险防控，从根本上消除事故隐患，有效遏制重特大事故发生。

（三）严格考核和巡查

要充分发挥考核的指挥棒作用，促进责任落实。不仅要将生产安全事故纳入考核，也要将非生产安全事故全部纳入考核；不仅发生事故情况要纳入考核，事故调查和责任追究情况也要纳入考核；不仅对重点部门、重点企业要考核，对其他党政机关、事业单位和所有企业都要考核。要严格实施"一票否决"，不能搞变通、打折扣。要在巡视巡查中解决日常工作责任不落实问题，在严格监管执法中解决隐患消除责任不落实问题，在事故调查和严肃追责问责中解决责任不落实问题。把隐患当成事故对待，凡放任重大风险隐患长期存在、发生安全责任事故的，一律按照"四不放过"原则，从严追责问责。要强化安全生产考核巡查结果的运用，以严格的考核问责推动"生命至上、安全第一"的落实。

安全工作一头连接人民群众的美好生活，一头连着高质量发展，是"国之大者"，容不得丝毫疏忽、懈怠。立足新发展阶段、贯彻新发展理念、构建新发展格局，我们要向习近平总书记看齐，努力践行"我将无我，不负人民"，努力践行"生命至上、安全第一"，全力守护好全省人民生命财产安全的底线，全力守护湖南高质量发展的底线。

B.2

服务"三高四新" 建设平安湖南
为全省经济社会高质量发展营造
安全稳定的政治社会环境

——2020年湖南公安工作进展及2021年展望

许显辉*

2020年，湖南公安机关始终坚持以习近平新时代中国特色社会主义思想为指导，深入贯彻落实十九届五中全会精神和习近平总书记考察湖南系列重要讲话精神，主动服务"三高四新"战略，坚持以政治建警为统领，以风险防控攻坚战和公安工作现代化为主线，深入实施"四个大抓"警务战略，积极构建风险防控型县域警务新模式，有力地维护了全省政治安全和社会大局持续稳定，各项主要工作指标均好于往年。疫情防控、扫黑除恶、法治公安、县域警务、政治建警、政治督察等多项工作进入全国前列，人民群众对社会治安和公安队伍评价分别达到93.21分、89.52分，均创历史新高。

一是抗击新冠肺炎疫情彰显新担当。坚持人民至上、生命至上，严防死守临鄂、环湘、口岸边检"三道防线"，运用公安大数据精准排查涉疫风险，因时因势动态调整应对措施，扎实做好防输入、防扩散、防反弹工作。统筹推进疫情防控和经济社会发展，着力防范化解"疫后综合征"，出台系列便民利企举措，有力地服务于"六稳""六保"，国务院联防联控机制推介湖南省疫情防控工作经验。

二是捍卫政治安全取得新成效。突出"五个最强有力"措施，圆满完

---

* 许显辉，湖南省人民政府副省长、省公安厅厅长。

成习近平总书记来湘考察调研警卫保卫任务，公安部推介湖南省"大警卫"工作经验。深入推进"净网""清网""护网"，有力地维护意识形态安全。深化严打暴恐专项行动，实现暴恐案事件"零发生"。

三是维护社会稳定展现新作为。建立完善省维稳联席会议、"党政双牵头"防范化解涉众型稳定风险联席会议制度，成功化解处置一批重大涉稳风险。落实大研判、大管控、大巡防、大整治"四大"举措，扎实推进预警率、管控率、见警率、整治率"四率"提升，有效维护社会大局持续稳定。

四是打击违法犯罪赢得新战果。充分发挥扫黑除恶主力军作用，全面落实"六清"要求，深入推进"六大专项行动"，扫黑除恶工作战果保持在全国第一方阵，命案积案侦破率排名全国前三，历年逃犯存量下降40.7%。建立健全长江"十年禁渔"、"122"打击跨境赌博等工作机制，集中打击"盗抢骗""黄赌毒""食药环"等突出违法犯罪，"云剑行动""云端工作"排名全国前列，侦办非法捕捞案数占全国的1/6，外流贩毒人员同比下降62.9%。

五是防控安全风险实现新进展。聚焦7大类15项交通问题顽瘴痼疾，集中整改消除安全隐患153.98万起，是全国5个未发生一次死亡5人以上交通事故的省份之一，事故预防"减量控大"工作跻身全国第一方阵。扎实开展缉枪治爆专项行动，严防打响、炸响。全省公安监所实现疫情"零感染"、责任事故"零发生"。铁路、机场持续保持安全稳定有序。

六是探索县域警务开启新篇章。出台新时代县域警务工作"一意见两报告"，制定"1+X"县域警务工作规范，推动"八大机制"整合落地，创新构建风险防控型县域警务新模式，全国公安厅局长会推介湖南省县域警务工作经验。滚动实施"派出所建设三年行动计划"，部署开展社区、园区、学区"三区"警务，筑牢县域安全稳定防线。推进"1518"大数据战略落地实施，省市支撑能力、县级感知能力、所队采集应用能力明显提升，有力地服务于基层警务实战。

七是法治公安建设取得新突破。认真贯彻习近平法治思想，强化公安立法工作,提请省人大出台《实施〈反恐怖主义法〉办法》、《实施〈道路交通安全法〉办法(修订)》、《警务辅助人员条例》以及省政府出台《电动自行车管理办法》,是湖南省公安史上出台公安地方性法规和规章最多的一年。全省公安机关"四不"执法顽瘴痼疾整改率达99.7%、公诉率达71.32%、行政案件快办率达69.1%,实现涉疫执法"零事故"。

八是推进政治建警积累新经验。始终坚持党对公安工作的绝对领导,坚持从政治上建设和掌握公安机关,严格落实政治建警"1+9"意见规定,深入开展队伍教育整顿,全面推进"学、查、改",工作成效得到公安部指导组高度评价。突出问题导向,开展机动式"政治督察"并坚决抓好整改落实,公安部充分肯定并将"政治督察"作为覆盖全国公安机关的制度性安排。深化全警实战大练兵,强化新闻宣传和舆论引导,涌现出一大批先进典型,充分展现了公安民警克己奉公、无私奉献的良好形象。

当前,世界进入动荡变革期,中华民族伟大复兴全局和世界百年未有之大变局相互激荡,外部环境的不确定性与国内发展的不平衡性交织叠加,各类风险瞬变性、混合性、放大性特征明显,公安机关维护国家政治安全和社会稳定面临一系列新的风险挑战。

2021年,湖南公安机关将坚持以习近平新时代中国特色社会主义思想为指导,深入贯彻习近平法治思想,深入贯彻党的十九大和十九届二中、三中、四中、五中全会及中央全面依法治国工作会议、中央经济工作会议精神,增强"四个意识"、坚定"四个自信"、做到"两个维护",坚持党对公安工作的绝对领导,坚持总体国家安全观,坚持以人民为中心的发展思想,坚持稳中求进工作总基调,坚持严格规范公正文明执法,统筹国内国际两个大局、发展安全两件大事、网上网下两个战场,更加注重系统观念、法治思维、强基导向,以政治建警为统领,以推动公安工作高质量发展为主题,聚焦打赢风险防控攻坚战、推进公安工作现代化"两条主线",构建县域警务、专项警务、节点警务"三项警务"工作新格局,持续深入推进大抓教育和管理、大抓主责和主业、大抓基层和基础、大抓改革和科技"四个大抓"警务战略,牢牢守住"五个不发生"的工作底线,努力建设更高水平的平安湖南、法治湖南，助推"三高四新"战略落地实施，以优异成绩庆祝建党 100 周年。

一 紧紧围绕服务建党100周年，坚决打赢风险防控攻坚战，确保国家政治安全和社会稳定

（一）打好维护政治安全整体仗、主动仗

坚持把防范政治安全风险置于首位，深入开展政治安全风险隐患排查，推动风险隐患防范化解，严防造成现实危害。深入开展维护政治安全专项斗争，坚决维护网上政治安全，严防发生滋扰破坏活动。

（二）坚决守住暴恐案事件"零发生"底线

深入贯彻第三次中央新疆工作座谈会精神和新时代党的治疆方略，大力推进《湖南省实施〈反恐怖主义法〉办法》落地实施。深化严打暴恐专项行动，完善防范恐怖袭击重点目标管理机制，坚决把暴恐威胁制止在萌芽状态、未发阶段。

（三）切实加强社会稳定风险防范化解

推动落实属地责任、部门责任和源头治理、综合治理措施，切实形成维护安全稳定整体合力。积极配合行业监管部门，大力加强重点领域风险化解处置，推动强化前端治理、日常监管，严防经济金融风险向社会稳定领域传导。坚持和发展新时代"枫桥经验"，紧密结合"百万警进千万家"活动，会同职能部门、基层组织，扎实做好矛盾纠纷排查化解工作，严防发生"民转刑"和个人极端暴力案事件。集中开展重点疑难信访案件攻坚化解与动态挂牌整治重复信访重点地区专项工作，确保重点整治地区公安信访总量明显下降和全省公安重复信访比例大幅下降。

（四）集中打击突出违法犯罪活动

坚持依法严打方针，以打开路、打防结合，常态化推进扫黑除恶，扎实推进扫黑除恶"六建"工作，建立扫黑除恶信息平台，健全内部联动和部门协同的扫黑除恶常态化工作机制，巩固重点行业领域专项整治成果，推动扫黑除恶常治长效。紧密结合扫黑除恶斗争，深化推进缉枪治爆等专项行动，严防发生影响恶劣的重大刑事案件。重拳整治新型网络犯罪和跨国境犯罪，深入推进"云剑2021"、"断卡"行动和"5·10"专案攻坚，开展高发类案集群战役和大案攻坚，确保实现"坚决压降电信网络新型犯罪发案和损失，坚决遏制湖南籍涉诈人员外流犯罪上升势头"的目标。充分发挥"122"机制作用，深入推进打击治理跨境赌博等专项行动，坚决铲除跨境犯罪网络。持续深化禁毒人民战争，推进"净边2021"专项行动，深化清源断流和禁毒重点整治、示范创建、农村毒品问题治理，深入开展禁毒宣传，坚决遏制毒品问题蔓延。坚决整治外流贩毒问题，确保外流贩毒人数持续下降。深入推进"集打斗争"，构建打击犯罪新机制，建立一体化侦破打击工作体系，坚决把"黑拐枪""黄赌毒""食药环""盗抢骗"等多发性犯罪压下来。抓紧抓实打击长江流域非法捕捞、非法采砂采矿以及命案积案攻坚等重点专项行动，快侦快破命案等严重暴力、个人极端犯罪案件，及时消除影响、安定人心。严厉打击非法集资、非法金融等风险型经济犯罪，坚决维护经济金融安全。

（五）坚决杜绝重特大公共安全事故

紧盯重大公共安全风险，坚持除隐患、防事故、保安全，确保实现"坚决杜绝重特大事故，坚决遏制较大事故"的工作目标。强化道路交通事故防控，紧紧围绕"减量控大"，继续深入开展为期一年的交通问题顽瘴痼疾集中整治行动，聚焦"车、路、人、企"，坚决清除顽瘴痼疾。推进公路安全生命防护工程建设，深入开展道路交通安全"六大攻坚行动"，进一步提升道路交通本质安全度。强化农村派出所道路交通安全管理职责，全面完善农村派出所管交通的制度机制。强化公共安全隐患治理，严密落实大型群众性活动安全监管措施，督促有关部门加强寄递物流等新业态安全监管。坚持"依法依规、从严从紧"，采取最严格的举措，扎实开展民爆物品集中整治，坚决堵塞管理漏洞，确保做到不漏管、不被盗、不流失、不炸响。强化公共安全管理，加强铁路、民航、地铁和公交等安全防范，强化监所安全"铁桶工程"建设，加强森林防火工作，依法做好城乡社区消防工作。推动落实网络安全等级保护和国家关键信息基础设施安全保护制度，严防发生重大网络安全事件。强化常态化疫情防控，毫不放松配合抓好"外防输入、内防反弹"工作，充分运用公安大数据支撑精准防控，严厉打击、严密防范涉疫苗犯罪，确保不出现规模性输入和反弹。

（六）全力抓好重大活动安保警卫工作

持之以恒落实大研判、大管控、大巡防、大整治"四大"举措，扎实推进预警率、管控率、见警率、整治率"四率"提升，确保以全省平安稳定保首都平安稳定。扎实构建"大警卫"工作格局，加强顶层联动、部门联动、区域联动，确保形成整体合力。突出抓好建党 100 周年庆祝活动安保工作，统筹抓好全国"两会"、博鳌论坛和北京冬奥会等重大安保任务推进落实，确保各项重大活动绝对安全、万无一失。

二 加快推进公安工作现代化，突出固根基、补短板、强弱项，切实提升公安工作整体效能和核心战斗力

（一）加快推进警务机制现代化

按照"做精机关、做优警种、做强基层、做实基础"的思路，推动加快形成自上而下的高效率组织体系。建立健全"情报、指挥、勤务、舆情"一体化实战运行机制。持续深化职级序列改革和职业保障制度改革，推动落实特殊专业人才待遇和重大安保补助政策。全面推广应用湖南公安服务平

台,建立完善为民服务体系。抓好《湖南省警务辅助人员条例》的贯彻落实,进一步提升辅警管理制度化、规范化、法治化水平。

(二)加快推进科技手段现代化

按照"省级主抓基座、市级主抓支点、县级主抓感知、所队主抓采集"的总体布局,全面实施"1518"大数据战略,不断提升公安机关核心战斗力。加强前端感知体系建设,依托"雪亮工程""平安乡村"建设,加快推进视频监控、交通卡口"补点扩面",年内建设乡村公共部位视频安防摄像头 10 万个。加强科技手段建设应用,加快推进县域法医、痕迹、影像、电子物证和视频检验"五项专业手段"建设,推广应用声纹、虹膜、智能查缉布控系统等新技术。加强科技信息化应用能力建设,强化数据精准赋能,推进"八大应用"在县域落地。

(三)加快推进执法能力现代化

恪守公平正义价值取向,健全完善执法制度机制,切实把严格规范公正文明执法落到实处,不断提升执法公信力。深化执法监督管理机制改革,落实"三统一"要求,推行派驻法制员制度,探索建立"专职法制员 + 案管室"的案件管理新模式。加快推进执法办案管理中心建设和执法办案区智能化升级,充分发挥办案管理服务功能。推进"智慧法治"建设,升级改造智能化执法办案系统,建设执法音视频管理系统和跨部门涉案财物信息管理平台,以信息化手段倒逼民警执法行为"强制入轨"。集中整治执法突出问题,严格落实防止干预司法"三个规定"和规范异地办案协作"六个严禁"、禁止逐利执法"七项规定",紧盯"关系案、人情案、金钱案",坚决整治执法不作为、乱作为等顽瘴痼疾。

(四)加快推进基层基础现代化

坚持大抓基层、大抓基础,全面提升基础防范水平和基层治理能力。扎实开展社会治安防控体系建设,坚持立体化、法治化、专业化、智能化方向，打造城乡统筹、网上网下融合、人防物防技防结合、打防管控一体的社会治安防控新格局。建设湖南治安现代化信息平台，扎实推进智慧公安检查站、治安卡口和市县智能安防小区建设。充分发挥"城市快警""农村辅警"的作用，培育"红袖章""义警"等社会力量，加强保安队伍规范化建设，开展保安行业清理整顿，完善保安服务体系和警保联动机制，引导保安行业主动融入平安湖南建设，推动实现风险联防联控联治。滚动实施"派出所三年行动计划"，扎实推进派出所"一室两队"改革，完善部门、警种支援派出所工作机制。深入开展"枫桥式公安派出所"创建活动，切实减轻派出所矛盾纠纷调处压力。推广应用派出所警务工作平台，提升派出所警务运行质效，努力实现派出所警务智能化、执法规范化、保障标准化、队伍正规化的"四化"目标。大力推进社区、园区、学区"三区"警务，确保做到分类施策、精准施治。社区警务融入网格化管理，社区民警以"一对一"或者"一对多"的方式加强与网格员的沟通联系，进一步提升对治安要素的控制能力。园区警务紧密对接企业安全和发展需求，深入开展"百千万"联企护航行动，强化周边治安环境治理和内部安全管理。学区警务紧密结合护校安园行动，强化"人防、物防、技防"建设以及涉校案事件联防联动应急处置，督促教育、学校等部门和相关从业单位落实教育、监护、管理责任，坚决防止发生侵害未成年人犯罪案件。

（五）加快推进警务保障现代化

加快编制实施公安发展"十四五"规划，抓紧完成省、市两级公安发展"十四五"总体规划以及专项规划编制工作，对接融入本地"十四五"规划、国土空间规划，制定年度实施计划和推进措施，推动形成稳定保障渠道。加快构建现代警务保障新体系，建立警务资源要素直通县域工作机制，在政策设计、资金投向、项目安排上，向一类风险县市区、经济困难地区倾斜，向执法执勤一线下沉。完善过"紧日子"工作机制，通过调整支出结构解决增支需求，构建市县公安机关、基层所队公用经费正常增长机制。加快推进重点项目建设，深入开展基础设施建设专项工作，重点推进"无房"

"危房"派出所、未立项的高速交警营房建设;统筹推进监管场所新建、扩建。

三 全面从严管党治警,深入开展教育整顿,努力锻造"四个铁一般"过硬公安队伍

(一)大力强化政治建警

把深入学习贯彻习近平新时代中国特色社会主义思想特别是习近平法治思想作为首要政治任务,全面落实"第一议题"制度和政治轮训制度,强化党史教育,加强警史教育,教育引导民警不断提升政治判断力、政治领悟力、政治执行力,始终在思想上、政治上、行动上同以习近平同志为核心的党中央保持高度一致,坚决听从习近平总书记的命令、服从党中央指挥。坚持从政治上建设和掌握公安机关,持之以恒抓好政治建警"1+9"意见规定的贯彻落实,推进政治建警制度化、常态化、长效化。聚焦践行"两个维护",加强巡视巡察,深化政治业务"双督察",抓紧抓实问题反馈和跟踪整改,确保问题隐患坚决整改到位,违纪违法行为严肃查处到位。坚持"五重用五不用"原则,不断优化各级公安机关领导班子配备,加快完善领导干部常态化交流任职机制,加强优秀年轻干部发现和培养。坚持严管厚爱结合、激励约束并重,积极帮助解决民警实际困难,扎实抓好民警依法履职免责和容错纠错办法落实,依法严厉打击暴力袭警行为,进一步提升队伍凝聚力、向心力和战斗力。紧紧围绕服务建党100周年,加强公安新闻宣传主题策划和舆论引导,大力宣传表彰先进典型,弘扬公安英模精神,充分展现公安队伍的时代正气、时代风采。

(二)大力强化队伍教育整顿

深入开展教育整顿,从严从实抓好"学、查、改"各环节工作,通过对标对表深入学、猛药治疴认真查、痛定思痛坚决改,着力整治顽瘴痼疾,

坚决清除害群之马，尤其是对那些对党不忠诚不老实的"两面人"、黑恶势力"保护伞"，依纪依法从严查处、绝不姑息。刚性执行"三个服从""十个严禁""二十个不准"等纪律条规，坚决整治"枪车酒赌毒密网"等易发多发问题，通过以案促教、以案促改、以案促建，做到减存量与控增量双管齐下，当下治与长久治两端发力。严格落实党委主体责任，扎实抓好全面从严管党治警各项措施落实，驰而不息纠治"四风"，推动公安队伍纪律作风发生根本性转变。

（三）大力强化主题实践活动

坚持服务大局、管好本行，出台《全省公安机关大力服务"三高四新"战略的意见》。以"服务'三高四新'、建设平安湖南"主题实践活动为载体，深入开展"六个一"，即开展一轮走访、服务一批项目、联系一批企业、办好一批实事、整治一批问题、建立一套机制，努力建设更高水平的平安湖南，努力营造更佳的法治化营商环境，更好地推进"三高四新"战略落地实施。

（四）大力强化实战练兵

按照"两年抓深化""三年大提升"的要求，进一步突出实战实训实效，坚持以战领训、以训促战，着力练就克敌制胜的硬功夫、真本领。加强以公安特警为重点的应急处置力量建设和对抗性训练，着力提高应对复杂情况、驾驭复杂局势的能力。健全"教、学、练、战、研"一体化人才培养模式，加强教官、教材、场地、装备等基础建设，深化院局合作、院校合作，实现人才培养和实战需要的互利共赢。

征途漫漫，唯有奋斗。湖南公安机关将不忘初心、牢记使命，充分发扬为民服务孺子牛、创新发展拓荒牛、艰苦奋斗老黄牛的精神，勇于开顶风船，善于做压舱石，以维护安全稳定的新担当新作为庆祝建党100周年，为服务"三高四新"战略、建设现代化湖南做出新的更大贡献！

B.3
改革完善社会救助体系
推动新时代社会救助高质量发展

朱忠明*

党的十八大以来，以习近平同志为核心的党中央高度重视社会救助工作。习近平总书记多次作出重要指示批示，强调要统筹城乡社会救助体系，完善最低生活保障制度，集中力量做好普惠性、基础性、兜底性民生建设，保障群众基本生活。习近平总书记考察湖南时强调，要办好民生实事，补齐民生领域短板，用心用情解决群众各项"急难愁盼"的事。习近平总书记的系列重要指示批示精神，为新形势下改革完善社会救助制度提供了根本遵循。站在新的历史起点上，要深入学习贯彻习近平总书记系列重要指示批示精神，认真贯彻《中共中央办公厅、国务院办公厅关于改革完善社会救助制度的意见》（中办发〔2020〕18号），更加注重统筹发展社会救助体系，健全覆盖全民、统筹城乡、公平统一、可持续的多层次社会保障体系，切实兜住兜牢基本民生保障底线，努力推动新时代社会救助高质量发展。

一 "十三五"以来湖南省社会救助
工作取得了长足进步

社会救助事关困难群众基本生活和衣食冷暖，是保障基本民生、促进社会公平、维护社会稳定的兜底性、基础性制度安排，也是我们党全心全意为人民服务根本宗旨的集中体现。近年来，省委省政府坚持以习近平新时代中

---

* 朱忠明，湖南省人民政府副省长。

国特色社会主义思想为指导,高度重视社会救助工作,认真落实《社会救助暂行办法》等法规制度,按照"兜底线、织密网、建机制"的总体要求,统筹发展社会救助体系,推动社会救助事业取得了长足发展。"十三五"以来,全省各级财政共支出社会救助资金1050亿元,救助7400万人(户)次;城乡低保年均保障220万人次,临时救助年均80余万人次,特困供养年均40万人次,医疗救助年均480万人次,教育救助年均500万人次,残疾人"两项补贴"年均120余万人次,年均改造农村危房25万户,105.8万名建档立卡贫困人口纳入低保、特困供养兜底保障,有效保障了困难群众基本生活,兜住兜牢了民生之底。湖南省兜底保障、农村低保专项治理、乡镇社工站建设、危房改造等社会救助工作打造了湖南特色,先后在全国会议上作经验发言,得到国家相关部委的肯定推介。

(一)组织领导不断强化

全省各级党委、政府始终将社会救助工作作为重要民生保障工程抓实抓好。一是推进体系机制建设。省市县均成立了多部门参加的城乡社会救助体系建设领导小组,建立了联席会议制度,"8+1"社会救助制度体系和领导协调工作机制基本建立。二是纳入重点民生实事。2016年以来,省政府先后将农村低保提标、残疾儿童康复、农村危房改造、贫困重性精神病患者救治救助、职业技能培训、养老服务床位建设等10余项社会救助工作纳入重点民生实事,有效提升了救助保障水平。三是纳入重要工作考评。省委省政府连续4年将基本生活、医疗、教育、住房、就业等专项救助纳入脱贫攻坚考核,各类救助政策制度落实情况纳入地方绩效考核、部门重点工作评估等。

(二)政策制度逐步完善

近年来,湖南省先后出台《关于贯彻落实〈社会救助暂行办法〉的实施意见》《关于进一步加强和改进最低生活保障工作的实施意见》等10多个政策文件。省直相关部门围绕加强困难群众救助制定了系列政策制度:民政部门不断完善最低生活保障制度，建立了残疾人"两项补贴"制度、事实无人抚养儿童保障制度、社会救助兜底保障对象救助帮扶制度；医保部门将低收入家庭中的老年人、未成年人、重度残疾人和重病患者等困难群众纳入医疗救助范围；教育部门进一步完善政策，实现所有学段和公办、民办学校学生资助全覆盖；住建部门强化租赁补贴、实物配租、危房改造等政策，切实保障困难群众住房安全；应急部门进一步完善救灾保障政策法规体系，加大受灾群众救助力度；人社部门健全各类就业帮扶政策制度，推进零就业家庭动态"清零"；残联完善残疾人基本公共服务体系，加强残疾人托底保障。

（三）标准水平持续提高

一是救助标准明确。各地根据社会经济水平和困难群众需求，制定了城乡低保、特困人员供养、医疗救助、困难学生资助、危房改造等相关救助标准和补助水平，并根据财力状况、物价变化等因素适时调整，实现与国家扶贫标准有效衔接。

二是资金投入加大。各类救助资金列入政府财政预算，不断加大投入力度，"十三五"以来，全省各级财政累计支出各类社会救助资金1050多亿元。三是救助水平提高。2020年，城、乡低保标准分别提高到538元/月和4807元/年，比2016年分别提高24.8%和56%；城乡特困人员基本生活标

城市低保标准情况

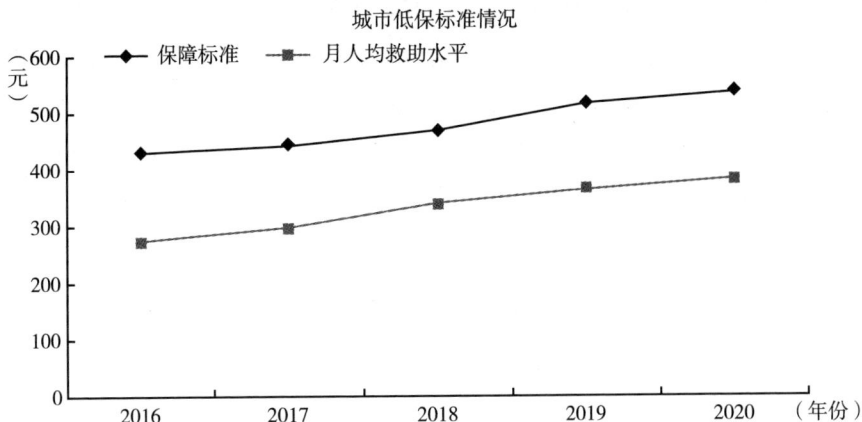

农村低保标准情况

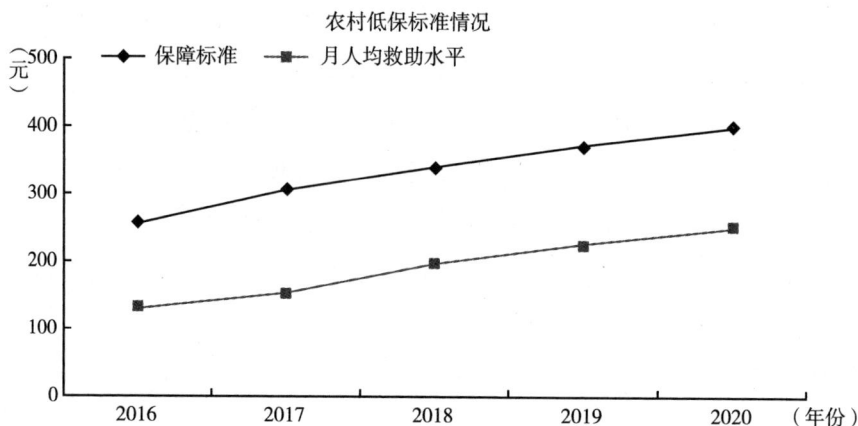

图1　2016～2020年湖南省城市、农村低保标准情况

资料来源：湖南省有关文件。

准提高到8605元/年、6231元/年，分别提高24.5%和33.9%；危房改造补助标准提高到2.45万元/户，提高122.73%。2020年，残疾人"两项补贴"标准提高到74.8元/人·月、68.3元/人·月。困难群众住院和门诊医疗报销比例及救助额度逐年提高，建档立卡贫困人口住院报销和救助比例达到政策范围内费用的85%以上。

（四）信息化水平稳步提升

一是平台建设不断完善。民政部门建立了部、省、市、县、乡五级联通的基本生活救助信息系统，医保部门建成了医疗救助一站式结算平台，教育救助、住房救助、残疾人救助等推行了救助工作信息化。二是信息共享得到加强。依托民政居民家庭经济核对中心，建成了1个省级大平台、14个市级子系统、122个县级应用单元的核对平台体系。目前，已经归集了机动车辆、不动产登记、工商登记、财政供养人员、银行存款等12个部门、27家银行、23项自然人经济状况相关数据。三是核对比对工作逐步开展。2016年以来，通过省级核对平台，累计开展城乡低保、特困供养、精准扶贫、教育助学、困难职工等十余类民生保障对象家庭经济状况核对750余万人次。

（五）创新实践成效明显

一是创新政策制度。拓展救助对象范围，各类专项救助对象从绝对贫困家庭拓展到低收入等相对贫困家庭；明确了救助刚性支出核减家庭收入政策；建立了低保渐退制度；推进差异化救助政策等。二是创新救助方式。实施救助家庭财产收入核算评估和家庭经济状况核对比对，推行精准社会救助试点；利用信息化手段，优化简化程序，推行社会救助"一门受理、协同办理"、医疗救助"一站式"结算、临时救助审核确认权限下放到乡镇（街道）等措施，提升社会救助服务温度。三是创新服务模式。推动乡镇社工站建设，通过政府购买服务，在全省建立 1933 个乡镇社会工作服务站，聘用 4000 多名专业社工，协助开展社会救助事务性、服务性工作，探索出一条缓解基层能力不足的新路子。各地在推动救助工作落实中，还创造性地积累了一批好的经验做法，比如，浏阳市推行救助事项镇村帮代办服务，实现办事群众"最多跑一次"；望城区着力构建"物质＋精神关爱"综合救助模式。

二　湖南省社会救助工作仍然任重道远

进入新时代，面对新形势、新任务、新要求，湖南的社会救助工作也还存在一些短板弱项，主要表现在以下几个方面。

（一）制度体系仍需完善

一是全省各级领导协调机制在统筹政策资源、解决困难问题、形成工作合力、推动重点工作落实等方面没有充分发挥作用。二是政策制度衔接不到位。由于救助政策分散在多个部门，救助对象、范围、条件、程序、标准等不同，救助政策制度条块化、碎片化问题突出。三是资源统筹不到位。救助事项、资金、对象等分散在各部门，且信息数据还没有完全实现实时互联共享，导致对救助对象享受了哪些救助，还应该享受哪些救助等信息掌握不全面、不清楚，县级部门还要靠人工比对相关信息，容易导致救助不到位、重复救助和多头救助等问题。四是工作协同不到位。救助相关部门工作部署难以同步、工作重点难以集中、工作推行考核难以聚集；基层因为条块管理，加上经办能力不足，"一门受理、协同办理"机制难以全面落实到位。

（二）救助标准水平偏低

一是政府投入不足。市、县存在"等靠要"思想。2016 年以来，全省困难群众基本生活补助资金支出，中央资金占比每年都在 75% 以上，省级资金占比 15% 左右，市县资金占比不到 10%，履行困难群众保障的主体责任和兜底责任还不够。二是基本生活保障标准偏低。湖南省委省政府连续 3 年将提高城乡低保标准和救助水平纳入重点民生实事，4 次进行提标，但由于基础水平低、提标幅度不大等原因，湖南省低保标准水平在全国排名依然靠后。2016 年，湖南省农村低保平均标准、城市低保平均标准分别在全国排 25 位、25 位，到 2020 年 8 月分别在全国排第 19 位、30 位。三是专项救助水平不高。危房改造补助标准偏低，新建住房平均每户补助 2.45 万元。以 3 口之家测算，按标准新建 75 平方米的住房，需要 8 万~10 万元，个人自负 7 万元左右，困难家庭难以承受。教育资助标准水平低，目前对贫困大学生年均资助每人每年 3300 元，难以有效缓解困难家庭的压力。到 2020年，残疾人生活补贴和护理补贴只有 74.8 元/人·月、68.3 元/人·月，相对失能半失能困难残疾人护理费用只是杯水车薪。困难群众医疗负担仍然较重，目前低保、残疾人等困难群众政策范围内的住院报销比例达到 70%，建档立卡贫困人口达到 85%，但政策范围外用药、诊疗检查费用不能报销，门诊报销额度较低。由于建档立卡贫困户以外的困难群众各类专项救助标准不高，一些困难群众的收入大多用于教育、医疗开支，甚至将低保等救助金用于就医就学，导致"买米的钱用于买药""吃饭的钱用于读书"。

（三）基层经办能力不足

一是救助工作力量较弱。2018 年机构改革后，少数县市区没有保留救助股（室），工作任务由其他股（室）承担。特别是乡镇一级民政办（所）不再保留，组建综合性的社会事务办，负责民政、人社、残联等多项工作，工作人员仅有1~2人，但乡镇服务对象一般都在5000人左右。二是经费保障不足。大多数市县，特别是乡镇没有科学合理地根据救助对象人数和工作任务等因素预算安排社会救助工作经费。三是能力水平不高。基层特别是乡镇从事救助工作的人员年龄普遍较大、学历水平低，特别是专业人员极度缺乏，流动性大。

（四）救助信息化水平不高

一是省级大数据平台建设滞后。全省统一的大数据资源库建设滞后，现有的信息数据不全面、更新不及时，数据共享还是部门对部门，线下为主，难以做到"总对总"的线上实时共享。二是信息共享不充分不及时。居民家庭经济状况需要的教育、住建、农业农村、水电气、保险等一些关键信息数据还没有实现共享；已经共享的部门信息数据，由于信息化程度不高、更新不及时等原因，存在共享不充分、不及时等问题。三是核对平台作用发挥不充分。由于相关部门数据归集不全面，特别是数据更新不及时，还难以为救助工作开展提供精准及时的核对结果，影响工作效率。

（五）救助理念方式不新

一是救助方式单一。由于基层能力不足、专业服务队伍缺乏，社会救助主要还是以发放资金为主，困难群众急需的物资配送、生活照料、康复护理、心理慰藉等服务难以提供。二是救助理念不新。在工作中，更多的是强调"救"，重在按要求把钱发到位，而没有重视做过细的思想政治工作，没有耐心宣讲救助对象应尽的责任义务，没有激发救助对象的内生动力，导致救助对象的依赖性强，容易和其他群众攀比。三是社会力量参与不充分。一方面，国家还没有制定引导扶持社会力量参与社会救助工作的系统性政策，现有优惠扶持政策分散在各部门政策文件中，难以落实落地；另一方面，社会组织特别是专业化社会组织培育发展不足，承接社会救助服务能力不强。

三 改革完善社会救助体系，推动湖南省社会救助事业高质量发展

要深入贯彻落实习近平总书记重要指示精神和党中央、国务院决策部署，坚持以人民为中心的发展思想，按照保基本、兜底线、救急难、可持续的总体思路，统筹发展社会救助体系，切实兜住兜牢基本民生保障底线。

（一）建立大救助体系，着力推进精准救助

一是强化领导工作机制。建立党委领导、政府负责、民政牵头、部门协同、社会参与的工作机制，加强党对社会救助工作的全面领导。各级党委要定期研究社会救助工作，解决重点难点问题；县级要建立党委或政府负责同志任组长的社会救助工作领导小组，加强社会救助工作领导统筹力度。二是建立分层分类的社会救助体系。根据困难群众贫困程度和致困原因，打造社会救助三级体系，第一级是绝对贫困人口，通过低保、特困供养、临时求助和各类专项救助进行兜底保障。第二级是相对贫困人口（即低收入和低保边缘群体），根据需要给予相应的医疗、教育、就业、住房等救助。第三级是其他困难群众，主要包括突发事件、意外伤害、重大疾病和疫情等导致的暂时性困难，给予临时救助、灾害救助，或引导社会力量加强救助帮扶。三是健全完善政策制度体系。按照分层分类社会救助体系建设的要求，认真梳理各类专项救助政策制度，需要修订的要进行修订，该完善的要完善，并实现对象范围、识别、认定、程序、标准、资金发放、服务供给等方面有效衔接。

（二）建立大救助平台，着力推进智慧救助

一是完善省级大数据库。加快全省统一的大数据库建设，全面归集各类数据信息，为社会救助精准核对提供信息数据支撑。二是打造大救助平台。由民政部门牵头，整合现有各部门社会救助信息系统，建立救助对象统一认

定、救助需求统一发布、救助供给统一公布、救助效果统一分析的全省大救助信息平台，各救助部门通过信息平台实时查询困难对象已经享受救助事项、救助金额、困难需求等各类救助信息，实施精准救助。三是建立大核对机制。依托省民政厅居民家庭经济状况核对信息平台，加强涉及社会救助家庭的财产收入等信息归集，相关部门及金融机构要及时提供纳税、社会保险和不动产、市场主体、车船登记，以及银行商业保险、证券、互联网金融等信息，统一开展社会救助业务核对，出具"幸福清单"，为各类社会救助提供服务。

（三）加强基层基础建设，大力推进高效救助

一是加强机构建设。按照社会救助对象数量、人员结构等因素，加强市县社会救助机构建设，在乡镇设立专门社会救助经办机构，统一接受基本生活、教育、医疗、住房等各类社会救助申请及办理，全面实现"一门受理、协同办理"。二是充实基层力量。加强乡村社会救助经办机构人员配备，乡镇按每万人配备1名社会救助工作人员，在困难群众较多的村（社区）建立社会救助服务站（点），至少配备1名以上工作人员；在村级设立民生协理员，加强信息化、社工等专业人员配备。三是加大经费保障。足额预算社会救助工作经费，按照社会救助工作人员数量或者救助对象人数预算工作经费。

（四）创新救助服务方式，大力推进温暖救助

一是推行"资金＋物质＋服务"救助方式。在开展物质救助的同时，通过政府购买服务，为社会救助家庭中生活不能自理的老年人、未成年人、残疾人等特殊困难对象提供访视和照料服务，可以开展物质或服务救助的，原则上不提供现金救助。二是引导支持社会力量参与。制定出台专门政策，细化实化社会组织、慈善组织、社工机构等参与社会救助税收优惠、费用减免等政策措施，制定完善政府购买社会救助服务的具体目录，重点购买照料护理、精神慰藉、心理疏导等专业化、个性化救助服务。三是建立健全主动

发现机制。通过充分发挥乡镇（街道）、村（社区）工作人员入户走访摸排、统一设置热线电话、建立困难群众大数据库、开发线上预警系统等方式，健全完善社会救助主动发现机制。充分发挥大救助热线"12349"平台的作用，统一接听受理困难群众求助，并及时提交相关救助部门办理。四是加强重病重残人员救助。民政、医保、残联等部门要统一梳理建档立卡贫困人口、低保对象、低收入家庭等人员中的重病重残人员，建立重点对象台账，在脱贫攻坚总体任务完成后，将这类人员作为兜底保障重点对象，集中各类政策资源继续加大保障力度，确保他们脱贫不返贫。

（五）明确事权财权责任，提高救助标准水平

一是建立救助标准水平自然增长机制。根据居民人均消费支出、人均可支配收入、财力状况等，科学合理制定救助标准水平自然增长机制。二是建立省市县资金分级负担机制。进一步明晰社会救助事权财权责任，加大社会救助资金政府投入，足额安排财政预算。三是建立绩效评价考核机制。将社会救助工作纳入各级党委政府的绩效考核，合理赋予一定的分值，加强对社会救助工作绩效评价考核。

B.4

2020年湖南审判执行发展情况及2021年展望

田立文[*]

一 2020年主要工作

2020年，湖南全省法院坚持以习近平新时代中国特色社会主义思想为指导，深入学习贯彻党的十九大和十九届二中、三中、四中、五中全会精神，习近平法治思想，习近平总书记考察湖南重要讲话精神，在湖南省委坚强领导和最高人民法院悉心指导下，在省人大及其常委会有力监督和省政府、省政协、社会各界关心支持下，忠诚履职、奋力拼搏，各项工作取得了新成效。

2020年，我们共克时艰。面对突如其来的新冠肺炎疫情，一手抓防控、一手抓办案，依法从重从快惩处涉疫情犯罪472件638人，审结涉疫民商事案件5.4万起，为打赢疫情防控总体战贡献法院力量。

2020年，我们砥砺奋进。积极回应人民群众新期盼、新关切，优化诉讼服务，狠抓案件质效，新收案件100.1万件，结案100.7万件，法官年人均结案199件，审判质量、效率和公信力不断提升。

2020年，我们不辱使命。全省法院干警挥洒汗水、埋头苦干，扫黑除恶专项斗争、司法体制改革、环资审判、人民法庭、一站式建设等8项工作，作为"湖南经验"获中央政法委、最高人民法院在全国推介。省法院连续两年获评全国扫黑除恶专项斗争先进单位，121个集体、305名个人

---

[*] 田立文，湖南省高级人民法院党组书记、院长。

获省部级以上表彰或荣誉，最高人民法院院长周强和湖南省委主要领导15次批示肯定。

（一）强化政治担当，在"战疫"大考中践行初心使命

闻令而动，迅速投身全民抗疫战场。相关部门及时出台11项审判指导意见，发布打击涉疫犯罪十大典型案例，以有为司法促进有序"战疫"。积极运用调解、执行和解、企业重整等手段，慎用保全措施，妥善化解涉疫纠纷。

守土尽责，全力推进涉疫司法服务。始终把人民群众的需求放在第一位，在2020年2~5月疫情严峻期间，全省法院立案30.5万件、结案26.2万件。在全国法院率先开放诉讼服务中心，为受疫情困扰的群众提供便利，网上立案11.3万件、在线开庭1.2万场。

迎难而上，积极参与疫情联防联控。严格内部管理，抓实立案、庭审等场所消毒检测，全省法院无一例疑似、感染病例。延伸审判职能，主动服务抗疫。全省法院7000余名干警争当抗疫"逆行者"，参与防疫宣传、风险排查、物资调配，在"战疫"大考中接受了党和人民的检验。

（二）决胜扫黑除恶，助力建设更高水平的平安湖南

坚决打赢专项斗争"收官战"。扫黑除恶专项斗争开展三年来，全省法院以雷霆之势重拳惩治黑恶势力，审结涉黑恶案件3855件1.3万人，一批"村霸""矿霸""市霸"受到严惩。依法审结"文烈宏涉黑案""夏顺安非法围湖案""陈杰人违法以网牟利案""杜少平操场埋尸案"等大要案，全国扫黑办、最高人民法院19次推介湖南省法院经验。决胜2020年收官之战，紧盯"案件清结""黑财清底"目标，采取院长包案、及时督导、定期通报、审执衔接等措施，依法审结涉黑恶案件1690件6138人，处置"黑财"87.2亿元，提前两个月完成清结目标，审判质效居全国法院第1位。尚同军、王猛等罪大恶极的涉黑主犯被依法判处并执行死刑，人民群众拍手称快。依法惩处黑恶势力"保护伞"154人，中央政法委推介湖南省法院

"打网破伞"裁判指引的经验。召开新闻发布会12场，集中宣判14次，有力彰显了人民法院扫黑除恶的坚定决心。

依法惩处各类刑事犯罪。坚决维护国家安全和社会稳定，审结各类刑事案件5.5万件6.9万人。依法严惩故意杀人、抢劫、强奸、绑架等暴力犯罪1999件2816人，切实提升人民群众安全感。严厉打击毒品犯罪，审结7256件9426人。依法打击涉砂涉矿、非法盗采自然资源等犯罪，审结1657件2588人。严厉打击食品药品安全犯罪197件359人，守护"舌尖上"的安全。严惩"套路贷"、"校园贷"、电信诈骗、非法集资等侵财犯罪，审结1.2万件1.6万人。岳阳中院审结张士玲等人网络传销案，涉案33亿元，45人被判处刑罚。依法审结贪污贿赂等犯罪549件662人，其中原中管干部1人、厅级干部11人。国家质检总局原副局长魏传忠等腐败分子依法受到惩处，充分发挥人民法院惩治腐败的利剑作用。

强化人权司法保障。落实罪刑法定、疑罪从无、非法证据排除等规定，对18名公诉案件被告人和30名自诉案件被告人依法宣告无罪。贯彻宽严相济刑事政策，依法适用认罪认罚从宽规定。保障律师依法履职，扩大律师辩护全覆盖试点范围。设立25个少年审判庭，对失足未成年人做好庭前走访、庭中教育和庭后帮扶，依法严惩性侵、猥亵未成年人等犯罪，被告人龙喜和将16岁少女拘禁在地下室长达24天，并数十次实施强奸，被依法判处死刑，坚决为未成年人撑起司法保护的蓝天！

（三）聚焦工作大局，以服务保障经济高质量发展

优化法治营商环境。依法审结民商事案件51.4万件，标的金额5845亿元。出台服务"六稳六保"、"三高四新"、自贸区建设等23个指导意见。注重产权及企业家合法权益保护，快审快结涉企案件15.7万件，严禁超标的查封，坚决防止"案子办了，企业垮了"。严格区分经济纠纷与刑事犯罪，对民营企业负责人刘伟华、罗成依法宣告无罪。服务于打好防范化解重大风险攻坚战，审结民间借贷、金融借款等纠纷12.2万件。推动省发改委

等 22 家省直单位建立破产审判府院协调机制，审结破产案件 681 件，帮助金贵银业等 20 家企业重整成功。主动服务自贸区建设，指导长沙、岳阳、郴州中院设立自贸区国际商事巡回审判庭。

护航创新绿色发展。依法审结知识产权案件 1.1 万件。实施最严格的知识产权司法保护，恺英网络等公司因侵犯腾讯公司著作权被判赔 3000 万元。审结"茶颜观色"诉"茶颜悦色"、"三一"诉"山一"等商标侵权案件，依法保护知名企业合法权益，对"傍名牌""搭便车"现象说不。践行"绿水青山就是金山银山"的理念，服务打好污染防治攻坚战，新组建 9 个环境资源审判庭，审结案件 4766 件，判处 3067 人承担生态修复责任，努力让天更蓝、水更清、三湘大地更宜居。

助推政府依法行政。深化一审行政案件集中管辖改革，支持监督行政机关依法行政，审结行政诉讼案件 2.2 万件。省法院审结"网约车载客被罚 2 万元"一案，依法判决撤销行政处罚决定，促进共享经济健康发展。设立行政争议调解中心，实质性化解行政争议。依法办理非诉行政案件 5253 件，保障湖南省重点项目建设。发布行政审判白皮书，提出司法建议 279 条，为法治政府建设贡献司法力量。

服务国防和军队建设。坚持司法拥军护军，妥善审结涉军案件 342 件，开展"送法进军营"活动 17 次。用心用情做好涉军维权，在全国率先构建行政协调、法律援助、军地法院司法协作"三位一体"的涉军维权新模式，得到最高人民法院的肯定和《法治日报》的专题推介。

（四）践行司法为民，满足人民群众新要求、新期待

全面升级一站式便民服务。全省 143 家法院均建成现代化诉讼服务中心，实现跨域立案、网上办案、远程接访。主动融入党委领导的诉源治理格局，将万人起诉率纳入市县平安建设考核。指导基层法院设立诉源治理工作站 1337 个，努力将矛盾化解在基层。贯彻习近平总书记关于"坚持把非诉讼纠纷解决机制挺在前面"的重要指示，对接调解组织 1711 个，诉前调解案件 22 万余件，全省法院收案数下降 10.03 万件，诉讼服务质效评估得分

居全国法院第 1 位。中央电视台全媒体直播推介湖南省法院多元解纷经验，3000 多万网友在线观看、纷纷点赞。

始终把民生权益放在心上。依法审结教育、就业、医疗、住房等民生案件 12.8 万件，解决好老百姓"急难愁盼"问题。审结涉农民工工资案件 1.2 万件，追回欠款 4.3 亿元，绝不让农民兄弟流汗又流泪！审结抚养、赡养、婚姻等案件 7.3 万件，维护老年人、妇女、儿童合法权益。依法严惩贪污、侵占、挪用扶贫款物等犯罪 42 人。积极投身脱贫攻坚大局，省法院驻村扶贫工作被推荐为全国脱贫攻坚先进。坚持当赔则赔、应救尽救，审结国家赔偿案件 765 件，发放司法救助金 3779 万元，缓减免交诉讼费 1595 万元，让群众切身感受到社会主义司法的关怀和温暖！

努力兑现人民群众胜诉权益。切实解决执行难，执结案件 36.4 万件，到位金额 761.5 亿元，执行工作继续走在全国法院前列。加大对故意隐匿财产、拒不执行等行为的惩处力度，拘留 7134 人、罚款 10097 人、纳入失信被执行人名单 6.1 万人、限制高消费 20.6 万人。株洲中院强制执行园区违法建筑案，入选全国法院十大执行案件。深入开展"三湘风暴"专项执行行动，加大对涉黑恶、涉民生、拖欠民营企业债务等案件的执行力度。持续推进工程机械类案件集中执行活动，执结 5776 件，服务打造国家重要先进制造业高地。

大力弘扬法治正能量。落实谁执法谁普法责任制，组织送法进乡村、进企业、进校园等活动 2664 场。益阳、张家界等地法院通过车载法庭、背篓法庭、水上法庭等开展巡回审判。联合《湖南日报》等媒体创办《打开民法典》《法在你身边》等栏目，宣讲民法典 980 余场，让民法典走到群众身边、走进群众心里。坚持以小案件传播大道理，维护社会主义核心价值观。岳阳"偷车被撞索赔案"昭示守法者无须为他人违法行为买单，长沙"岳麓山夜骑意外身亡索赔案"彰显法律不为自甘风险的高危活动兜底，株洲"热心男孩扶老人过马路摔伤反遭索赔案"让人们不再纠结"扶不扶""救不救"，让群众有遵循、有保障、有温暖！

（五）深化司法改革，推动审判执行提质增效

开展"巩固年"活动，种好执法办案"责任田"。扎实开展"审判质量、效率和公信力巩固年"活动，推进长期未结案件"清零工程"，全省一年以上未结案件仅存74件，创历史新低。建立随案评查制度，开展涉缓免刑及发改案件专项评查，对不合格案件责任人严肃追责。组织"十大办案标兵""百佳裁判文书"等评选活动，32篇案例获评优秀，案例工作居全国法院第2位。深化司法公开，裁判文书上网率、庭审直播率、审判流程公开率均居全国法院前3位，让司法权真正晒在阳光下。

强化司法制约监督，扎紧自由裁量"铁笼子"。坚持既放权又监督，出台规范法官自由裁量权等16项制度，细化法官及辅助人员权责清单，强化院庭长监督管理职责。在全国法院率先全面实施类案强制检索，鼓励当事人提供类案文书，统一裁判尺度。强化业务指导，出台裁判指引7件，发布典型案例62个。充分发挥专业法官会议咨询参考和审判委员会的制约监督作用，湘潭中院专业法官会议改革经验获评全国法院优秀改革案例。

优化审判资源配置，解放审判执行"生产力"。遴选员额法官332名，其中77%向基层一线倾斜。在全国法院率先建立法官候补制度，确保及时补员。实行办案力量省级统筹、动态调整，抽调60名法官和助理帮助长沙法院办案。推进案件繁简分流、轻重分离、快慢分道，组建速裁团队283个，简易程序适用率87%。推进人财物统一管理，会同省财政厅等加大"两庭"建设、人员经费等保障力度。加快智慧法院建设，"诉讼费管理系统"被评为全国法院智慧司法十大创新案例，在线保全、语音识别、线上缴退费等系统"大显身手"，智慧法院已成为法治湖南建设的"加速器"。

（六）坚持严管厚爱，锻造德才兼备的高素质法院铁军

突出政治引领，做到"两个维护"。省法院党组理论学习中心组学习12次，第一时间传达学习党的十九届五中全会、习近平总书记考察湖南重要讲话、省委十一届十二次全会等精神。扎实开展"两个坚持"专题教育，增

强"四个意识"、坚定"四个自信"、做到"两个维护"。坚决落实《中国共产党政法工作条例》及省委实施意见，主动向省委、省委政法委请示报告重要工作198次。

加强反腐倡廉，持续正风肃纪。在全国法院率先出台《党组党风廉政建设主体责任清单》，对司法腐败和违纪违法行为零容忍，全省法院查处违纪违法干警154人。开展"以案三释"警示教育，印发警示案例汇编，拍摄警示教育片，用身边事教育身边人。严格执行中央八项规定及其实施细则精神，对2个中院和机关2个部门开展司法巡查，整改问题54项。深化"三个规定"专项整治，出台禁止违规干预过问案件的规定，通报10起典型案例，努力兑现"让找熟人打官司成为过去"的庄严承诺！

提升队伍素质，强化关心激励。实行分类精准培训，举办政治理论、审判业务等各类培训班30期，培训10667人。省法院出台关心关爱干警14项举措，发布6起保障法官权益典型案例，为受到不实举报的法官澄清正名。法院干警素质不断提升，抵御干扰、公正廉洁司法的意识不断增强。2021年1月12日，省法院审监一庭副庭长周春梅法官因不徇私情、拒绝打招呼，惨遭报复杀害，她用生命捍卫了原则、捍卫了法治！纵使血染法袍，正义绝不低头！

（七）全面接受监督，凝聚推动法院工作强大合力

自觉接受人大监督。贯彻落实省十三届人大三次会议决议及专项工作决议，主动报告重要工作，报备规范性文件21件。全部办结47件省人大代表建议，其中21项转化为工作制度。主动邀请各级代表委员列席审委会、参加法院重大活动3800余人次，促进司法民主。最高人民法院10次推介湖南省法院接受人大监督的经验做法。

主动接受民主监督和法律监督。及时向省政协通报法院工作，办理提案12件。听取各民主党派、工商联、无党派人士的意见建议，联合省工商联召开中小微企业座谈会。依法接受检察机关法律监督，审结抗诉案件545件，共同维护司法公正。

真诚接受社会监督。省法院聘请 40 名特约监督员，邀请其参与司法作风明察暗访等活动。虚心接受舆论监督，开展"我对法院有话说"网上征求意见活动，收集并采纳网友意见建议 155 条。

不平凡的 2020 年，疫情无情人有情，成如容易却艰辛。全省法院干警无私奉献，忘我工作，涌现出长沙雨花区法院靳晓等 4 名全国优秀法官、邵阳大祥区法院肖为等 7 名全国法院办案标兵。省法院徐康法官办案质效位居全院前列，爱岗敬业、忠于职守，因病 39 岁英年早逝，是全省优秀法官的杰出代表，省委政法委号召向徐康同志学习。他们用敬业奉献诠释了对党和人民的无限忠诚，书写了对公平正义的执着追求！

我们也清醒地认识到，全省法院工作还存在一些问题和不足：有的法官司法能力欠缺，就案办案、机械司法依然存在；个别法官违纪违法仍有发生，队伍从严管理还需持续用力；长沙等地法院案件数量持续高位运行，诉源治理仍需加强；基层基础建设发展不平衡，人财物统管配套机制有待健全。

二 2021年工作展望

2021 年是全面开启现代化建设新征程的第一年，也是"十四五"开局之年。湖南法院的工作思路是：坚持以习近平新时代中国特色社会主义思想为指导，深入学习贯彻习近平法治思想，深入学习贯彻党的十九大及二中、三中、四中、五中全会精神，习近平总书记考察湖南重要讲话精神，以及中央政法工作会议、全国高级法院院长会议、省委政法工作会议等精神，增强"四个意识"、坚定"四个自信"、做到"两个维护"，更加注重系统观念、法治思维、强基导向，认真开展"审判质量、效率和公信力深化年"活动，推动全省法院工作高质量发展，为大力实施"三高四新"战略、奋力建设现代化新湖南提供有力的司法服务和保障，以优异成绩庆祝建党 100 周年。

（一）深入学习贯彻习近平法治思想，扎实推进政治建设

党的绝对领导是法院工作确保正确政治方向的根本保证，全省各级法院

要把旗帜鲜明讲政治落实到各方面全过程。

一要始终强化科学理论武装。要深入开展习近平法治思想学习活动。通过举办全员政治轮训，引导广大干警当好习近平法治思想的坚定信仰者、积极传播者、模范实践者。要抓住领导干部这个"关键少数"，健全以党组理论学习中心组为龙头、党支部为基础的学习体系，发挥领导干部特别是"一把手"的"头雁作用"，把各级法院领导班子建设成为践行习近平法治思想的坚强战斗集体。要深入开展社会主义核心价值观教育和社会主义法治理念教育。引导广大干警始终牢记中国共产党领导是我国社会主义法治之魂，深刻体悟中国特色社会主义法治道路的独特优势，毫不动摇做到"两个坚持"。

二要坚持党对法院工作的绝对领导。要坚决做到"两个维护"，切实提高政治判断力、政治领悟力、政治执行力。要自觉主动接受党委、党委政法委领导。认真学习贯彻《中国共产党政法工作条例》和省委实施意见，每半年向党委、党委政法委和上级法院党组报告整体工作情况，经常性报告重大事项、重要案件、重要工作。

三要着力提升党建质量和水平。要深入开展党史学习教育活动，深入挖掘和利用好湖南省红色教育资源，大力弘扬"半条被子"精神，组织到红色教育基地接受主题教育，邀请革命前辈讲述红色故事，从党的光辉历史中汲取砥砺奋进的力量。

（二）树牢总体国家安全观，积极助力平安湖南建设

安全是发展的前提，发展是安全的保障。全省各级法院要坚持总体国家安全观，充分发挥刑事审判职能，为平安湖南建设做出应有贡献。

一要高起点开展常态化扫黑除恶。全省法院要认真学习贯彻中央《关于常态化开展扫黑除恶斗争巩固专项斗争成果的意见》，抓好常态化扫黑除恶工作，绝不允许黑恶分子再祸害百姓。要全力冲刺未结涉黑恶案件"清零"，精心准备"黑财清底"考核评估，健全常态化工作机制，始终保持打击黑恶势力的高压态势。

二要严厉打击毒品犯罪。当前湖南省禁毒形势严峻复杂，案件总数同比增长22%，犯罪人数同比增长14%，省委高度重视，代表委员反映强烈，人民群众深恶痛绝，要把禁毒工作作为2021年刑事审判的重点来抓。要开展禁毒专项活动。对主观恶性深、人身危险性大的毒品犯罪分子，该判处重刑和死刑的坚决依法判处。上级法院要加大指导督促力度，提高毒品案件审判质量和效率，省法院每两个月通报各中院活动开展情况。要加大禁毒宣传力度。开展禁毒宣传进校园、进农村、进社区、进车站等活动，提高广大人民群众特别是青少年学生的识毒、防毒、拒毒能力。要形成禁毒工作合力。主动向党委、党委政法委报告，加强与公安机关、检察机关等部门沟通协调，积极发出司法建议，强化禁毒综合治理，形成依法严厉打击毒品犯罪的强大合力。

三要依法严惩各类刑事犯罪。全省各级法院要准确把握新的法律、司法解释关于刑责年龄调整、死缓案件二审开庭等新规定，确保案件经得起历史和人民的检验。要依法严惩严重暴力犯罪，依法打击职务犯罪，坚决遏制新型网络犯罪。要扎实开展"纸面服刑"问题查纠，深入开展减刑、假释和暂予监外执行查纠工作，对重点个案进行认真复查，坚决防止并严肃查处"提钱出狱""花钱捞人"等腐败行为。

（三）心怀"国之大者"，服务保障"三高四新"战略实施

大力实施"三高四新"战略，是省委贯彻落实习近平总书记考察湖南重要讲话精神和党的十九届五中全会精神的重大决策部署。全省各级法院要增强大局意识，不断提升司法服务的针对性和实效性。

一要全力服务打造"三个高地"。要强化知识产权司法保护。要开展"知识产权审判提速提质深化年"活动，强化知识产权审判三合一改革要求，加大司法保护力度。要探索建立类型化知识产权纠纷案件诉前调解程序和在线调解机制，制定出台知识产权惩罚性赔偿裁判指引，服务打造国家重要先进制造业高地、具有核心竞争力的科技创新高地。要服务保障自贸区建设。认真落实省法院关于服务自贸区建设的实施意见，推动设立自贸区法

庭，推进涉自贸区案件专业化审判。

二要持续巩固"三大攻坚战"成果。要提升风险化解能力。依法惩治非法集资等涉众型犯罪，妥善审理证券集体诉讼等涉众金融纠纷案件，加强金融风险行政处置和司法审判的衔接配合，助力化解金融风险。要服务保障美丽湖南建设，贯彻实施好《长江保护法》，开展"环境资源审判利剑专项行动"，服务保障长江流域重点水域禁捕退捕等工作。要助力全面推进乡村振兴。认真学习贯彻习近平总书记在全国脱贫攻坚总结表彰大会上的重要讲话精神，稳妥审理涉及农村土地流转、股份合作等案件，严厉打击违法乱占耕地、假种子等违法犯罪行为，为全面实施乡村振兴战略提供有力的司法服务和保障。

三要优化法治化营商环境。要持续开展暖企行动，积极组织送法进企业活动，深化与工商联等部门的交流协作，落实商会调解机制，让企业家安心创业、放心投资、专心经营。要开展破产积案清理专项行动，充分发挥企业破产处置府院协调机制的作用，推进破产案件繁简分流，下大力气清理破产积案，服务供给侧结构性改革。

四要全力助推法治政府建设。要着力提升基层法院行政审判能力，持续深化行政案件集中管辖改革，以实质性化解行政争议为着力点，提升基层法院行政审判能力。要强化司法与行政良性互动，提升行政负责人出庭应诉率，促进行政负责人"出庭又出声"，助推依法行政。

（四）坚持以人民为中心，加大民生司法保障力度

习近平总书记强调，江山就是人民，人民就是江山，人心向背关系党的生死存亡。

一要让民生司法更有温度。要严格执行民法典，抓好四大民生司法实事，充分发挥司法救助和国家赔偿等职能，提升群众司法获得感。要持续开展"为农民工讨薪"活动。依法适用先予执行、小额速裁等程序，快立快审快执拖欠农民工工资案件，加大恶意欠薪打击力度，定期召开新闻发布会，发布典型案例。要深入推进家事审判改革，及时借鉴兄弟法院改革经

验，推动健全防范家庭暴力、人身安全保护令等制度。要妥善审理婚姻家庭案件，对感情确已破裂、存在严重人身安全风险的离婚案件，该判离就判离，不能一味"和稀泥"，防止家庭暴力升级造成极端恶性事件。要推进"道交纠纷网上数据一体化"改革。在前期试点基础上，要尽快在全省范围统一道交案件人身损害赔偿城乡标准，解决"同命不同价"的问题。要狠抓"道交一体化"平台应用，提升道交纠纷诉源治理成效。要开展司法保护未成年人专项行动。全省各级法院既要依法严惩侵害未成年人违法犯罪，守住法律和社会伦理底线；又要坚持"感化与挽救"的理念，帮助犯罪的未成年人改过自新。

二要推进切实解决执行难。要强化执行机制建设，深化立审执破兼顾和自动履行正向激励机制建设，提高当事人自动履行率，让更少的案件进入强制执行程序。要坚持常规执行与专项执行相结合。继续开展"三湘风暴"专项执行行动，持续开展涉黑恶、职务犯罪、涉民生等七大专项执行行动。要加大失信惩戒力度。完善失信惩戒和限制高消费制度，健全守信激励、信用惩戒等机制，坚持公诉和自诉并举，畅通自诉办理渠道，严惩拒执犯罪，形成强大震慑。

三要推动一站式建设再创佳绩。要持续优化诉源治理大格局，主动融入基层治理创新，加强诉源治理工作站与地方综治中心、矛盾调解中心的协调联动，做到实体化运行，真正将纠纷化解在诉前。要坚决防止"立案难"反弹回潮。要树立正确政绩观，严格落实立案登记制改革要求，绝不允许让人民群众"求告无门"。要提升一站式服务水平。深度应用人民法院调解平台、律师服务平台，提供集约送达、网上保全、一号通办等集约诉讼服务。要积极推出适老诉讼服务举措，防止出现老年人因技术原因无法立案和打官司的情况。要有力地化解涉诉信访矛盾。全省各级法院要从政治高度认识抓好涉诉信访工作的重大意义，对重点人要领导包案、责任到人，实质性化解一批积案老案。

（五）坚持系统观念，推动审判体系和审判能力现代化

要深化以审判为中心的刑事诉讼制度改革。对检察机关的量刑建议要

依法进行审查，该采纳的依法采纳，不该采纳的依法处理，对量刑建议明显不当又不调整的坚决依法判决，确保严格依法办案。要深化民事诉讼程序繁简分流改革。推进案件繁简分流、轻重分离、快慢分道，基层法院要加强速裁团队建设，民商事速裁团队要全部进驻诉讼服务中心，速裁法官要在诉讼服务中心指导调解、速裁案件。要深化司法资源配置改革。常态化开展员额统筹调配、动态调整、递补和退出工作，继续抽调法官、法官助理帮助长沙地区法院办案，努力缓解长沙等地案多人少矛盾。其他中院也要加强本地区人案力量调配，适当调整部分力量帮助案多人少矛盾突出的基层法院办案，或及时调配案件。要加强新型审判团队建设，完善法官、法官助理、书记员等职责和权限清单，畅通人员分类管理下的内部岗位交流渠道，优化配置司法资源。要强化司法权力制约监督。压实院庭长监督责任，从制度上解决院庭长不愿管、不会管、不敢管的问题。要严格落实"一案双查"，对院庭长监督责任落实不到位、造成冤假错案的，严肃追责问责。要健全完善法律统一适用机制，完善专业法官会议和审判委员会制度。继续邀请人大代表、政协委员、律师等列席审判委员会，提高司法公信力。要抓好智能监督，持续加强智慧法院建设，加快推动将各类人员权责清单和履职指引嵌入办案平台，完善"四类案件"自动识别、智能监管信息系统，抓紧建立发改案件单独监管模块、长期未结案件单独监管模块、案件评查管理系统、司法绩效考评管理系统，实现可留痕、可倒查、可监督。要严肃追究错案司法责任，建立发改案件跟踪机制，完善法官惩戒委员会运行机制。对重大瑕疵案件、不合格案件要逐级约谈和通报；对不合格及错案，经审判委员会讨论通过后，移送法官惩戒委员会调查追责。

（六）始终坚持严的主基调，着力打造忠诚、干净、担当的湖南法院铁军

推进全省法院工作高质量发展，队伍建设是关键。要落实习近平总书记提出的"五个过硬"要求，着力锻造一支让党放心、人民满意、忠诚可靠、

清正廉洁的过硬法院队伍。

一要推动教育整顿走深走实。要聚焦筑牢政治忠诚、清除害群之马、整治顽瘴痼疾、弘扬英模精神四项任务，抓实学习教育、查纠整改、总结提升三个环节，把握好政治生态进一步优化、纪律作风进一步好转、素质能力进一步增强、执法司法公信进一步提升四大目标，精准发力，务求实效。要把学习教育贯穿始终，增强永葆忠诚纯洁可靠本色的思想自觉、政治自觉、行动自觉。要组织"对标先进找差距""履职尽责当先锋"活动，引导广大干警向周春梅、徐康等先进典型学习，弘扬好英模精神。要以刀刃向内的决心、勇气抓好查纠整改，加大信访举报投诉、案件评查、明察暗访、审务督察等监督力度，综合运用自查自纠、组织查处、专项整治等手段，坚决清除害群之马、整治顽瘴痼疾。

二要深化党风廉政建设和反腐败斗争。要扣紧"两个责任"链条，严格落实《党组党风廉政建设主体责任清单》，坚决扛起全面从严管党治院的主体责任。"一把手"要认真履行第一责任，班子成员要履行"一岗双责"。要从严落实"三个规定"。严格执行防止干预司法"三个规定"等铁规禁令，对外部干预该记录的就要记录、该报告的必须报告。要持之以恒改进作风。以钉钉子精神贯彻落实中央八项规定及其实施细则精神，加大司法巡查、审务督察、法官惩戒、财务审计力度，坚决整治冷硬横推、慵懒散松和限制立案、消极执行等顽疾。

三要提升专业化水平。要提升执法办案能力，继续开展"双十双百"等评比表彰活动，组织好全省审判业务专家评选，激励全体干警提升司法能力。要树立正确选人用人导向，坚持好干部标准，选树一批敢担当、善创新、干实事、作风好的先进典型，提拔一批敢干事、能干事、干成事的优秀年轻干部。

四要健全履职保障体系。要真心关爱干警，严格落实省法院《关于进一步关心关爱干警的意见》，发挥好工会、妇联、共青团、法官协会等群团组织功能，积极开展形式多样的文体活动，活跃工作氛围，让干警感受到组织的温暖。要为担当者担当，推动法官权益保障委员会实体化运行，及时为敢于坚持原则、受到不实举报的法官澄清正名。要保障干警及其近亲属安全，出台保障法官及其近亲属人身安全的实施办法，切实保障干警依法履职。

（七）坚持强基导向，不断筑牢基层基础

基础不牢，地动山摇。全省法院80%以上的案件在基层，80%的人员在基层，特别是民商事案件管辖标准上调后，基层法院案件压力更大。抓好了基层，就抓住了关键。

一要加强基层法院队伍建设。要主动向党委和组织部汇报协调，推荐法院系统优秀年轻干部担当重任。探索建立"两个名册"和"三个清单"。"两个名册"即建立先进和落后基层法院党组名册，"三个清单"即政治建设清单、能力建设清单、廉政建设清单，将工作落后的基层法院党组列为中院院长联系点，定点帮助，全面加强基层法院班子建设。

二要提升人民法庭工作成效。人民法庭是"基层的基层"，是服务群众的窗口、社会治理的前沿。紧扣市域、县域治理需求，发挥人民法庭职能作用，服务全面推进乡村振兴和基层社会治理。推进人民法庭参与执行工作，加强法庭与乡镇矛调中心合作，通过巡回审判、公开宣判、以案说法等活动，积极化解基层矛盾纠纷。

三要夯实重心下移工作机制。努力研究掌握司法工作规律，认真调研论证，多听一线干警的意见建议，确保出台的监督指导措施符合法律规定和基层实际。要坚持人财物等进一步向基层一线倾斜，在人员管理、经费保障、物资装备等方面向一线倾斜，提高服务基层、保障基层的能力。

征途漫漫，唯有奋斗。起跑就是冲刺，开局就是决战。我们将以更加昂扬的精神状态、更加铿锵有力的奋进步伐，大力弘扬"三牛"精神，推动全省法院各项工作走在全国法院前列，为实施"三高四新"战略、建设现代化新湖南提供有力的司法服务和保障，用优异成绩向建党100周年献礼！

附图：

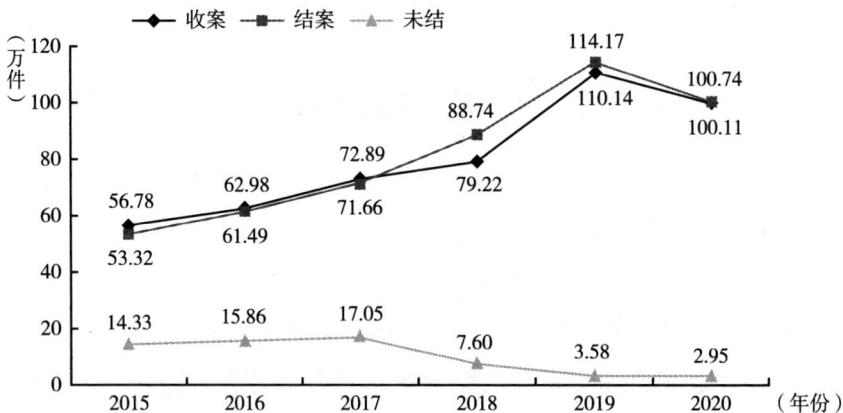

附图1　2015~2020年湖南省法院收结案数量走势

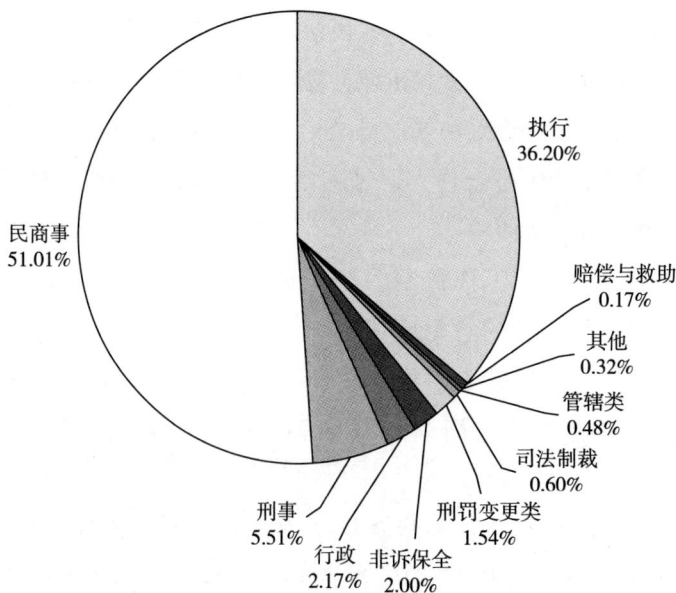

附图2　2020年湖南省法院审结各类案件构成

对一审上诉和
抗诉的案件
10.37%

一审后当事人
服判的案件
89.63%

申诉和申请
再审的案件
1.87%

一、二审裁判
生效后当事人
服判的案件
98.13%

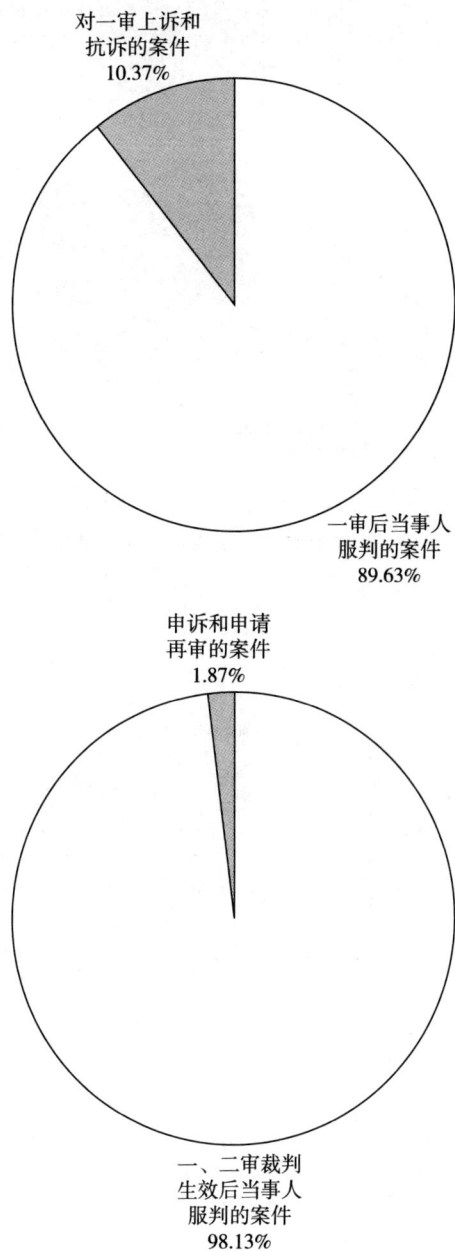

附图 3　2020 年湖南省法院案件审判效果

附图4　2020年湖南省法院审结一审刑事案件构成

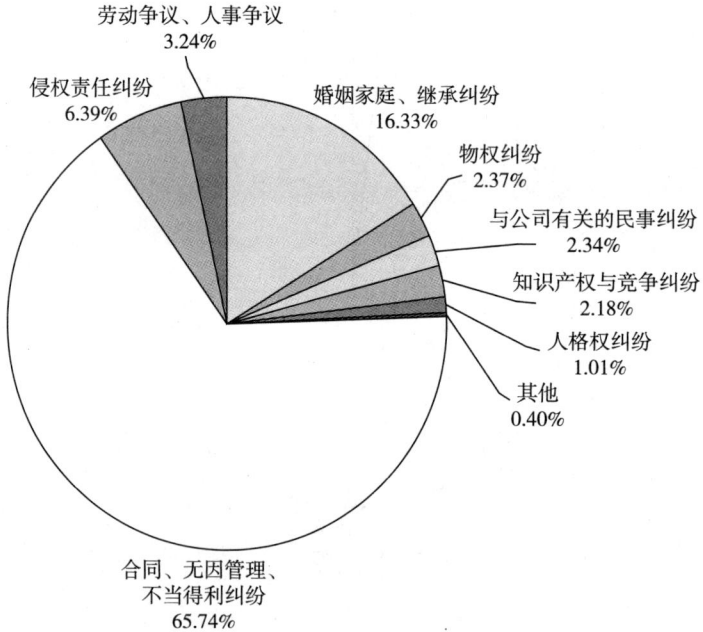

附图5　2020年湖南省法院审结一审民商事案件构成

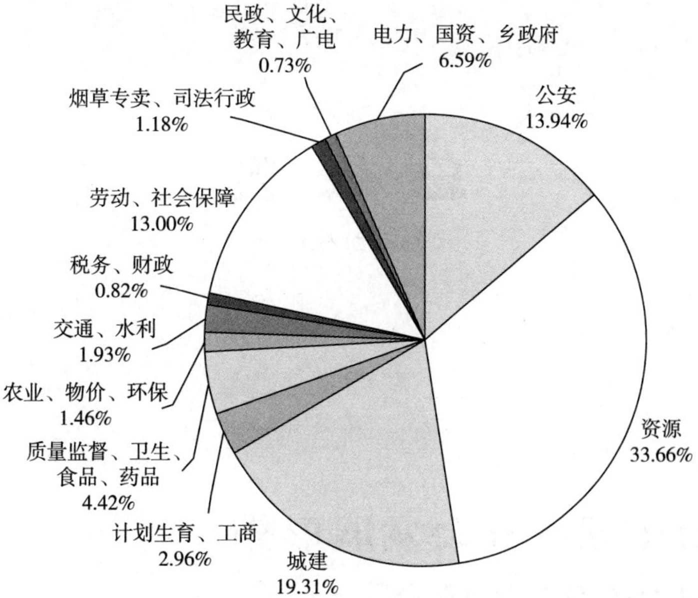

附图6　2020年湖南省法院审结一审行政案件构成

总 报 告
General Report

B.5
2020年湖南社会发展形势
分析与2021年展望

湖南省人民政府发展研究中心课题组*

摘　要： 2020年，湖南防控新冠肺炎疫情取得重大成果，决胜全面建成
小康社会、决战脱贫攻坚取得决定性成就，各项社会事业取得
新进步，重点民生实事全面完成，社会安全稳定。2021年外部
环境和疫情变化存在诸多不确定性，湖南社会发展的机遇和挑
战面临新变化，应围绕"三高四新"战略，全面提升治理能
力，加强民生保障，促进更加充分、更高质量就业，推动教育
优质均衡发展，完善医疗卫生服务体系，提升公共文化服务水
平，维护社会安全稳定，推动社会事业全面进步。

* 课题组组长：谈文胜，湖南省人民政府发展研究中心党组书记、主任。副组长：唐宇文，湖
南省人民政府发展研究中心副主任、研究员。成员：彭蔓玲，湖南省人民政府发展研究中心
二级巡视员、副研究员；文必正，湖南省人民政府发展研究中心社会发展研究部副部长；彭
丽、黄晶，湖南省人民政府发展研究中心社会发展研究部主任科员。

关键词：　社会发展　民生保障　社会治理　新冠肺炎疫情防控　湖南

2020 年是极不平凡的一年。面对新冠肺炎疫情的严重冲击和复杂严峻的国内外形势，湖南坚持以习近平新时代中国特色社会主义思想为指导，认真贯彻落实习近平总书记考察湖南时的重要讲话指示精神，坚持稳中求进工作总基调，统筹疫情防控和经济社会发展，扎实做好"六稳"工作，全面落实"六保"任务，各项社会事业取得新进步，民生保障有力有效，交出了大战大考之年的优异答卷。2021 年，湖南发展进入新阶段，面临新定位、新使命、新任务，社会发展要围绕"三高四新"战略，更好统筹发展和安全，全面提升治理能力，提高社会建设水平，促进民生改善和社会大局和谐稳定。

一　2020年湖南社会发展总体情况分析

2020 年，湖南社会发展呈现稳中有进、稳中向好、稳中提质的良好态势。全体居民人均可支配收入同比增长 6.1%，高于全国平均 1.4 个百分点；居民消费价格涨幅 2.3%，低于 3.5% 的预期目标；新增城镇就业 72.42 万人，完成年度目标的 103.46%；城镇登记失业率 2.74%，低于全国 1.5 个百分点；剩余 19.9 万贫困人口全部脱贫；12 件重点民生实事全面完成。

（一）社会形势"稳中向好""稳中提质"

1. 科学有效防控新冠肺炎疫情，抗疫斗争取得重大成果

疫情防控有力有效。面对突如其来的新冠肺炎疫情，湖南迅速打响疫情防控阻击战，在全国第一批启动重大突发公共卫生事件一级响应、第一时间开展大数据排查分析、第一时间推行"大数据分析 + 网格化实地排查"，迅速开发健康码分类识别，坚持全省"一盘棋"，建立联防联控、群防群治机制，迅速实施重点人群的核酸检测及重点地区、大型活动管控与防范措施，

高效开展集中科学救治，筑牢严防湖北疫情输入、聚集性疫情、境外疫情输入、社区疫情反弹四道防线，有力有效控制疫情。全省18万个基层党组织、400万名党员、40万名医务人员、上百万名志愿者投入抗疫斗争。仅用39天实现本土确诊病例零新增，用54天实现确诊病例清零，成为全国首个累计确诊病例在1000例以上清零的省份，全省确诊病例治愈率达99.6%。

防疫物资保障有力。采取自主生产、外部采购、社会捐赠举措三管齐下，推动相关企业开足马力生产，短时间内实现防护物资由供应紧缺到最高日产各类口罩5300万只、医用防护服4万套、核酸检测试剂50万份，测温枪、呼吸机、负压车等一应俱全。复工、复产、复市、复课、复游稳妥有序。重点领域实现了"三个零"：校园内新冠肺炎疫情零发生，文旅行业零感染，医疗机构院内感染聚集零发生。

对外支援坚决有力。2020年共派出18批次1502名医务人员支援湖北省，派出医疗专家组赴津巴布韦、赤道几内亚等国开展抗疫支援，选派重症专家组、核酸检测医疗队、流调专家队支援北京、新疆等地，为全国乃至全球的疫情防控贡献了湖南力量。

2. 就业形势承压持稳，整体形势好于预期

就业创业稳步推进。自三季度起，全省城镇新增就业单月同比由降转增，全年实现城镇新增就业72.42万人，完成省定70万目标的103.46%、国定60万目标的120.70%。创新创业逆势增长，全省市场主体达到488.84万户，同比增长12.54%，其中新增市场主体78.41万户，同比增长0.36%。

失业率逐步下降。四季度城镇调查失业率分别为6.2%、5.9%、5.8%、5.4%，呈稳步下降态势，年末城镇调查失业率基本降至疫前水平，在中部地区处于最低位。全年城镇登记失业率2.74%，低于全国1.5个百分点。

就业市场保持稳定。重点群体就业平稳，应届高校毕业生初次就业率79.2%，超出教育部目标9.2个百分点，截至2020年年末，全省离校未就业高校毕业生就业率达到97.9%；农村劳动力转移就业规模1638.81万人，

较上年增长0.4%；农民工返岗就业924万人，贫困劳动力转移就业232.36万人，增长8.28%；困难人员就业13.84万人，有就业意愿的贫困劳动力和零就业家庭保持动态清零；17865名有就业意愿的退捕渔民，已帮扶就业17859名，就业率达99.97%。企业用工总体平稳，全省1290家重点监测企业在岗职工90.35万人，连续9个月用工波动在1%以内；1～12月用工净增0.28万人，增幅0.31%。人力资源市场供需平稳，一至四季度，全省人力资源市场求人倍率分别为1.63、1.44、1.57、1.35，走势和上年基本相同，总体保持动态平衡。

3. 民生保障水平稳步提升，人民群众幸福感进一步增强

民生投入持续加大。2020年，湖南省一般公共预算支出8402.7亿元，增长4.6%，其中民生支出5919亿元，占一般公共预算支出的70.4%，较上年提高0.1个百分点，连续5年占比在70%以上。支出较多的有：教育支出1333.52亿元，增长5%；社会保障和就业支出1307.68亿元，增长12.7%；农林水支出979.2亿元，同口径增长8.2%；卫生健康支出736.58亿元，增长11.3%。住房保障支出增长较快，增幅达18.2%。

表1　2020年湖南省一般公共预算中部分民生支出情况

项目	2020年支出（亿元）	比上年增长（%）	占总支出比例（%）
教育支出	1333.52	5	15.9
社会保障和就业支出	1307.68	12.7	15.6
城乡社区支出	776.68	−20.4	9.2
卫生健康支出	736.58	11.3	8.8
住房保障支出	244.69	18.2	2.9

资料来源：湖南省财政厅《关于湖南省2020年预算执行情况与2021年预算草案的报告》。

居民收入持续增长。2020年，湖南省居民人均可支配收入为29380元，较上年增长6.1%。增速在全国各省份中居第10位，在中部六省中居第3位。其中，城镇居民人均可支配收入为41698元，较上年增长4.7%，增速在全国各省份中居第9位，在中部六省中居第3位；农村居民人均可支配收入为16585元，比上年增长7.7%，高于城镇3.0个百分点，增速在全国各

省份中居第 13 位，在中部六省中居第 2 位。收入结构方面，四大类收入同步发力，均有不同程度的快速增长，其中，工资性收入 14665 元，比上年增长 5.4%；经营净收入 6034 元，增长 7.6%；财产净收入 2226 元，增长 6.6%；转移净收入 6455 元，增长 6.5%。

社保覆盖面再扩大。2020 年，湖南省参加基本养老保险 5195.87 万人、工伤保险 820.47 万人、失业保险 640.87 万人，同比增加 223.77 万人、12.67 万人、34.27 万人。社会保障卡持卡人数 5883.56 万人，占常住人口的 85.3%，全年新增城乡居民养老保险参保登记 232.87 万人，实现法定参保人群全覆盖。符合条件的退捕渔民全部参加基本养老保险，落实养老保险补贴资金 9.68 亿元。严格落实好建档立卡未标注脱贫的贫困人口、低保对象、特困人员、重度残疾人员以及其他缴费困难人员的代缴政策，为 200 万人代缴城乡居保保费 1.94 亿元，167.48 万贫困人员待遇实现应发尽发。失业保险扩围成效明显，失业保险金提高到最低工资标准的 90%、人均达 1314 元/月，全省共发放失业保险金 13.56 亿元、失业补助金 4.02 亿元，惠及 41 万人。降费减负成效明显，全年为 1.39 万家大型企业单位、21.3 万家中小微企业单位阶段性减免企业三项社会保险费 274 亿元，发放稳岗返还资金 19.11 亿元，惠及 5.47 万家参保单位、346.15 万人。

兜底保障坚强有力。2020 年，全省城乡低保平均标准分别达到 588 元/月和 5003 元/年，月人均救助 386 元和 251 元。困难群众生活得到有力保障，城乡特困供养标准分别达到每人每年 8751 元和 6297 元，建设特困供养服务床位 5000 多张，其中护理型床位 4000 张。临时救助 78.5 万人次，流浪救助 9.6 万人次，慈善援助 100 多万人次，发放民政对象价格临时补贴 8.1 亿元。残疾人"两项补贴"每人每月平均达到 74.8 元和 68.7 元，孤儿集中和分散供养生活费每人每月达到 1350 元和 950 元，2.1 万名事实无人抚养儿童基本生活补贴按时发放到位。引导 3500 家社会组织投身脱贫攻坚一线，建立基本生活、医疗、教育等 9 方面长效帮扶机制，106.5 万名兜底保障对象"两不愁"保障到位。

保障性安居工程成效显著。2020年，湖南省开工城镇棚户区89788户，新筹集公租房28334套，发放公租房租赁补贴132459户共2.21亿元，117.66万户城镇住房困难群众享受到公租房保障。全覆盖推进农村危房改造，农村4类重点对象住房安全性鉴定实现全覆盖，全年共完成危房改造2.88万户，其中"回头看"排查0.85万户，"因疫因灾"动态新增2.03万户。全覆盖推进建档立卡贫困户住房安全保障核验，完成入户核验和信息录入170.15万户，实现建档立卡贫困户住房安全保障信息"户户可查、户户精准"，高质量通过住建部住房安全保障信息数据核查及国家脱贫攻坚普查。

12项重点民生实事圆满完成。筹资271.29亿元推进重点民生实事工作，全省12项22个重点民生实事任务如期圆满完成。

表2   2020年湖南省12项重点民生实事完成情况

完成情况	与计划目标比完成情况
增加公办幼儿园学位39.15万个	154.7%
开展政府补贴性职业技能培训121.53万人次,其中转移农村劳动力培训49.26万人次	221%,328.4%
1533个建制乡镇卫生院2名及以上全科医生配备率达100%,补助行政村卫生室运行经费16359.48万元	114.2%
为41.71万孕产妇实施免费产前筛查,为105.61万农村及城镇低保适龄妇女实施"两癌"免费检查	104.3%,105.6%
新改扩建特困人员集中供养机构50所,新增床位6340张,新增护理床位5204张	100%,126.8%
开工改造城镇老旧小区1000个	100%
全省新(改)建农村公路11623公里	116.2%
巩固和新增农村自来水人口127.44万人	106.2%
完成10kV及以下配电网改造投资6.02亿元	100.3%
改(新)建农村户用厕所106.13万个、农村公用厕所1071个	106.1% 107.1%
农村低保标准提高到5003元/年·人	超过目标1003元/年·人
困难残疾人生活补贴标准提高到74.8元/月·人,重度残疾人护理补贴标准提高到68.7元/月·人	分别高于目标9.8元/月·人、3.7元/月·人

资料来源：根据媒体报道资料整理。

4. 教育事业持续健康发展，公共文化服务水平不断提升

各级各类教育稳步发展。2020 年，全省共有各级各类学校 2.83 万所（不含教学点），较 2019 年增长 2.2%。全省在校学生 1432.78 万人，教职员工 102.84 万人（专任教师 81.65 万人）。教育总规模位居全国第 7 位、中部六省第 2 位，教育发展总体水平跻身全国前列。各级各类学校在校学生数量均实现增长，其中，成人高等教育、特殊教育、研究生教育、普通高等教育在校生人数增幅明显，分别较上年增长 18.7%、14.9%、9.3%、7.3%。

教育民生显著改善。学前教育取得新突破。2020 年，公办幼儿园学位增加 39.15 万个，完成年度任务的 154.7%，公办幼儿园在园幼儿占比从 2019 年底的 28.87% 升至 47.66%，普惠性幼儿园覆盖率提高至 86.48%。义务教育均衡发展迈入新阶段，全省整体通过国家县域义务教育基本均衡发展督导评估认定，义务教育生均公用经费标准提高到小学 650 元/生、初中 850 元/生。全年建成投入使用芙蓉学校 43 所。2020 年内分别消除义务教育、普通高中大班额 8735 个、5509 个，义务教育、普通高中大班额比例分别降至 0.56%、9.63%。全省高校新增 10 个 ESI 全球前 1% 的学科，分别新增国家自科、社科基金项目 1374 项、229 项，新增 2 个省部共建协同创新中心，省部共建"2011 协同创新中心"达 7 个。

教育综合改革成效初显。新时代教育评价改革、高考综合改革、教育督导体制机制改革、中小学招生改革、普通高中课程改革、省属高校所属企业体制改革、独立学院转设等重大教育改革稳步启动和有效推进，出台了系列实施方案和实施意见。实现民办义务教育学校与公办学校同步招生、超员摇号。教育信息化 2.0 试点省建设持续推进，实现全省学校互联网全覆盖。成功获批部省共建职业教育改革发展高地。教师队伍配优建强。招录公费师范生 14447 人、特岗教师 5409 人，分别较上年增加 1535 人、863 人，招募银龄讲学教师 349 人。评审出中小学正高级教师 200 名、芙蓉学者 178 名、特级教师 260 名。

公共文化服务体系不断完善。2020 年全省群众艺术馆、文化馆 146 个，公共图书馆 141 个，博物馆、纪念馆 117 个。123 个县市区基本完成全省现代公共文化服务体系建设三年行动计划的任务目标，优秀率达53%。县级骨干设施明显改善，5个县级公共图书馆、文化馆填补空白，县级公共图书馆和文化馆新建36个，完成改扩建或馆舍主体工程37个。新建和改扩建旅游厕所3455座。880个乡镇综合文化站按计划完成专项治理任务。乡村文化阵地标准化建设水平显著提升，基本实现"一乡一村均有一个文化服务中心"。深入实施"湖南公共文化进村入户·戏曲进乡村"等文化惠民项目。全省公共数字文化服务能力显著提升，以湖南公共文旅云为省级中心，覆盖城乡、互联互通的全省公共数字文旅服务网在全国率先建成。根据公众满意度测评，群众对公共文化的满意度达89.64%。

5. 卫生健康事业稳步发展，疾病防控和医疗服务能力持续增强

卫生事业持续发展。2020年末有卫生机构56117个，其中，医院1654个，社区卫生服务中心（站）834个，诊所、卫生所、医务室12016个，分别较2019年增长2.4%、3.5%、2%。医院拥有床位37.7万张，同比增长3.2%；乡镇卫生院拥有床位10.7万张，同比增长1.8%。

公共卫生服务水平有效提升。在全国基本公共卫生服务绩效考核中，湖南总成绩位居中部第一、全国第五。急性血吸虫病感染和学校肺结核突发公共卫生事件实现"零报告"，疟疾、麻风病实现消除目标。在全国率先出台《湖南省现场救护条例》。出台《湖南省公共卫生防控救治能力重点建设行动方案（2020～2023年）》，着力完善公共卫生防治体系，建设公共卫生服务（救治）中心。食品安全企业标准备案全部实行网上办理。食品安全风险监测点覆盖所有县市区。湘潭市等5个城市被评为国家卫生城市。居民健康素养水平达到21.6%。

医疗服务能力不断增强。委省共建国家医学中心与区域医疗中心工作进入正式签约阶段。1533个建制乡镇卫生院2名及以上全科医生配备率达100%，村卫生室合格乡村医生配置全覆盖。"互联网＋医疗健康"加快发展，电子健康卡累计注册8446万人（含省外注册人员）；批准设置33家互联网医院；三级医院普遍提供智慧医疗服务；贫困地区县乡两级远程诊室基本建成。中医药发展的法治体系和制度保障进一步完善。

医疗改革成效显现。现代医院管理制度试点医院达 185 家,公立医院薪酬制度改革试点医院达 101 家,制定医院章程的二级及以上公立医院比例达 99.8%。深化基层卫生综合改革,扎实推进 20 个县域紧密型医共体建设和 7 个城市医联体建设试点,县域内住院就诊率达 90.9%,基层诊疗占比达 53.9%,高于全国平均水平。药品和耗材集中带量采购取得阶段性成效,2020 年中标药品价格 2019 年以来平均降幅达 35%。医保支付方式改革深化,开展 DRG 试点的两市均通过模拟运行评估。医保信息平台建设稳步推进,完成"湘医保"(医保电子凭证)服务平台内容建设,全省个人医保电子凭证激活量突破 1000 万人,试点应用医药机构达到 2 万多家,在线支付达 13.33 万笔、支付总金额 1517.97 万元。

重点人群健康保障不断完善。41.71 万孕产妇享受免费产前筛查、105.61 万农村及城镇低保适龄妇女享受"两癌"免费检查,分别完成年度目标任务的 104.3%、105.6%。贫困患者救治率、大病患者救治率均达 99.9%。出生缺陷发生率持续改善。出台了《关于促进 3 岁以下婴幼儿照护服务发展的实施意见》,婴幼儿照护机构备案数居全国第三位。建立了儿童青少年视力健康监测平台。老年人健康服务体系不断健全,各级老年病专科医院、康复医院、护理院数量超过 150 家;二级及以上综合性医院设立老年医学科的比例达 45% 以上;"安宁疗护标准病房"获国家卫生健康委推介。医养结合机构总数达 225 家。救治救助尘肺病农民工 1.8 万人次。关爱计生特殊家庭,全省各级计生协和社会筹资投入共计 5 亿多元,帮扶了 350 万困难群众。

6. 脱贫攻坚取得全面胜利,脱贫成果巩固提升

2020 年,全省 2013 年以来现行标准下的 767 万农村贫困人口全部脱贫,6920 个贫困村全部出列,51 个贫困县全部摘帽,绝对贫困和区域性整体贫困问题得到解决。建档立卡贫困人口人均纯收入达 12206 元,比 2019 年增长 30%。完成动态新增"四类对象"危房改造 8587 户,实现"三保障"和安全饮水常态化保障到位。

群众基本生产生活条件明显改善。2020 年,全省农村劳动力转移就业

1636.3 万人，较 2019 年增长 0.2%。扶贫车间增加 1979 家，扶贫公益岗位增加 7.6 万个。贫困地区灾后重建有序开展，5242 户贫困户因灾住房和饮水安全问题得到解决。综合兜底保障力度全面加大，净增农村低保对象 13.9 万人、覆盖面从 2019 年的 2.7% 扩大到 3%。根据调查统计，全省贫困户受访对象感到生产生活条件"明显改善"的占 99.98%。

脱贫攻坚成果巩固提升。返贫致贫监测帮扶有效强化，全省动态识别脱贫不稳定人口 12.8 万人、边缘易致贫人口 11.9 万人，逐一实施前置帮扶措施。涉贫风险防控持续加强，系统梳理了扶贫领域存在的 15 个方面风险点。社会扶贫工作持续推进，济南市援助湘西州财政资金 2020 年达到 4.39 亿元、较 2019 年增长 42.5%，省内 14 个被对口帮扶和"携手奔小康"的县获得援助资金超过 3 亿元。

7. 社会治理效能显著提高，社会大局平安稳定

社会管理服务效能提升。深化基层民主自治，开展村（社区）"两委"换届，建立村规民约制度执行机制，制定出台村（居）自治"三个清单"，实现城乡社区"一门式"服务全覆盖。社会工作高质量发展，规范社会组织管理，646 家行业协会商会与行政机关脱钩改革，"十百千"示范社会组织 285 家，全省社会组织总量达 3.7 万家。组织实施湖南社工"禾计划"，建设基层社工站 2069 个，配备专业社工近 4000 名，服务基层群众 600 多万人次，发展基层志愿者 1190 多万人。社会服务进一步完善，加强街道、社区养老机构等建设，支持民办养老机构发展，建成养老床位 50 万张，每千名老人 39 张，护理床位占比 38%；发展儿童福利事业，全省实现村级儿童之家建设、儿童主任配备全覆盖，63 万名农村留守儿童得到更好关爱；深化婚丧习俗改革，加强殡葬服务设施建设，整治殡葬领域突出问题 1.36 万个；发展福彩慈善事业，开展慈善奖评选，打造"爱心改变命运"等慈善品牌，上市"福彩快乐 8"游戏，全年发行福彩 50.85 亿元。

平安湖南建设成效显著。扫黑除恶精准有力，2020 年，全省打掉涉黑组织 58 个、涉恶犯罪集团和团伙 754 个，八类主要刑事案件、命案、治安案件同比分别下降 4.51%、5.57%、3.53%，公众安全感测试得分 98.72，

同比上升 0.45 分。社会矛盾源头化解，推动"枫桥经验"湖南化的丰富实践，全年排查调处矛盾纠纷 30 余万起，调解成功率超 98%，源头排查化解矛盾纠纷 5 万余件，防止群体性上访 1300 余起，国家级"三无"县市区个数由 2019 年的 11 个增加至 2020 年的 33 个，省级由 16 个增加至 47 个，"三无"乡镇（街道）创建达标率达 69.7%，全省信访总量同比下降 22.8%。社会治安体系进一步完善，全省"雪亮工程"建成视频监控 180 多万个，"综治中心+网格化+信息化"基层社会治理体系基本形成。

安全形势稳中向好。安全生产形势总体稳定，2020 年湖南省整治烟花爆竹"独立工区"466 个，烟花爆竹生产企业主动退出 152 家，关闭煤矿 30 处、非煤矿山 109 座，全年发生各类生产安全事故起数、死亡人数同比分别下降 16.1%、14.4%，其中，较大事故起数、死亡人数同比分别下降 11%、13.4%；重大事故起数、死亡人数同比分别下降 50%、44%，道路交通领域实现 6 年来重特大事故首次"零发生"。市场安全稳定有序，完成食用农产品和食品抽检监测 39.2 万批次，达 5.67 批次/千人，学校食堂"明厨亮灶"覆盖率超过 95%，同比提升 8 个百分点，2020 年全省食品安全工作公众满意度为 81.97 分，同比提高 1.53 分。开展防疫用品领域认证活动专项整治，查处违法案件 1519 件，查扣非法口罩 851.8 万只，受理投诉举报近 11 万件。风险防范能力不断提升，清理处置 P2P 网贷机构 97 家，超额完成隐性债务化解任务，深入开展预付式消费等专项整治，12315 热线和平台接受投诉举报咨询 59.1 万件，为消费者挽回损失 1.53 亿元。有力应对 27 轮强降雨，防汛抗灾取得未垮一库一坝、未溃一堤一垸、未发生群死群伤的重大胜利。

（二）存在的主要问题与困难

1. 就业面临的困难较多

一是大环境复杂多变。境外疫情扩散蔓延势头尚未得到遏制、国内零星散发病例和局部暴发疫情的风险仍然存在，住宿、餐饮、文旅等吸纳就业较多的服务行业尚未完全恢复，内需不强、外贸下滑以及外部环境复杂多变使就业韧性面临考验。从近几年调查失业率情况看，湖南省调查失业率普遍比全国平均水平高0.2个百分点左右。

二是重点群体就业压力不减。一方面，湖南省2021届高校毕业生预计将达42万人，比2020年增加2万人，总量再创新高，加上青年群体"慢就业"心态持续滋长，高校毕业生就业面临新的挑战；另一方面，湖南是劳务输出大省，2020年底农村劳动力转移就业总规模1638.8万人，其中省外务工1060万人。2020年全省农村劳动力失业返乡8.5万人，尽管已帮扶6.4万人就业，但仍有2.1万人未就业。大龄失业人员、残疾人、退捕渔民等群体受身体、年龄、学历、技能等因素制约，本身就业就存在困难，在宏观形势趋紧的情况下，就业市场一旦有所波动，就业难的问题更加凸显。

三是新就业形态亟待规范。近几年，尤其是疫情暴发以来，新经济发展迅猛，吸纳了大量的灵活就业。但是现行法律法规对灵活用工的法律关系认定基本处于空白，灵活就业人员面临劳动用工关系界定难、社会保障程度弱等问题，相关法规制度亟待完善。2020年，湖南劳动仲裁共立案26214件，同比增长19.9%。

2. 民生保障任务较艰巨

一是保障改善民生的财政压力更大。2021年中央抗疫特别国债、特殊转移支付等阶段性政策措施将退出，对湖南省的支持同比将有所缩减，在此背景下，继续保证70%以上民生支出的压力增大。

二是高水平高质量办好民生实事的任务更重。2021年湖南"两会"提出，要在2020年的基础上，续办十方面民生实事、新办十件重点民生实事，涉及教育、社保、就业、卫生医疗等各个方面，高标准推进民生实事、回应群众更高期待的任务较之以前更为艰巨。

三是人民群众对美好生活的向往更高。2020年湖南省经济总量位列全国第9，但人均可支配收入比全国平均水平低2809元，在物价保持温和上涨的趋势下，推动居民收入与经济发展同步提升还有较大提升空间。

3. 教育和公共文化资源配置待优化

一是教育资源供给存在短板。优质学前教育供需矛盾依然突出，"入公办园难、入民办园贵"现象仍存在；城乡、区域义务教育发展水平差异明显；普通高中教育普及攻坚任务艰巨，优质普通高中教育资源供给不足。

二是现代教育体系亟须加快形成。职业教育产教融合发展还不充分，现代职业教育体系构建仍需进一步加强；高等教育高峰不高，引领性的一流大学、一流学科较少，高等教育国际化水平较低；终身教育的协同推进机制不健全。此外，农村贫困地区教师"留不住、教不好"的现象仍有发生。

三是公共文化资源配置待进一步优化。城乡差距较大，农村公共文化设施设备老旧、条件简陋，提供的服务种类和数量偏少。适合未成年人、老年人、残疾人的公共文化产品相对较少，对农民工的公共文化服务较薄弱。数字公共文化资源较少，网络服务提供不充分。

4. 医疗卫生服务水平待提升

一是"看病难""看病贵"问题仍然存在。重特大疾病患者自付水平相对较高，个人现金卫生支出占卫生总费用的比重高于全国平均水平。防治结合、平战结合、中西医并重的公共卫生服务体系与服务能力亟待加强。

二是医保托底功能不强。基本医保、大病保险和医疗救助在保障对象、支付标准、费用范围、政策设定上缺乏统筹安排，救助对象还做不到科学准确识别。医保目录更新不及时，调整周期过长。

5. 社会治理面临挑战增多

一是安全防控压力较大。湖南省洪涝灾害频繁，伴随的地质灾害数量多年来排全国前三位，危险废物产生量也居全国前三位，2020年工程建设施工事故起数、死亡人数同比分别上升30.1%、28.6%，事故灾害易发多发。基层安监力量严重不足，全省10个危化品重点县仅有监管人员40人，一些市县应急管理机构人员、职能职责还未到位，监管执法、物资储备、装备配备、科技支撑等能力与应对严峻风险挑战还不适应。市场安全风险隐患无法杜绝，食品药品、医学用品、环保产品、烟草白酒等重点产品以及农村、城乡接合部等重点区域存在较大安全隐患，需加大监管治理力度。

二是社会治理面临挑战。随着外部环境巨变、内部转型加速，各类矛盾风险交织叠加，湖南征地拆迁、劳动社保、房地产、生态环保、涉军群体、涉众金融、攀比政策利益等七大领域群众诉求反映强烈、社会广泛关注，维护社会和谐稳定的压力增大。基层网格管理服务体系建设水平参差不齐，部门之间信息壁垒难以打破，推进社会治理体系和治理能力现代化任重道远。

二 2021年湖南社会发展面临的形势

2021年是"十四五"开局之年，也是现代化建设进程中具有特殊重要性的一年。习近平总书记考察湖南时提出打造"三个高地"、践行"四新"使命的重要指示要求，为湖南社会发展指明了方向，但外部环境存在诸多不确定性，湖南社会发展机遇与挑战并存。

（一）国际环境仍然复杂多变

2021年，世界在新冠肺炎疫情之下步入动荡变革期，疫情阴影叠加地缘博弈，多个地区动荡不安，百年大变局加速演进，大国力量对比加速调整。中国将面临空前敏感、艰难的国际处境，拜登对华政策将呈现"专业外交，精准打击"风格，中美关系进入敏感调适期，欧日在外交行动上向美国大幅度倾斜的意愿和可能性将进一步提升。随着欧美债务风险走高，全球投资注意力将转移至亚洲。结合中国在疫情防控战中取得的举世瞩目的成果、展现的出色疫情防控能力，中国疫苗研发与接种工作位列全球第一方阵的现状，以及奉行多边主义外交的拜登将有条件放松特朗普对华的关税政策，全球投资者对中国市场将保持积极预期。我国发展的外部环境既面临较大的风险挑战和不确定性，又将迎来重要发展机遇。

（二）疫情影响将进一步降低

海外疫情仍然严峻，但全球疫苗接种加速，截至2021年3月12日，新冠肺炎疫苗接种数量超过3.35亿剂次。钟南山院士预测，在加速疫苗接种和积极的管控下，全球新冠肺炎疫情将得到基本控制。但疫苗产能不足，新冠病毒已出现多种突变，未来新冠病毒将继续进化，需紧密追踪、保持警惕。总体看，2021年疫情对湖南社会发展的影响仍然存在但将减弱，湖南需夯实常态化疫情防控基础，重点防范境外疫情输入。

（三）新发展阶段倒逼补齐民生短板

当前，我国进入构建以国内大循环为主体、国内国际双循环相互促进的新发展格局的新阶段，加快融入新发展格局将倒逼湖南加快补齐民生社会短板、提速现代化治理，不断满足人民日益增长的医疗、卫生、安全、环境、教育、文化等方面的需求，为高质量发展营造长期稳定的社会环境。

（四）"三高四新"战略为湖南社会发展带来重大机遇

"三高四新"战略背景下，养老、托幼、康复等将成为全省扩大内需、拉动消费的重要增长点，大数据、互联网、人工智能等现代化技术将成为社会治理的重要手段，湖南社会事业将迎来一个前所未有的蓬勃发展新阶段。

三 2021年促进湖南社会高质量发展的政策建议

2021年，湖南社会发展应围绕"三高四新"战略以及"城镇新增就业70万人，城镇调查失业率与全国一致，居民消费价格涨幅控制在3%左右，居民收入稳步增长"的年度社会发展目标，抢抓发展机遇，积极应对挑战，补齐社会民生短板，全面提升治理能力，促进民生改善和社会大局和谐稳定。

（一）加强民生保障，切实增进人民群众福祉

一是高质高效办好民生实事。继续把保障和改善民生作为财政支出优先方向，建立民生资金直达的长效机制，确保专项资金及时拨付、精准下达和安全使用。积极盘活财政存量资金，不断调整和优化支出结构，为10件重点民生实事腾出财力空间。

专栏　2021年湖南省10件重点民生实事

①累计建成100所芙蓉学校。②提高城乡居民低保水平，确保全省所有县市区城市低保标准不低于每月550元，城市低保月人均救助水平不低于374元；确保全省所有县市区农村低保标准不低于每年4300元，农村低保月人均救助水平不低于229元。③实现城镇新增就业70万人；完成政府补贴性职业技能培训55万人次，其中农村转移就业劳动者培训15万人次。④实施疾控中心标准化建设工程，确保45家市州、县市区疾控中心达到国家标准。⑤建设农村公路安防设施10000公里。⑥提升农村通信网络，建成1605个4G基站，完成522个行政村通组光纤工程。⑦实施乡村"雪亮工程"，建设乡村公共部位安防设备10万个。⑧实施困难残疾人家庭无障碍改造1.2万户。⑨推进中医药服务基层全覆盖，确保社区卫生服务中心、建制乡镇卫生院有人员、有场地、有服务、有设施。⑩办理法律援助案件4.5万件。

资料来源：2021年湖南省政府工作报告。

二是全面提升社会保障水平。聚力打造"覆盖人的一生"保障体系，提升居民基本医疗保险政府补助标准、大病保险救助金额、居民基本养老保险政府补助标准、失业救助金、城乡居民低保标准、城乡特困人员供养标准、困难残疾人生活补贴、重度残疾人护理补贴等民生标准。统筹城乡社会救助体系，建设精准救助先行区，加快救助对象精准识别、收入信息精准核对、救助标准精准发放、保障政策精准衔接、救助需求精准供给，强化困难群众兜底保障。

三是推动民生事业全面发展。围绕应对人口老龄化，开展养老托幼专项普惠行动，完善社区综合服务功能，引导专业机构进社区、进家庭，推广"社区＋养老""党建＋养老""志愿＋养老""社工＋养老"等城乡养老模式；发挥湖南人文、生态等资源优势，支持环洞庭湖等地区建设养老产业圈，打造"颐养康乐·幸福湖南"养老服务新高地。建立健全残疾人基本福利制度，完善扶残助残服务体系，全面提升儿童福利服务水平。坚持"房住不炒"，建立多主体供给、多渠道保障、租购并举的住房制度，推进老旧小区和棚户区改造。

（二）落实就业优先政策，实现更充分、更高质量就业

一是扩大就业容量。加强财税、金融、产业、贸易等经济政策与就业政策的协同和传导，支持吸纳就业容量大的产业行业优先发展。扩大失业保险稳岗返还受益面，用足用好社保补贴、减税降费等政策，鼓励中小微企业吸纳更多就业。突出抓好高校毕业生等重点群体，鼓励扩大企业吸纳规模、基层就业规模、升学规模、培训见习规模，切实提高高校毕业生就业能力，扩大就业途径。积极开发县域内就业岗位和公益岗位，帮扶残疾人、剩余退捕渔民、零就业家庭成员就业。积极拓宽投融资渠道，完善创业担保贷款政策，创新创业服务模式，大力推动"双创"，激发创新创业新动能。

二是提高就业质量。加大平台就业扶持力度，支持劳动者自主就业、兼职就业、副业创业、多点执业等多形式多渠道灵活就业、增加收入。切实保护劳动者合法正当权益，持续开展人力资源市场秩序整治和根治拖欠农民工工资行动，强化监控预警和监督执法，严厉打击就业歧视、非法职介等侵害劳动者权益的违法行为，规范企业用工行为，适时适度提高最低工资标准，让收入与经济同步增长。以新就业形态从业人员为重点，对已参保企业实施动态监控，排查未参保企业，推动全员参保。

三是强化人才队伍。紧扣推进湖南"三个高地"和20条新兴优势产业链建设战略目标，大力实施制造业人才、科技创新人才等专项人才开发培养计划，推行终身职业技能培训制度，着力培养造就一支"数量充足、技能精湛、素质优良"的适应产业发展的技能人才队伍，为推进"湖南制造""质量强省"提供强有力的技能人才支撑。以企业职工培训为重点，全面推行企业新型学徒制培训，支持企业以训稳岗、以训待岗，落实好贫困劳动力、退役军人、残疾人等困难群体的免费职业技能培训政策。组织开展职业

技能竞赛，围绕战略新兴产业、先进制造业和技能岗位紧缺职业设置竞赛项目，打造综合性"湘竞赛"品牌，充分发挥职业技能竞赛在发现、培养和选拔技能人才中的引领作用。继续完善技工院校统一招生平台，稳定技工院校招生规模，发挥职业院校开展职业技能培训的主体作用。

（三）推动教育优质均衡发展，办好人民满意的教育

一是推进教育优质均衡普惠发展。坚持落实立德树人根本任务，推动学生全面发展。扩大学前教育普惠性资源，增加公办园学位10万个，推进城镇小区配套园治理，确保所有市州、县市区公办园学位占比达到50%及以上，探索托幼一体化体系建设。实施新一轮义务教育薄弱环节改善与能力提升计划和标准化学校建设工程，支持每个乡镇办好一所标准化寄宿制学校，着力解决部分县市区民办义务教育占比过高的问题。推进芙蓉学校建设，确保100所芙蓉学校在建党100周年前全部建成投入使用，并全部建成"教育信息化示范校"和"互联网+芙蓉联校"。补齐农村地区音体美教师短板，加快教育信息化建设。扩大优质高中资源供给，推动高中多样化特色化发展，逐步消除普通高中大班额，确保年内实现全省各县市区普通高中大班额比例控制在5%以内，超大班额全面清零，确保新高考平稳落地。

二是加大教育支撑"三高四新"战略的力度。深化教育领域供给侧结构性改革，推动教育链、人才链与产业链、创新链融合发展，实现教育体系与科技体系、产业体系、社会体系有机衔接。引导高等学校和职业学校针对湖南产业链布局及时调整学科专业结构，加快电子信息、工程机械、轨道交通、生物、新材料、人工智能等紧缺人才培养。推进高校"双一流"建设，支持湘潭大学进入国家"双一流"学科建设行列。加快高校科技创新体系建设，瞄向国际前沿趋势加强基础科学研究，推动高校建立有利于原始创新的评价制度，强化国际交流合作，加强地方高水平大学与高峰高原学科建设。推进部省共建职业教育创新发展高地，建立省级产教融合型企业认证制度，打造一批专业化产教融合实训基地、产教融合型企业。

（四）完善医疗卫生服务体系，加快建设健康湖南

一是抓紧抓实抓细常态化疫情防控。严格落实"外防输入、内防反弹"防控策略，坚持预防为主，人、物同防，多病共防，密切关注国内外疫情防控形势，完善常态化疫情监测预警。重点围绕个人、农村、进口冷链食品、医疗卫生机构、商场超市、交通运输和学校等7个领域，做实做细日常疫情防控，抓好农村和社区防控，确保不出现规模性输入和反弹，有序推进新冠肺炎疫苗接种工作。

二是加快推进公共卫生体系建设。完善医防融合、平战结合的疾病预防控制体系，实施疾控中心标准化建设工程，健全疾病预防控制机构与城乡社区联动工作机制。完善突发公共卫生事件监测预警处置机制和应急物资保障体系，加强卫生应急队伍建设和现场救护，加强各级综合医院传染病科、呼吸内科、重症医学科等相关科室建设，健全救治专家库与多学科协作机制。加强预案制定与工作推演，做好定点医院、救治床位等资源储备。推进健康湖南建设，加强社会心理服务体系建设。

三是深化医药卫生体制改革。深入推进公立医院改革和管理创新，完善整合型医疗卫生服务体系，重点打造一批达到或超过国家推荐标准的县级医院。促进"互联网＋医疗健康"发展，大力推进分级诊疗，加快优质医疗资源扩容和区域均衡布局。深化电子健康码应用，探索加载支付等功能，逐步开放居民健康档案。健全医疗保障制度，建立医保目录科学调整机制，提高医疗救助水平，深化医保支付方式改革，完善医药服务价格形成机制，推进医保、医疗、医药联动改革和系统集成，推进医药带量采购常态化。加大财政对医疗卫生领域的支持力度，切实减轻居民就医负担。

四是加强"一老一小"重点人群健康保障。加强人口监测与中长期发展研究，以"一老一小"为重点完善人口服务体系，增强生育政策包容性。构建普惠托育服务体系，推进婴幼儿照护服务。完善养老服务体系，实施"智慧助老"行动，开展老年友好城市、老年友好社区、老年友善医疗卫生机构创建工作；建立失能老年人长期照护服务机制；组织

实施医养结合机构服务质量提升行动、医养结合示范创建活动和医养结合监测工作。

（五）提质公共文化服务，繁荣文化事业

一是提升公共文化服务法制化、标准化水平。制定《湖南省推动公共文化服务高质量发展的实施意见》，尽快出台《中华人民共和国公共图书馆法》湖南省实施办法，制定出台《湖南省乡镇综合文化服务中心（综合文化站）建设标准》《湖南省公共文化服务效能评价指标体系》《湖南省现代公共文化服务体系示范区后续建设管理办法》《湖南省公共数字文化工程管理办法》等标准规范。

二是推进城乡公共文化服务一体化。实施公共文化服务提质工程，大力推进公共文化数字化建设，探索以"智慧＋"为核心的公共文化服务，加强对未成年人、残疾人、农民工等特殊群体的公共文化权益保障。进一步完善基层公共文化服务体系，提升农村公共文化服务总量供给和服务质量，对未达到建设标准的县级公共图书馆、文化馆进行改扩建，持续推进基层综合性文化服务中心建设，把"送"文化和"种"文化结合起来，增强农村的文化"造血"功能。创新实施文化惠民工程，把湖湘文化精神特质和思想内涵融入群众性文化活动中，构建有鲜明地方特色的基层公共文化服务体系。

三是推动公共文旅服务高质量发展。实施省级"文化和旅游公共服务机构功能融合试点"、"市州级公共图书馆总分馆体系建设试点"、"湖湘课堂"基层文化队伍培训，深入实施智慧图书馆、数字文化馆、公共数字文化进村入户等建设项目，实施"中华优秀传统文化——戏曲进课本、进课堂、进校园"公共文化传承工程。

（六）全面提升治理能力，维护社会安全稳定

一是加强风险防范化解，维护社会大局稳定。坚守网信和高校两大阵地，全面做好建党100周年等重大活动和敏感节点的安保维稳工作，多元预

防、调处和化解社会矛盾问题。平衡好稳增长和防风险的关系，妥善应对政府债务、互联网金融等领域风险，防止各类问题升级放大甚至演化成重大风险。加快推进重大水利工程、堤防和蓄滞洪区、病险水库除险加固和城市地下综合管廊等防灾减灾工程建设，健全灾后恢复重建机制，全面提升防灾减灾救灾能力。

二是加强安全问题治理，建设更高水平的平安湖南。加快构建立体化、信息化、精准化社会治安防控体系，打击各种违法犯罪活动，尤其是黑恶势力、黄赌毒、网络诈骗等突出违法犯罪。盯紧易燃易爆、有毒有害、道路交通、建设施工、矿山、旅游景区等重点，加强隐患排查预警处置，落细落小落实各项安全举措，尽可能杜绝重特大安全事故发生。抓好食品药品安全，坚持源头严防、过程严管、风险严控，坚守生命安全红线和健康底线。

三是加强治理能力建设，构建现代化社会治理格局。推动大数据、人工智能、"互联网＋"等现代科技与社会治理的深度融合，加快完善市域智慧城市架构体系，多点打造全国"数字政府、智慧社会"建设典范城市。一体推进市县乡村四级社会治理创新试点，从机制、力量、素质等方面加强城乡社区建设，筑牢维护社会和谐稳定的第一道防线。坚持和发展新时代"枫桥经验"，总结推广"溆浦经验"，深入推进信访依法分类处理，建立畅通有序的诉求表达、心理干预、矛盾调处、权益保障通道。

部门篇
Department Reports

B.6

2020年湖南加强和创新社会治理
进展及2021年展望

田福德[*]

摘　要：　2020年，湖南省委政法委一体推进社会治理创新试点，全力
　　　　　打好扫黑除恶专项斗争收官战，积极化解社会矛盾纠纷，创
　　　　　新完善社会治安防控体系，加强社会治理智能化建设，全省
　　　　　公众安全感、满意度进一步提升。2021年，湖南省将持续推
　　　　　进社会治理创新，常态化开展扫黑除恶，深化平安创建活
　　　　　动，积极推进社会治理智能化转型，努力建设更高水平的平
　　　　　安湖南。

关键词：　社会治理　扫黑除恶　平安创建　智能化建设　湖南

---

* 田福德，湖南省委政法委常务副书记。

湖南省委政法委认真贯彻落实习近平总书记关于推进社会治理现代化的重要论述和中央、省委、省政府关于社会治理创新的决策部署，坚持以党的领导为统领、以群众自治为基础、以法治建设为保障、以科技创新为支撑，积极探索创新社会治理体制机制，努力解决社会治理中的突出问题，不断提升社会治理社会化、法治化、智能化、专业化水平。2020年，全省公众安全感测评得分98.72分，同比提升0.45分。

一 2020年工作简要情况

（一）一体推进社会治理创新试点

围绕推进社会治理现代化、建设更高水平平安湖南总目标，把握坚持和完善共建共治共享社会治理制度总要求，坚持以人民为中心的发展思想，以防范化解影响国家安全、社会安定、人民安宁的风险隐患为突破口，以全国市域社会治理现代化试点为牵引，一体推进全省社会治理创新试点。

1. 领导重视，高位部署推动

湖南省委常委会多次专题研究部署全省社会治理创新工作，将其纳入省"十四五"规划、省委深改委工作要点、全省政法工作要点等予以重点推进，纳入绩效考评、平安建设（综治工作）考评、乡村振兴考评等考评体系，以责任到位确保落实到位。建立全省推进社会治理创新工作联席会议制度、省平安建设领导小组社会治理专项组等机制，出台《关于推进全省社会治理创新的指导意见》《全省社会治理创新试点工作实施方案》《全省社会治理创新试点工作指引》，明确试点工作的总体要求、试点方法、具体程序和组织保障，为开展市域社会治理现代化试点提供基本遵循、框架设计和方向路径。经中央政法委审定，长沙、常德、永州、株洲等11个地市为全国市域社会治理现代化第一期试点地区，怀化、益阳、娄底3个地市为第二期试点地区，按照"分批创建、同步起跑"原则，两期试点地区同步开展工作。衡阳、株洲、邵阳等地成立了市州委书记任组长、市长任第一副组长的市域社会治理现代化试点工作领导小组，建立定期调度、通报制度，适时召开调度会、专题会、推进会、座谈会、研讨会，统筹推进各项试点工作。充分利用平安建设领导责任制，加强督促检查，运用通报、约谈、挂牌督办、实施一票否决权制等方式，严格责任督导和追究，推动各项任务落地见效。

2. 高效联动，形成工作合力

湖南省各级各部门积极落实主体责任，在领会实质、结合实际、注重实效上下功夫，进一步明确目标任务和推进举措。省委政法委牵头抓总、统筹协调，省直各相关部门履职尽责、同向发力。省委组织部牵头推进基层公共服务（一门式）全覆盖；省委宣传部加强乡风文明建设，以乡风文明助推乡村治理成效；省政务局牵头制定乡镇权力清单、责任清单、赋权目录、基层公共服务事项目录，明确乡镇权责事项116项，向乡镇赋权52项，制定"一件事一次办"服务规范地方标准，事件办理环节平均压缩70%以上、办理时间缩减80%以上；省民政厅牵头全面梳理现行7300多部法律法规规章，制定群众自治组织自治事项清单、协助政府工作事项清单、负面清单，及群众自治公约指导规范和群众自治程序指导规范；省高院牵头完善诉源治理机制建设；省公安厅以纵深推进新时代县域警务改革为突破口，筑牢维护社会安全稳定的坚固防线；省司法厅牵头构建矛盾纠纷大调解格局，对45个省直行政执法部门1435项责任事项、14224个村（居）规民约进行了合法性审查。其他部门结合各自职能，分别在本系统行业加大对口指导力度，推动试点工作落实落细。各地立足实际，研究制定下发一系列社会治理现代化试点配套制度文件，积极落实全国试点任务，扎实推进湖南省区域特色工作，统筹开展市州社会治理创新试点。其中，长沙市《坚持党的领导提升治理效能打造具有长沙特色的社会治理创新试点城市》的经验做法在第一次全国市域社会治理现代化试点工作交流会上进行了书面交流。

3. 以点带面，统筹推进试点工作

湖南省各地实行目标化管理、项目化推进，一体推进市、县、乡、村四级社会治理创新试点，既完成好中央"规定动作"，又抓好湖南"自选动作"。各市州采取自愿申报方式，共铺排重点项目 69 个，在 23 个县（市区）、10 个乡镇（街道）、5 个村（社区）先行先试，通过"点上实验"，努力破解影响社会治理的难点、痛点、堵点问题，推动体制创新、机制完善、制度建设，努力探索社会治理新经验新做法。逐渐培育出长沙"互联网＋群防群治"、衡阳群众、株洲"五星志愿者"、湘潭"微积分管理"、邵阳城乡末端感知能力建设、岳阳四无创建、常德众创平安、益阳道德档案、张家界智慧旅游、郴州心防服务、永州村务民主监督月例会、怀化"九长"预防学生溺水责任体系、娄底屋场恳谈会、湘西矛盾纠纷"三二一"调解法等区域特色做法。其中，《邵阳市强化末梢治理守护社会平安》《湖南益阳市以信息化支撑发挥网格微信群作用》被中央政法委《政法动态》推荐。

（二）扫黑除恶专项斗争取得压倒性胜利

2020 年，全省依法打掉涉黑组织 58 个、涉恶犯罪集团和团伙 387 个，破获涉黑涉恶刑事案件 3930 起，起诉涉黑涉恶案件 786 件 4666 人，一审判决 947 件 4865 人、二审判决 648 件 4505 人；全省民调显示：91.3% 的群众对扫黑除恶专项斗争成效感到满意，98.7% 的群众感觉生活安全。

1. 扛牢政治责任，持续抓好统筹推进

湖南省委、省政府坚持把专项斗争摆在全局工作的突出位置，深入贯彻习近平总书记系列重要讲话指示特别是在湖南考察时的重要讲话指示精神和党中央决策部署，科学谋划、精心组织、周密实施。各地各部门始终把专项斗争作为一项重大政治任务，对标看齐抓落实。省专项斗争领导小组出台扫黑除恶特派督导专员工作办法，聘请省直部门 11 名厅级干部担任特派督导专员，2 次组织对全省 40 多个省直单位、14 个市州及 100 多个市州直单位、92 个县（市区）及 200 多个县属单位、225 个乡镇（街道）、215 个村（社区）进行专项督导，及时发现、解决问题。

2. 聚焦目标任务，始终保持强大攻势

坚持把大要案件作为扫黑除恶攻坚的重中之重，采取挂牌督办、提级管辖、领导包案等方式，集聚资源、专班运作、集中攻坚，全国扫黑办挂牌督

办的 7 件案件 9 月初全部办结。尚同军案、王猛案在全国扫黑办新闻发布会上发布。中央督导组督办线索 5627 条、全国 12337 平台线索 1097 条、省级自收线索 4472 条全部办结，全省 55 名涉黑涉恶目标逃犯全部到案。2020年，查处涉黑涉恶腐败和"保护伞"立案数 914 件，党纪政务处分 1028人，采取组织措施 750 人，移送司法机关 113 人。全省共查封、冻结、扣押、处置、追缴涉案财产 110.3 亿元。

3. 注重标本兼治，加强行业领域监管整治

出台《重点行业领域专项整治实施方案》《关于对利用信息网络实施涉黑涉恶等有组织违法犯罪开展专项整治的实施方案》等文件，专门部署社会治安、乡村治理、金融放贷、工程建设、交通运输、市场流通、自然环保、文化旅游、教育卫生、信息网络十大重点行业领域专项整治。各行业监管部门聚焦职责职能，排查前端治理问题，强化行业监管。省高院联合省监委、省检察院、省公安厅印发《扫黑除恶"三书一函"工作规定》，深入推动落实"三书一函"制度；省委组织部牵头建立并落实村（社区）党组织书记县级党委组织部门备案管理和村（社区）干部候选人县级联审机制，结合村级换届，提出"十不选"负面清单，严肃换届纪律。截至 2020 年 12月 31 日，发放"三书一函"5108 份，全部完成整改；省扫黑办挂牌整治的20 个重点地区（行业、领域）经整改到位均予以摘牌；整顿软弱涣散基层党组织 6147 个，排查整治"村霸"、宗族恶势力 353 个，调整不合格、不胜任、不称职村（社区）干部 4825 人，其中党组织书记 1302 人、涉黑涉恶涉霸村（社区）干部 106 名。

4. 加强实践探索，谋划扫黑除恶常治长效

按照"建起来，建完善"要求，早谋划、早探索、早行动，省扫黑办组织梳理省级层面出台的制度文件 170 余件，组织法学会力量资源，开展长效机制建设重大课题研究。下发《关于建立健全遏制黑恶势力滋生蔓延长效机制的通知》，围绕依法严惩、铲除土壤、人民满意等方面，推进"4 +17 + N"常治长效机制建设，从预防、发现、查处、追责等 4 个环节着手，建立健全 17 项制度体系，完善若干配套规范性文件。2020 年，省级层面新

制定或修订完善制度文件 70 余件，《湖南省河道采砂管理条例》已通过省人大常委会一审。法院系统规范审理黑恶势力犯罪案件财产处置裁判指引，检察机关对涉黑和重大涉恶案件统一严格把关，其工作经验分别被全国扫黑办和最高检推介。

（三）矛盾纠纷调解工作有新发展

坚持和发展新时代"枫桥经验"，进一步完善社会矛盾纠纷多元化解机制，最大限度地把风险防范在源头，化解在萌芽状态。2020 年，全省排查调处各类矛盾纠纷 31.3 万件，其中重大矛盾纠纷 2.7 万件。

1. 健全制度机制

2020 年 2 月 21 日，省平安建设领导小组印发《关于加强诉源治理，进一步推进矛盾纠纷多元化解工作的实施意见（试行）》，深入开展诉源治理，进一步提升司法质效。法院、检察、公安、司法、信访等部门建立"三调"联动工作体系，在劳动争议、道交事故、婚姻家庭、知识产权、证券期货、金融消费、涉外商事等领域建立诉调对接工作机制。出台《关于大力推进商会调解工作的实施意见》，充分发挥商会调解化解纠纷作用，服务保障民营经济健康发展。推动建立"一站式"解纷服务的实体平台和在线平台，与 5000 余名调解员、1700 余家调解组织实现对接，第一时间受理和化解群众提交的矛盾纠纷，在线调解案件 7 万余件。

2. 强化调解队伍

对照公共法律服务实施标准和发展指标，优化队伍结构，提升素质能力，完善管理制度，强化工作保障，大力夯实人民调解基础作用。目前，全省共有各类人民调解组织 3.5 万个，其中村（社区）人民调解组织 2.9 万个，行业性、专业性人民调解组织 1000 多个，派驻法、检、公、信等部门调解机构 1700 多个，边界纠纷联防联调组织 1200 多个。全省行业性、专业性调解组织较上年增加 70 多个，政府购买服务的专职调解员增加 1000 余名。涌现一批化解矛盾纠纷的先进典型：1 名基层调解员代表参加习近平总书记主持的基层代表座谈会，推荐评选 14 个全国模范人民调解委员会和 45

名全国模范人民调解员，4个单位和3名调解员分别获评全国平安医院工作表现突出集体和个人。

3. 积极排查化解矛盾纠纷

在全省部署开展涉疫情矛盾纠纷集中排查化解专项行动，重点对因新冠肺炎疾病预防、诊疗等相关问题引发的医疗纠纷，工作人员因感染新冠肺炎或隔离等问题引发的劳动人事争议等10类矛盾纠纷开展拉网式、滚动式排查，做到矛盾纠纷和苗头隐患逐一核实登记，认真排查化解。通过专项行动，累计调解涉疫涉企纠纷4.5万余件，调解成功率98.1%。选派2.4万名防疫联络员下沉到3.1万家企业，做好援企稳岗相关法律服务工作，帮助企业解决法律纠纷，恢复经营秩序，指导帮助企业打赢复工复产防疫"保卫战"。积极开展矛盾不上交三年行动，2020年，共开展矛盾纠纷排查5.5万次，预防矛盾纠纷1.6万件，调处各类矛盾纠纷31.3万件，调解成功率98%。

（四）创新完善社会治安防控体系

持续推进立体化、信息化社会治安防控体系建设，全省上下打防管控一体化联动格局初具成效。

1. 加强社会面治安防控网建设

全面建成并投入使用"城市快警"平台322个，建立完善领导带班巡逻、武警联勤巡逻、巡特警屯警街面、机关支援基层等巡逻机制，在重要警务节点全面启动一、二级巡防勤务，强化社会面治安管控力度。建成9个省际检查站、62个环市际公安检查站、240个电子卡口升级改造，实现与地市公安指挥中心联通，环省市县"三级防控圈"初步形成。

2. 加强重点行业治安防控网建设

落实重点行业、单位安全防范主体责任和有关部门监督管理责任，健全重点场所阵地控制机制。加强旅馆、典当、公章刻制、寄递物流、机动车修理、网吧和娱乐场所等重点行业场所治安管理，全面落实实名登记。全省联网旅馆2.5万家，机修企业6106家，公章刻制单位499家。将无人机等

"低慢小"航空器、3D打印、网约车等新业态纳入监管。

3. 加强乡镇（街道）和村（社区）治安防控网建设

深化城乡社区警务战略，全省2018个派出所总警力达21397人，占县市公安局总警力的47.8%。新建和改、扩建功能分区科学、配套齐全的标准化派出所149个，建成集指挥调度、视频监控、情报研判于一体的派出所综合警务指挥室722个。加强人民调解与治安调解衔接联动机制建设，全省设立967个人民调解室，配备专职调解员975人，基本涵盖所有城区派出所和治安复杂农村派出所。在24954个建制村（含部分农村居委会）配备专职驻村辅警25331人，设置驻村警务室25131个，实现农村地区治安防控力量全覆盖。"一村一辅警"建设以来，全省农村地区刑事发案数同比下降10.9%，被写入中办、国办《关于加强和改进乡村治理的指导意见》予以推广。

4. 加强机关企事业单位内部安全防控网建设

深入开展"平安医院""平安学校""平安企业""平安单位"等系列平安创建活动，全省机关企事业单位"三防"建设提档升级。健全完善教育、交通、银行、寄递物流、"三电"油气等重点行业领域安全防控长效机制，提升智能化水平。出台《银行业金融机构智能分析预警安全防范要求》地方标准，整改营业网点1230余家、自助银行2560余家。

5. 加强信息网络防控网建设

积极构建网上综合防控体系，不断提高网上防范控制、发现处置、侦查打击能力，将网警力量向县级公安机关和基层所队延伸，实行24小时网上巡查。开展整治网上违法犯罪专项行动，净化网络空间。

（五）加强社会治理智能化建设

坚持依靠制度创新和技术创新"双轮驱动"，完善体制机制建设，优化整合各类资源，推动现代科技与社会治理深度融合，提升社会治理智能化水平。

1. 完善智能化建设体制机制

建立政法系统智能化建设联席会议制度，在湖南警察学院挂牌成立"湖南政法系统智能化建设协同创新研究院"，组建政法系统智能化建设专家咨询委员会，为政法系统智能化建设协同高效发展提供有力保障。出台《关于加强科技创新支撑平安湖南建设的实施办法》，以加强和创新社会治理为主线，以政法智能化建设为抓手，聚集各类创新资源，构建政法科技创新体系，提高政法全业务协同和综合决策能力，推进社会治理现代化，提升政法公共服务水平。

2. 推广应用政法跨部门大数据办案平台

2020年6月开始大数据办案平台应用试点，10月在全省正式推广使用，新办理的盗窃、危险驾驶两类案件全部通过平台流转和协同办理，省市两级党委政法委涉法涉诉信访案件全部网上办理，共享交换平台开通运行。目前，大数据办案平台已上线16个刑事办案流程，流转刑事案件14718件；录入涉法涉诉信访案件2847件，筛查出重复信访557件；采集政法业务数据7亿多条，为省公安厅"湖南省派出所警务工作平台"提供3.4万条监狱管理重点人员数据。

3. 深化"雪亮工程"建设和应用

"雪亮工程"省级共享交换平台建设通过终验，实现与市州、省直和中央驻湘单位的视频监控资源的联通共享，完成与中央平台第二阶段的联网测试，向中央平台推送20余万路视频监控资源，初步形成跨级跨部门视频图像共享应用能力。积极推进全国"雪亮工程"示范和重点支持项目建设，长沙示范城市项目通过中央检查组的验收评估，益阳重点支持城市建设项目完成验收，株洲、湘潭、张家界、永州等地正按计划稳步推进建设。截至2020年12月底，全省各类公共部位视频监控摄像头超过180万个（其中"雪亮乡村"已建摄像头61万个），基本实现对重点公共区域和重点行业、重点领域重要部位的覆盖。省、市、县、乡四级综治中心与同级公安机关视频监控联通率分别为100%、100%、100%、97.1%。深入推进"雪亮工程"与社会治理、平安建设各项工作有机融合，全省视频侦查破案占比达到 47.6%。

4. 升级改造综治信息系统

优化升级综治信息系统省级平台，围绕"人、地、物、事、组织、网络"等社会治理要素，打破部门间信息共享交换壁垒，与 12 个市州及公安、司法、信访、民政、交通、应急、卫健等 12 个部门建立常态化信息共享交换机制，实时交换信息 115 万余条。深化 12345 社会求助系统、110 报警服务系统、综治信息系统的联动融合，采集完善各类综治基础数据 1.73 亿余条，处理各类矛盾纠纷、治安等事件 2410 万余件。推进综治视联网系统进一步向乡镇（街道）、村（社区）延伸，全省市、县、乡、村联通率分别为 100%、100%、97.1%、62.5%。

（六）狠抓责任落实

1. 严格考评工作

2020 年全省平安建设（综治工作）考评中，长沙、邵阳、岳阳、常德、益阳、郴州、怀化 7 个地市、芙蓉区等 46 个县市区，省纪委省监委等 95 个省直和中央驻湘单位被评为先进，衡南县等 10 个县市区、省委网信办等 8 个单位被新授予"平安单位"称号，芙蓉区等 63 个县市区、省纪委省监委等 94 个单位保持"平安单位"称号。衡阳耒阳市因发生煤矿透水事故，被评为不合格。

2. 严格督导和责任追究

依照中办、国办《健全落实社会治安综合治理领导责任制规定》，充分运用通报、约谈、挂牌督办、实施一票否决权制等方式，严格责任督导和追究。2020 年，省扫黑办挂牌督办重点县市区 6 个、重点案件 29 起。深入查处涉黑涉恶腐败和"保护伞"问题，全省党纪政务处分 1028 人、追究刑事责任 113 人。对发生一案死亡 3 人以上命案的长沙、邵阳、常德、永州 4 个地市，实施通报 3 个、约谈 20 多人次、挂牌督办（黄牌警告）2 个、一票否决 1 个、免职（撤职）4 人、党纪政务处分 5 人。

二 2021年工作展望

总体思路：坚持以习近平新时代中国特色社会主义思想为指导，深入贯彻习近平法治思想，党的十九届五中全会精神，中央全面依法治国工作会议、中央政法工作会议精神，和省委常委会议要求，增强"四个意识"、坚定"四个自信"、做到"两个维护"，坚持总体国家安全观，坚持以人民为中心的发展思想，坚持稳中求进工作总基调，坚持统筹好发展与安全总要求，紧扣推动高质量发展主题，更加注重系统观念、法治思维、强基导向，围绕为建党100周年创造安全稳定环境这条主线，全面推进社会治理创新，常态化推进扫黑除恶，深入开展平安创建活动，积极推进智能化建设，努力建设更高水平的平安湖南，为大力实施"三高四新"战略、奋力建设现代化新湖南创造安全稳定的社会环境，以优异成绩庆祝建党100周年。

（一）务实推进社会治理创新试点

坚持以党的领导为统领，以改善民生为根本，以群众自治为基础，统筹用好"道德引领、科技支撑、法治保障"三种手段，加速重构社会治理新格局。把握稳中求进、先立后破、试点先行、慎重总结、完善推广五项原则，务实推进社会治理创新试点。完善"综治中心＋网格化＋信息化"的基层社会治理体系，打造党委领导、政府主导、各部门积极参与的诉源治理新格局，努力把矛盾纠纷化解在基层。集中各级各部门的资源力量，打造遵循治理规律、彰显地域特色的亮点项目，树立一批社会治理创新样板，推广一批可复制可推广的经验。

（二）推动扫黑除恶常态化

紧紧围绕黑恶犯罪关键环节，健全预防、发现、查处、整治、追责五项机制，推进扫黑除恶常态化，尽一切可能扫除一切黑恶势力，打掉一切关系网、保护伞。健全预防机制，深化重点人群教育管理，加强基层组织建设，倡导良好道德风尚与文明素养，铲除黑恶势力滋生土壤。健全发现机制，畅通举报渠道，完善举报奖励制度，建立涉黑涉恶线索发现、通报、移送制度。健全查处机制，完善纪检监察、政法机关和行业领域监管部门联动机制，提升"三书一函"质量并强化跟踪问效。健全整治机制，紧盯行业领域和农村地区，常态化滚动排查整治传统行业粗放管理、资源行业非法垄断、娱乐行业藏污纳垢、新兴行业野蛮生长等问题。健全追责机制，完善通报、约谈、挂牌督办等制度，完善扫黑除恶工作考评体系、督导问责机制，实行线索摸排核查和案件查办终身负责制，加大依纪依法追责问责力度。

（三）深化平安创建活动

落实全省深入推进平安创建活动的方案，以解决安全稳定的突出问题为着力点，把握"末端化解矛盾、中端防范风险、前端促进文明"三个关键环节，分类推进平安乡村、平安社区、平安校园、平安医院、平安企业等创建活动，有效防控风险隐患，实现"发案少、秩序好、群众满意"的创建目标。坚持以人民安全为宗旨，把保护人民生命安全摆在首位，深入推进新一轮禁毒人民战争，从严整肃社会治安、管控食药品安全、保护生态环境。

（四）推动社会治理智能化转型

充分发挥政法系统智能化建设联席会议制度、政法系统智能化建设专家咨询委员会、政法系统智能化建设协同创新研究院等的作用，着眼社会高效能治理和低成本运行，加强顶层设计，做好统筹安排，优化整合各类数据平台，推动数据资源上下贯通、左右联通、异构打通，不断拓展"互联网＋"模式的深度应用。鼓励各类市场化、社会化的智慧应用，高质量构建社会治理创新开放平台，加快推进以"雪亮工程"为代表的城乡末端感知系统布局。推动大数据、人工智能等现代科技与社会治理深度融合，打造数据驱动、人机协同、跨界融合、联创共享的智能化社会治理新模式。

B.7
2020年湖南司法行政工作
进展及2021年展望

湖南省司法厅课题组 *

摘　要：　2020年，湖南省司法行政系统以更高站位强化政治建设，以
　　　　　更强担当全力抗击疫情，以更优服务践行法治为民，以更大
　　　　　力度维护安全稳定，以更实举措服务经济高质量发展，以更
　　　　　大决心推进法治建设，以更强责任夯实基层基础，各项工作
　　　　　实现新突破、取得新进展，向党和人民交出一份出色答卷。
　　　　　2021年，全系统将以党的政治建设为统领，围绕中心服务大
　　　　　局，全面推进依法治省，奋力推进司法行政工作高质量发
　　　　　展，为服务"三高四新"战略、建设现代化新湖南做出新的
　　　　　贡献。

关键词：　依法治省　司法行政　安全稳定　高质量发展　湖南

一　2020年湖南司法行政工作进展

2020年是极不平凡的一年，也是司法行政工作非同寻常的一年。面对
新冠肺炎疫情的严重冲击，全省司法行政系统坚持以习近平新时代中国特色

---

* 课题组组长：范运田，湖南省委依法治省办副主任，省司法厅党组书记、厅长。副组长：李
铖，湖南省司法厅办公室主任。成员：夏唐凯，湖南省司法厅办公室三级调研员；陈波、陈
浪，湖南省司法厅办公室主任科员。

社会主义思想为指导，深刻领会习近平法治思想，认真贯彻习近平总书记考察湖南重要讲话精神，在省委省政府正确领导、司法部精心指导和省委政法委直接领导下，坚持克难克险、奋发奋进，全力保障服务疫情防控和经济社会发展，推动各项工作实现新突破、取得新进展，向党和人民交出一份出色答卷。

（一）以更高站位强化政治建设

常态化学思践悟习近平新时代中国特色社会主义思想，持续掀起《习近平谈治国理政》第三卷学习热潮。召开厅党组会专题学习党的十九届五中全会精神、习近平总书记考察湖南重要讲话精神、中央全面依法治国工作会议精神和习近平法治思想、省委十一届十二次全会精神等，及时出台落实意见。扎实健全"不忘初心、牢记使命"制度机制，主题教育成果不断巩固。出台厅党组落实全面从严治党主体责任规定意见，健全管党治党"三项制度""七项举措"。省直系统1034个党支部（总支）标准化建设全面达标，2个支部获评"省直机关示范党支部"。律师行业党建引领发展"四大工程"等加速推进，公证、司法鉴定、仲裁等行业党建实效全面加强。坚持正确用人导向，各级领导班子不断选优配强，干部干警普遍分享职务职级并行改革、执法勤务职级改革红利。加强战时政治建警，注重在防疫防汛一线考察识别干部，火线发展党员55名，培树表彰69个基层党组织和228名党员，60个集体、165名个人获省部级以上表彰奖励，创近年新高，党旗在全系统防疫防汛一线高高飘扬。隆重庆祝首个"人民警察节"。与驻厅纪检监察组同频共振，建立"红黄蓝"风险防控机制，全面排查廉政风险。湘警职院警察类招录体制改革正式落地实施，刑事侦查技术、刑事执行等4个专业首次实现提前批招生。

（二）以更强担当全力抗击疫情

全系统坚持闻令而动、雷厉风行，见事早、行动快，迅速下发"1+7"实施方案和应急预案，形成最强指挥体系，实施最严战时管理、执行最高勤务等级、落实最全防控措施,全省监所持续保持"零感染、零报告、零炒作"重要成果。在司法部下发指令前实施监所全封闭管理,创新部署"六必"措施,437名处级领导、1.7万名干警参与封闭执勤,封闭执勤最长达112天,派出10个督导组全领域督导48个监所,切实将疫情阻断在监所大门之外。24名干警勇敢逆行,支援湖北监狱41天(两名医生支援73天),获得司法部、湖北省高度评价。49人、15个集体获国家、省部级抗疫表彰,其中1人获评全国抗疫先进个人。及时提请召开省委全面依法治省委员会第三次会议,坚持在法治轨道上推进疫情防控和经济社会发展工作。调整新增2个立法项目,超常规完成野生动植物保护条例修订,有力服务依法防疫。监狱系统在疫情初期紧急调配设备支援地方企业,紧急转产82条生产线,圆满完成4800万件防护物资生产任务,有力支援全省防疫大局。许达哲书记、谢建辉常务副省长、李殿勋书记、吴桂英副省长、许显辉副省长等省领导先后15次作出指示批示,司法部4次推介省司法厅经验。

(三)以更优服务践行法治为民

聚焦人民对美好生活的新期待,着力推动公共法律服务均等化、多元化、专业化。在全国率先建立省公共法律服务体系建设联席会议制度,推动落实湖南省基本公共法律服务实施标准和发展指标。公共法律服务"三台融合"进一步加快,律师、公证、法律援助等通过如法网线上办案32万件。开展法律援助经济困难承诺制试点,推进"法援惠民生·扶贫奔小康"品牌活动,为农民工提供服务4.2万人次,帮助农民工追回欠薪近亿元,农民工等困难群体法律援助更加便捷、服务更加优质。厅行政审批事项全面入驻省政务服务中心,创新实施容错容缺受理审批,办件8995件,办件量居专业窗口前列,率先实现"一件事一次办"改革目标。落实省直有关部门"放管服"改革法制协调工作50余次,深入开展"减证便民"行动,清理各类证明材料3400余项,梳理公布保留证明事项清单,推动全面推广证明事项告知承诺制,推动全面实施统一市场准入负面清单制度。坚持和发展新时代"枫桥经验",扎实开展涉疫矛盾纠纷排查调处专项行动,调处矛盾纠纷 34.3 万件，其中涉疫涉企纠纷 4.5 万件，将绝大部分矛盾化解在内部、萌芽和基层。"七五"普法总结验收顺利完成，普法与全域旅游深度融合，"你学法我送票·锦绣潇湘任你游"普法活动答题量超 800 万人次，"湖南普法"快手单条视频浏览量 3900 万次以上。线上线下开展"民法典在身边"系列宣传活动 10 万余场次，在全省掀起《民法典》学习宣传热潮。创新举办 12·4 国家宪法日暨法治湖南建设年度盛典，省市联动实现千屏直播、万屏联播。

（四）以更大力度维护安全稳定

建立健全长效机制，为期三年扫黑除恶专项斗争全面收官，省司法厅获评 2019 年度全国扫黑除恶专项斗争先进单位。践行总体国家安全观，坚持一手抓疫情防控，一手抓监管安全，在率先启动全封闭管理和率先"解封"实施常态防控中，始终坚持疫情防控和监管安全两手抓、两手硬，监狱、戒毒全面实现"四无""六无"目标。大力学习宣传《社区矫正法》，严格监管矫正措施，社区矫正保持"四个不发生"，省司法厅连续 7 年在司法部会议作经验发言。协调成立高规格省级社区矫正委员会，社区矫正体制机制进一步健全。落实重点刑释人员必接必送措施，确保输入输出安全。依法办结省本级行政复议、行政应诉案件 670 件，有力地维护了社会大局稳定。

（五）以更实举措服务经济高质量发展

聚焦服务"六稳""六保"，充分发挥法律服务职能优势，全面助力企业复工复产复商复市。编写发布企业复工复产法律指引 156 件，发起"战疫律企联"公益行动和"疫后复工、法律护航"法律服务专项活动，为 2.4 万余家企业"一对一"提供法律帮助。合法性审查防范化解金融风险、生态环保等文件。组织清理涉野生动物保护、妨碍复工复产和公平竞争等政策文件 3.1 万件，废止或修订 693 件。派出专门工作组赴邵阳等地督导疫情期间重点领域行政执法，有效减少不当执法干扰市场主体。省厅联合省贸促会成立湖南省抗击疫情涉外法律服务联盟，24 小时提供涉外法律服务。组建律师等法律服务团 268 个，为上万家企业开展免费"法治体检"，帮助化解劳资纠纷 1.2 万件，办理涉疫法律援助、公证、司法鉴定、仲裁案件等 2600 余件，为统筹推进疫情防控和经济社会发展提供有力的法治保障。经省委领导批示同意，提请省委全面依法治省委员会出台"优化法治化营商环境 33 条"，从立法、执法、司法、守法普法和配套改革等方面，破解制约影响营商环境的瓶颈问题，营造公开透明、公平公正、精简高效、稳定可预期的法治化营商环境。法治扶贫体系不断健全，法治助力脱贫攻坚成效显著。在全国率先出台推进法治乡村建设的实施意见，在线培训"农村法律明白人"3.8 万人，命名全省第九批民主法治示范村（社区）78 个。率先出台加强村规民约法制审核的指导意见，审核村（居）规民约 14224 个，解决问题 2727 个。两个驻点扶贫村顺利通过国检，高效完成对 4 个县区的扶贫联点督察。落实"四个不摘"要求，推动驻村帮扶工作再上新台阶，全力打造一支"撤不走的工作队"。

（六）以更大决心推进法治建设

全面落实推进依法治省若干问题的意见，省委对全面依法治省的集中统一领导不断加强。14 个市州、123 个县市区全面组建党委法治建设议事协调机构及办公室，全面依法治省体制机制进一步完善。提请组织召开依法治省各类会议 7 次，依法防疫、依法治理等工作统筹推进。落实中央依法治国办部署，首次开展党政主要负责人履行推进法治建设第一责任及法治政府建设督察，各市州党政主要负责人首次向省委书面述职履行推进法治建设第一责任情况，并报告法治政府建设工作。全面加强党对立法工作的领导，科学编制、实施 2020 年立法计划，完成 15 个立法项目，立法质量和效率不断提高。启动 2021 年政府立法计划编制工作。法治政府建设示范创建活动深入推进，益阳、邵阳等 4 个地区（项目）被命名为第一批全国法治政府建设示范地区（项目），数量居全国第二。启动行政复议体制改革。调研指导湘西等地推进乡镇综合行政执法改革，会同省委编办等有关部门协调推进五大领域综合行政执法改革工作。全面推行行政执法"三项制度"，大力加强行政执法协调监督，推进严格规范公正文明执法。把好规范性文件审查关，依法审查省政府、省政府办公厅文件181件，"三统一"省直部门规范性文件294件，审查备案市州政府文件332件。承办省政府常务会议学法讲座4次，高效完成省政府第二届法律顾问聘任工作，政府依法决策水平不断提升。推动完善律师会见制度机制。开展规范律师与司法人员接触交往专项整治，律师执业环境持续净化。克服疫情影响，有序完成法律职业资格考试组考、颁证工作，实现"10个百分百"。

（七）以更强责任夯实基层基础

立足收官之年，全面开展"十三五"规划回头看，督导推动"十三五"主要指标项目按期完成。监狱体制改革步伐加快，市州属监狱收归直管改革调研正式启动，出台全省监狱功能布局调整方案，监狱、戒毒场所基础设施项目稳步推进。有序推进监所执法勤务职级序列改革，基层干警分享改革红利。中央司法警官学院培训基地、湖南省高级人民法院法警继续教育培训基地落户湘警职院，法治人才培训基地建设再获突破。推动"十三五"司法业务用房建设收官攻坚，3个市、县司法局业务用房项目竣工，6个项目加快推进，完成司法所业务用房建设项目63个。协调省委编办明确维持司法所现有管理体制，召开全省司法所工作会议，司法所规范化建设取得明显进步，所均达2.7人以上。"数字法治、智慧司法"建设扎实推进，"互联网＋公共法律服务"走在全国前列。落实党的十九届五中全会精神和省委十一届十二次全会精神，提前谋划、科学编制司法行政"十四五"发展规划，引领"十四五"司法行政改革发展。

二 2021年湖南司法行政工作展望

2021年，湖南司法行政系统将坚持以习近平新时代中国特色社会主义思想为指导，深入学习贯彻习近平法治思想，坚持党对全面依法治国的集中统一领导和对司法行政工作的绝对领导，坚持以人民为中心的发展思想，坚持稳中求进工作总基调,立足新发展阶段,贯彻新发展理念,构建新发展格局,着力统筹好发展和安全总要求,更加注重系统观念、法治思维、强基导向,以党的政治建设为统领,围绕中心服务大局,全面推进依法治省,坚决维护安全稳定,抓好队伍教育整顿,奋力推进司法行政工作高质量发展,为服务"三高四新"战略、建设现代化新湖南做出新的贡献,以优异成绩庆祝建党100周年。

(一)以党的政治建设为统领,确保司法行政工作的正确方向

坚持政治统领、党建引领,在全面依法治省和司法行政工作中,不折不扣地把"司法行政工作讲政治、业务工作重党建"落到实处。始终把学习贯彻习近平新时代中国特色社会主义思想作为首要党课和终身必修课,进一步坚定政治信仰,对党忠诚、听党指挥。全面落实党管意识形态责任制。结合上级有关建党100周年庆祝活动的部署,组织开展系列活动,引导全系统从党的百年光辉历史中汲取不忘初心、砥砺奋进的精神力量。深入贯彻《政法工作条例》和省委"意见"及厅党组实施意见,建立健全坚决做到"两个维护"的制度机制,确保对司法行政工作的绝对领导。坚持"严"的主基调,压紧压实党组(党委)全面从严治党主体责任。实行常规巡察与专项巡察相结合,开展巡察"回头看"。抓实"三表率一模范"机关创建,实施党支部"五化"建设提质工程,推动基层党组织全面进步、全面过硬。坚持有形覆盖与有效覆盖相统一,深化律师行业党建"四大工程",加大公证、司法鉴定、基层法律服务等行业党建力度。坚持正确的选人用人导向,出台实施厅管领导班子建设中长期规划,加强和改进领导干部考核、公务员平时考核。加强廉政风险隐患排查,加大"四风"问题查处力度,深入推进反腐败斗争,涵养风清气正政治生态。坚持政治建校,对标"双高计划",实施特色办学,努力打造全国司法职业教育改革示范样板。

(二)以学习贯彻习近平法治思想为主线,深入推进全面依法治省

适时提请召开全面依法治省工作会议。制定学习贯彻习近平法治思想的实施意见。锚定 2035 年法治建设远景目标，充分发挥依法治省办职能作用，推动各级党委政府加强对法治建设的组织领导，形成上下联动、齐抓共建、协同推动的工作格局，推进法治湖南、法治政府、法治社会一体建设。加强"两规则一细则"与现有立法、执法、司法、守法普法工作机制的有机衔接，着力解决法治建设突出问题。尽快制定《法治中国建设规划》《法治社会建设纲要》的贯彻实施方案，抓好《关于全面推进依法治省若干问题的意见》实施的督促检查。适时开展党政主要负责人履行推进法治建设第一责任人职责、法治政府建设等重大决策部署督察。突出针对性和实效性，全面启动"八五"普法。落实"谁执法谁普法"责任制，健全领导干部学法用法制度，加强青少年法治教育，真正使法治成为社会共识和基本准则。协调提升法治建设在绩效考核、平安考评中的权重，推动建立法治湖南建设考核和法治建设第一责任人职责考核评价体系，倒逼各项工作落实。

（三）以服务发展大局为主题，切实助推"三高四新"战略实施

全面落实省委十一届十二次全会精神及厅党组"30 条"实施意见，以良法善治助推实施"三高四新"战略。推动开展优化法治化营商环境"33条"督促检查，加强涉企、环保、民生、新业态等重点领域行政执法监督检查，开展争创法治化营商环境的湖南实践。加强自由贸易试验区、促进先进制造业等重点领域立法，系统清理影响发展的规章和规范性文件。提升园区中小企业、民营重点企业、国有大中型企业法律顾问覆盖率，全面提升依法治企水平。常态化推进企业法治"体检"，加强金融、债务风险预测预警，运用法律手段协助防范化解重大风险。聚焦产业链和产业项目，组建精英团队，搭建对接平台，"点对点"提供精准法律服务，以法治促进产业项目发展。主动对接长株潭国家自主创新示范区、湘江新区、岳麓山大学科技城、马栏山文创园等重点园区，突出知识产权保护，跟进提供公共法律服务。搭建法律服务"智库"平台，加快律师领军人才培养。跟进服务中国（湖南）自贸区建设和中非经贸合作，加强涉外律师培养，争创全国涉外法

律服务示范机构，培育壮大涉外法律服务市场，推动湘企出海、湘品出境。创新开展自贸区专项法律服务活动，为"一产业、一园区、一走廊"提供高端、精准法律服务。落实"四个不摘"，继续加强联点帮扶，打造法治助力乡村振兴的示范样板。深化"法润三湘"品牌，拓展法援惠民生渠道，扎实做好农民工维权援助。大力推进"办理法律援助案件4.5万件"的省重点民生实事项目，为法律援助重点人群提供针对性服务。加强民主法治示范村（社区）创建，实施乡村公共法律服务提升工程，落实乡村法治文化三年行动。

（四）以法治政府建设为突破口，推动提升依法行政水平

结合湖南省实际，及时出台《法治政府建设实施纲要》的落实方案。完善指标体系，以创建促提升、以示范带发展，继续深入开展法治政府示范创建。围绕服务省委、省政府工作大局，科学编制实施立法计划，集中力量攻坚粮食安全保障规定、地方金融监督管理条例、绿色建筑发展条例、水利工程条例等重点立法项目。坚持科学、民主、依法立法，着力完善"党委领导、人大主导、政府依托、公众参与"的工作格局，不断提高立法能力水平。推动落实重大行政决策程序制度，推进决策科学化、民主化、法治化。推动县级以上党政机关普遍开展公职律师工作、国有企业配备公司律师，健全法律顾问制度，服务法治政府建设。严格规范性文件管理，完善合法性审核机制，提高审查质量，从源头上减少文件违法。落实新一轮执法换证、统一执法服装和标志式样，督促实现"持证上岗""亮证执法"。健全省市县乡四级全覆盖的行政执法协调监督体系，全面落实行政执法"三项制度"。加强行政复议规范化、专业化建设，提高办案质量和效率，加大纠错力度，有效倒逼依法行政。落实行政机关负责人出庭应诉制度，支持配合法院依法受理、审理行政案件。

（五）以维护安全稳定为底线，着力促进平安湖南建设

深入贯彻总体国家安全观，树牢底线思维，增强忧患意识，全力以赴维

护安全稳定。聚焦"人、物、环境、会议活动",加强风险排查,织密防控网络,确保不发生疫情。坚持标准高于平时、措施严于地方,稳妥执行监所值班备勤模式,做好核酸检测、疫苗接种等工作,慎终如始,严防死守,确保万无一失。教育引导法律工作者依法依规诚信执业,突出律师队伍监督管理。坚持和发展新时代"枫桥经验",全面落实人民调解工作规范,构建大调解格局,推进矛盾风险预测、防范、调处、引导的全周期、全链条解决,切实将矛盾化解在内部、萌芽和基层。积极参与市域社会治理现代化试点。坚持标准不降、力度不减,推动扫黑除恶常治长效。深入推进五大改造,深化"百千万"工程,打造罪犯改造品牌。部署"规范执法年"活动,严防脱管漏管,提升社区矫正质量。加强重点人群管理服务。围绕湖南突出毒品问题三年整治目标,提升收、治、管、戒能力,深度服务全省禁毒人民战争。

(六)以全面深化改革为抓手,持续增强发展动力活力

紧扣省司法厅全面深化司法行政改革重点任务清单(2020～2022年),聚力抓好现有改革部署落实。积极争取支持,推动行政复议体制改革方案落实。提请省委省政府研究启动市州监狱收归省直管工作。加强对"放管服"改革措施的法制审核及协调,持续推进"减证便民",释放市场和社会活力。深化六大领域综合行政执法改革和乡镇综合行政执法改革,稳步推进相对集中行政许可权改革。继续推进社区矫正执法队建制改革。聚焦开展公共法律服务"质量建设年",持续深化"三台"融合,不断提升服务总量、质量、效率。深化律师专业水平评价试点和律师调解制度试点,推进刑事案件律师辩护全覆盖。以保障律师调查取证权为重点,进一步完善律师权利保障机制。出台公证员助理管理办法,建立公证参与多元化纠纷解决机制。加快推动仲裁委内部治理结构改革。完善国家统一法律职业资格考试制度,推动法律职业人员统一职前培训落地。做好人民监督员换届工作。推动监所民警职级晋升常态化,深入推进人民警察分类改革,推动建立监狱戒毒机关警务技术职级序列。

（七）以强化基层基础为导向，不断蓄积事业发展后劲

抓紧出台省厅"十四五"规划，健全规划推进实施、评估考核机制，确保规划落实。紧抓"十四五"机遇，指导市、县，争取将更多司法业务用房项目纳入中央投资计划。积极落实司法部即将出台的《县级司法行政机关基本业务装备配备指导标准》。全力加强司法所建设。认真落实司法部、财政部文件（司发通〔2020〕72号），进一步健全政府购买法律服务的制度机制。升级信息管理平台，进一步完善"如法网"功能。加快建成法润三湘·湖南司法行政展厅。加快落实监狱功能调整方案，加快推进监狱、社区矫正、戒毒、湘警职院等基础设施建设。完成一期、启动二期"数字法治·智慧司法"项目建设，强化科技支撑。

（八）以队伍教育整顿为重点，努力锻造过硬干警队伍

认真落实习近平总书记的重要指示批示精神，高标准抓好队伍教育整顿，激浊扬清、刮骨疗毒、铸魂扬威，全面正风肃纪反腐强警，努力建设党和人民信得过、靠得住、能放心的司法行政铁军。加大表彰奖励力度，深入挖掘先进典型事迹，大力培树司法行政英模，真正把事迹可信、形象可亲、品格可敬、精神可学的先进典型树起来，让英模气概激荡人心、引人向上。坚持理论武装、党性教育、业务培训、实战训练相结合，广泛开展政治轮训、岗位练兵、技能比武等活动，全面提升队伍政治素质和业务能力，确保"对党忠诚、服务人民、执法公正、纪律严明"。

B.8
2020年湖南教育发展情况
及2021年展望

湖南省教育厅课题组*

摘　要：　2020年，湖南省共有各级各类学校2.83万所（不含教学点），
　　　　　在校学生1432.78万人，教职员工102.84万人（其中专任教师
　　　　　81.65万人）。教育总规模位居全国第7位、中部六省第2位，
　　　　　教育发展总体水平跻身全国前列。2021年，全省教育系统将
　　　　　坚持党的领导，落实立德树人根本任务，推进教育均衡普
　　　　　惠，深化教育改革，建强师资队伍，推进依法治教，为大力
　　　　　实施"三高四新"战略、奋力建设现代化新湖南展示教育担
　　　　　当，贡献教育力量。

关键词：　教育　立德树人　均衡普惠　教育改革　师资队伍　湖南

一　2020年主要工作情况

2020年，省教育厅坚持一手抓校园疫情防控，一手抓教育改革发展，
各项工作有序推进，成效明显。

---

* 课题组组长：王瑰曙，湖南省教育厅党组副书记、副厅长，省委教育工委副书记、省委教育
工作领导小组秘书组副组长（兼）；副组长：余伟良，湖南省教育厅办公室主任；成员：崔
恒源、周强、欧卫星、张博文。

（一）疫情防控有效落实

坚决贯彻落实党中央、国务院和省委、省政府关于疫情防控的决策部署，第一时间投入疫情阻击战。紧急安排3500万元支持各级各类学校采购疫情防控物资，紧急组织一大批医疗队员逆行出征，一大批党员和志愿者下沉基层，助力复工复产。常态化抓好疫情防控各项工作，指导各地各校有序开学复课，全省各级各类学校未发生一起校园内新冠肺炎疫情。成功实施"停课不停学"，创建"我是接班人"网络大课堂，制作专题课《在战"疫"中成长》，引导学生健康成长。积极化解疫情与主汛期对高考带来的叠加影响，顺利实现省委省政府"三保两零"目标。

（二）党的领导全面加强

14个市州、122个县市区全部成立教育工作领导小组及其秘书组，湖南强化党的全面领导、推动科教强省建设做法获中央教育工作领导小组秘书组推介。全面推进国家级、省级高校党建工作示范校、标杆院系、样板支部创建，首次开展市州中小学党建工作评议评比，评选"党建＋德育工作""党建＋师德师风""党建＋教学实践"三类优秀案例各10个。出台《民办学校党建工作重点任务与主要措施》，印发加强中小学民办教育机构党的建设"十项措施"。坚决守住课堂、论坛、讲坛等校园阵地，全面排查大中小全学段所有教材教辅7.5万余册，组织高校排查"两微一端"平台4万余个。组织开展教育系统行业不正之风专项整治，教育系统全面从严治党深入推进。

（三）立德树人深入推进

深入推进"三全育人"综合改革试点省建设，全年共投入"双一流"思政专项经费2600万元，实施高校思想政治工作质量提升工程，分两批立项23所试点高校、40个试点院（系）以及一批工作项目；首次采取"揭榜挂帅"和成果认定方式实施高校思想政治工作重大攻关项目，立项省级课程思政研究项目911项，征集1865个"十大"育人案例。制定了《湖南省落实〈教育部等八部门关于加快构建高校思想政治工作体系的意见〉工作台账一览表》，省委办公厅、省政府办公厅出台《关于加强新时代学生心理健康的意见》。

（四）教育民生显著改善

年内全省共增加公办园学位39万个，完成年度任务的154.1%，全省公办幼儿园在园幼儿占比达到47.66%，普惠性幼儿园覆盖率提高至86.48%。完成932所城镇小区配套园和313所无证园治理工作，完成率均为100%。年内分别消除义务教育、普通高中大班额8735个、5509个，义务教育、普通高中大班额比例分别降至0.56%、9.63%。累计竣工投入使用芙蓉学校43所，基本建成27所，其余31所正在进行主体施工。全省整体通过国家县域义务教育基本均衡发展评估认定。以湘西州为现场召开全省基础教育工作会议，重点推广泸溪教育改革经验。针对推动全省城乡义务教育优质均衡发展以及加强乡村小规模学校建设和管理，出台专门实施意见。2020年义务教育生均公用经费标准提高到小学650元/生、初中850元/生，寄宿生生均公用经费标准提标100元达到300元。年内累计发放学生资助278.95亿元，其中义务教育阶段建档立卡学生资助率100%，湖南省就义务教育扶贫工作经验在教育部会议上作经验介绍。2020年学生溺亡人数在2018年、2019年大幅下降的基础上再次同比下降20.7%，降至历史新低，39个县市区实现零溺亡。

（五）综合改革成效初显

稳步启动和推进新时代教育评价改革、高考综合改革、教育督导体制机制改革、中小学招生改革、普通高中课程改革、省属高校所属企业体制改革、独立学院转设等多项重大教育改革工作，研制或出台了《关于深化新时代教育督导体制机制改革的意见》《湖南省独立学院转设实施办法》《湖南省2021年普通高校招生文化考试安排和录取工作实施方案》《关于进一步规范普通中小学招生入学工作的实施意见》等系列文件。湖南工商大学北津学院首个成功转设为湘潭理工学院，新设长沙、衡阳、永州3所高专，湖南九嶷职业技术学院民办转公办，湖南软件职业学院开展本科层次职业教育试点，民办义务教育学校与公办学校实行同步招生、超员摇号，深入推广泸溪教育改革经验。推进教育信息化2.0试点省建设，实施"学校联网攻坚行动"，实现全省学校互联网全覆盖。2020年7月，中央电视台《新闻联播》以《城乡同步，"云"端共上一堂课》为题进行专题报道。湖南省教育厅获批教育部教育融媒体建设试点单位。

（六）服务高质量发展贡献突出

全年共投入"双一流"建设经费15.5亿元，推动一批学科进入世界一流行列。全省高校新增10个ESI全球前1%的学科，分别新增国家自科、社科基金项目1374项、229项，新增2个省部共建协同创新中心，目前全省省部共建"2011协同创新中心"已达7个。省政府出台《湖南省职业教育改革实施方案》，获批部省共建职业教育改革发展高地，全国仅8省市获此殊荣。启动楚怡学校建设，开设湖湘楚怡职教大课堂。在2020年全国职业院校技能大赛教学能力比赛中，湖南获一等奖数量排全国第一，"制造湘军""传媒湘军"等"湘"字号技能大军声名鹊起。2020年，全省高、中职学生就业率分别稳定在85%和98%以上。

（七）教师队伍配优建强

全年共招录公费师范生14447人、特岗教师5409人，分别较上年增加1535人、863人，100%满足各县市区对公费师范生合格申报需求，公费师范生已成为湖南省乡村教师补充的主渠道。招募银龄讲学教师349人。共评审出中小学正高级教师200名、芙蓉学者178名、特级教师260名。开展义务教育教师工资待遇落实情况专项督导，确保各地义务教育教师平均工资收入水平不低于当地公务员，年内全省122个县市区已全部落实到位。相继出台《湖南省中小学教师减负清单》及《关于进一步加强师德师风建设有效预防中小学生遭受侵害的指导意见》。开展首届湖南省教书育人楷模评选，省委省政府主要领导出席表彰大会，并为12位教书育人楷模颁奖。为乡村从教20年教师颁发了荣誉证书。

二 存在的困难和问题

一是教育资源供给存在短板。优质学前教育供需矛盾依然突出，"入公办园难、入民办园贵"现象仍一定程度存在；城乡义务教育优质均衡发展任务艰巨，区域义务教育发展水平差异明显；普通高中教育普及攻坚任务依然艰巨，优质普通高中教育资源供给不足。

二是教师队伍建设有待加强。农村贫困地区教师"留不住、教不好"的现象仍有发生，中小学教师的学科、年龄、性别结构失衡，高层次拔尖人才仍然不足。

三是素质教育还未真正落到实处。立德树人要求德智体美劳全面发展，但体育、美育、劳动教育仍是不少学校的薄弱环节，考试评价体系和评价机制还不健全。

四是现代教育体系亟待加快形成。职业教育产教融合发展还不充分，现代职业教育体系构建仍需进一步加强；高等教育高峰不高，引领性的一流大学、一流学科较少，高等教育国际化水平较低；终身教育和终身学习体系尚存短板，终身教育的协同推进机制不健全。

五是教育经费投入保障不足。各级各类教育生均经费投入低于全国平均水平，教育经费投入保障有待进一步增强。

三 2021年主要工作安排

2021年，省教育厅省委教育工委将深入贯彻落实习近平新时代中国特色社会主义思想以及习近平总书记考察湖南重要讲话精神，紧紧围绕建设高质量教育体系要求，一手抓常态化疫情防控，一手抓教育改革发展，补短板、强弱项、惠民生，不断提升人民群众教育获得感，为大力实施"三高四新"战略、奋力建设现代化新湖南展示教育担当，贡献教育力量。

（一）坚持党的领导，着力提升党建质量

强化思想理论武装，突出抓好习近平总书记关于教育的系列重要论述以及考察湖南重要讲话精神的学习贯彻，组织开展千名大学生集体宣誓入党、"闪亮青春·青年党员讲述青年毛泽东故事荟"快闪视频大赛等系列庆祝建党100周年重大活动。加强基层党建工作。持续推进基层党支部"五化"建设，深入实施高校党组织"对标争先"建设计划，加强高校教师党支部书记"双带头人"建设，协助省委组织部完成高校党委换届工作。推进中小学领导体制改革，推动建立中小学党组织领导的校长负责制。抓好民办学校党建工作落实落地。守住意识形态主阵地。严把教学教材政治关，推动"一规划四办法"和国家教材建设基地落地。强化网络意识形态安全管理，采取有效措施抵御和防范校园传教渗透。纵深推进全面从严治党。深入开展教育领域行业不正之风专项整治，推进巡察全覆盖，年内计划巡察6个左右厅委直属单位。

（二）坚持立德树人，着力健全育人体系

提升思想政治工作质量。高质量完成"三全育人"综合改革，创新实施高校思想政治质量提升工程和新时代思政课改革创新工程，配齐建强高校思政课专职教师、专职辅导员和心理健康教育教师"三支队伍"。深化爱国主义教育，传播红色基因，推广总书记点赞的"移动"思政课，增强德育实效。促进学生身心健康发展。研制出台关于全面加强和改进新时代学校体育、美育、劳动教育以及高校学生心理健康教育的四个实施意见。启动综合防控儿童青少年近视试点县市区、示范中小学建设，力争全省儿童青少年总体近视率比2020年下降0.5个百分点以上。探索建立学校心理健康状况常态化监测机制。推动家长学校建设。做好语言文字工作。实施民族地区国家通用语言文字普及提升工程和推普助力乡村振兴计划。

（三）坚持均衡普惠，着力满足民生需求

推进学前教育普及普惠发展。增加公办园学位10万个，推进城镇小区配套园治理，确保所有市州、县市区公办园学位占比达到50%及以上。办好义务教育阶段公办学校。实施新一轮义务教育薄弱环节改善与能力提升计划和标准化学校建设工程，支持每个乡镇办好一所标准化寄宿制学校，着力解决湖南省部分县市区民办义务教育占比过高的问题。推进芙蓉学校建设，确保100所芙蓉学校在建党100周年前全部建成投入使用，并全部建成"教育信息化示范校"和"互联网＋芙蓉联校"。深入推广泸溪教育改革经验。加强义务教育控辍保学工作，巩固消除义务教育大班额成果。实施教育信息化2.0试点省攻坚行动，推动122个县市区建成"农村全覆盖、应用常态化"区域内网络联校。推进普通高中教育多样化特色化发展。推进消除普通高中大班额工作，确保年内实现全省各县市区普通高中大班额比例控制在5%以内，超大班额全面清零，基本消除普通高中大班额。推动普通高中和职业教育协调发展。

（四）坚持深化改革，着力增强发展活力

深化教育评价改革。研制出台湖南省贯彻落实《深化新时代教育评价改革总体方案》重点改革任务清单及配套文件，遴选有条件的地方、学校实施教育评价改革试点，抓好"教育工委书记、厅长开局项目"，组织实施"市县教育局党组（委）书记、局长开局项目""省属高校书记校长开局项目"。确保高考综合改革平稳落地。指导各地各校全力做好高考改革各项工作，组织高考模拟演练、模拟填报招生志愿和模拟录取，仔细排查招生考试基础条件等各方面的短板和薄弱环节，确保改革平稳落地。深化教育督导体制机制改革。督促各地贯彻落实省委办公厅、省政府办公厅印发的《关于深化新时代教育督导体制机制改革的实施意见》，健全完善督政、督学、评估监测、督学队伍管理、条件保障等相关制度。全面实施对市州、县级人民政府和县级党政主要领导干部履行教育职责评价工作。推进民办教育健康有

序发展。有序推进民办教育分类登记，深入开展民办义务教育和校外培训机构规范整治。年内计划完成4~5所独立学院转设，推动相关高职院校合并转设。

（五）坚持围绕中心，着力服务"三高四新"

推进高校"双一流"建设。积极推动国家新一轮"双一流"遴选，在保持原有4所高校继续进入"双一流"学校和学科的同时，支持湘潭大学进入国家"双一流"学科建设行列。组织开展第五轮学科评估。实施"六卓越一拔尖"计划2.0，推进新工科、新医科、新农科和新文科建设。建设职业教育改革发展高地。研制落实《教育部湖南省人民政府关于整省推进职业教育现代化服务"三高四新"的意见》的实施方案，筹备召开全省职业教育大会，实施职业教育"楚怡"行动计划，推进本科层次职业教育试点。推进教育对外开放。创新公派出国留学选派机制，引进国（境）外优质教育资源，加强孔子学院建设，扩大港澳台学生招生规模，鼓励相关高校配合湖南省高铁、工程机械、养老护理等行业"走出去"。保障高校毕业生就业。加强高校创新创业教育，抓实就业创业工作"一把手工程"，加大就业困难毕业生帮扶力度，确保湖南省高校毕业生就业形势总体稳定。

（六）坚持人才兴教，着力建强师资力量

强化师德师风建设。组织开展师德师风建设年活动，严格执行教师职业行为十项准则，实施教职员工准入查询性侵违法犯罪信息制度。深化教师管理改革。推进义务教育教师"县管校聘"改革，加大义务教育校长、教师轮岗交流力度，促进义务教育师资均衡配置。根据2020年度公办中小学在校学生数，重新核定全省中小学教职工编制总量并调整下达到各市州。提高教师专业素养。继续实施乡村教师公费培养计划、特岗计划和银龄讲学计划，计划2021年招收公费定向师范生1.4万人左右。改革创新"国培""省培"培训模式，推进中小学幼儿园名师名校长建设。保障教师地位待遇。督促各地落实《湖南省中小学教师减负清单》以及义务教育教师平均

工资收入水平不低于当地公务员等相关要求。完善教师荣誉表彰制度体系，开展新一轮在乡村从教满 30 年荣誉证书颁发工作，继续开展"教书育人楷模"推选活动。

（七）坚持依法治教，着力保障发展环境

督促指导各地各校贯彻落实党的十九届四中全会精神和习近平法治思想，推进教育治理体系和治理能力现代化。争取省人大常委会支持，完成《湖南省中小学幼儿园规划建设条例》的修订，出台《加强省属高校法治工作的实施意见》。贯彻落实各级各类教育生均拨款制度，探索建立动态调整机制，督促地方各级政府落实教育投入政策和支出责任。严格落实校园疫情防控措施，确保师生生命安全。开展平安校园示范校、平安校园示范县市区建设，推进"校园安防 4 个 100%"建设，巩固人防、物防、技防基础。开展教育系统安全专项整治三年行动，深化扫黑除恶专项斗争，统筹抓好防溺水、防欺凌、校车、食品药品安全等学生安全重点工作。

B.9
2020年湖南公共文化事业发展情况
及2021年展望

湖南省文化和旅游厅课题组*

摘　要：　2020年，湖南公共文化事业牢牢把握满足人民群众对美好生活的向往这个总目标，坚持政府主导、社会参与、重心下移、共建共享，不断完善服务体系，优化资源配置，全面提高服务效能，着力提升人民群众获得感、幸福感。2021年，湖南公共文化事业将以高质量发展为目标，以贯彻落实《中华人民共和国公共文化服务保障法》和湖南省实施办法为抓手，深化公共文化服务供给侧结构性改革，完善制度建设，提升治理能力，稳步实现从"有没有"向"好不好"的转型升级，为建设文化强省奠定基础。

关键词：　公共文化　服务　湖南

2020年湖南公共文化事业以习近平新时代中国特色社会主义思想为指导，深入贯彻党的十九大和十九届二中、三中、四中、五中全会精神，牢牢把握满足人民群众对美好生活的向往这个总目标，坚持政府主导、社会参与、重心下移、共建共享，牢记初心使命、强化责任担当、锐意改革创新、

---

*　课题组组长：禹新荣，湖南省委宣传部副部长、湖南省文化和旅游厅党组书记、厅长。副组长：尚斌，湖南省文化和旅游厅党组成员、副厅长；王鹏，湖南省文化和旅游厅二级巡视员。组员：龚铁军、叶建武，湖南省文化和旅游厅干部。

加强文旅融合，不断完善服务体系，优化资源配置，全面提高服务效能，着力提升人民群众获得感、幸福感。

一 主要做法与成效

（一）坚持以满足人民美好生活需要为根本目的，在服务大局中精准施策

1. 依法治文，有效推动行业立法出台与贯彻落实

积极配合省人大教科文卫委、法工委，认真修改完善《湖南省实施〈中华人民共和国公共文化服务保障法〉办法》（以下简称《实施办法》）。《实施办法》于2020年7月30日在省十三届人大常委会第十九次会议上审议表决通过后，9月1日及时举行《实施办法》学习宣传贯彻系列活动启动式暨首场专题学习辅导活动，并采取印发法律文本、组织专题辅导培训等多种普法形式，在全省开展了为期两个月的集中学习宣传系列活动。经努力争取，公共文化服务在省委绩效评价体系中比重增大，2020年将"农村公共文化服务"指标列入2020年湖南省实施乡村振兴战略实绩考核指标体系，考核分值提高至10分，为湖南省公共文化事业有序健康发展提供了法治保障。

2. 强基固本，公共文化服务三年行动计划圆满收官

一是全省现代公共文化服务体系建设三年行动成效凸显。从2018～2020年行动计划绩效评价综合情况看，123个县市区在设施建设、资金投入、产品服务供给、体制机制创新、服务能力提升等方面重点推进，均达到验收要求，其中65个县市区被评价为优秀，优秀率达到53%。特别是县级骨干设施得到明显改善，其中5个县级公共图书馆、文化馆填补空白，县级公共图书馆和文化馆完成新建36个、完成改扩建或馆舍主体工程37个；乡村文化阵地标准化建设水平显著提升，基本实现"一乡一村均有一个文化服务中心"；公共文化服务更加便民、文化活动更加丰富，群众文化获得感明显提升。公众满意度测评显示，2020年有1355349人参加测评，占全省

常住人口比例为1.98%，满意度为89.64%。二是全省旅游厕所建设管理新三年行动计划成绩斐然。截至2020年底，已新建和改扩建厕所3455座，新三年行动计划完成率为132.88%；全省6446座旅游厕所实现百度地图上线工作，标注率为100%。三是全省乡镇综合文化站专项治理三年行动进展顺利。880个乡镇综合文化站按计划完成专项治理任务，完成率为100%。长沙县文化馆、会同县高椅乡雪峰村综合文化服务中心被评为第八届全国服务农民、服务基层文化建设先进集体。

3. 注重统筹，深入实施重点公共文化惠民工程

一是全省公共数字文化服务网在全国率先覆盖。在省级财政没有资金投入的情况下，积极引导社会力量参与，在统筹建设、运行管理、优化服务、可持续发展等方面走出了湖南公共数字文化建设新模式，全省公共数字文化服务能力显著提升。截至2020年底，以"湖南公共文旅云"省级综合服务平台为中心，向上对接国家文化云，向下联通14个市州、123个县市区公共文旅服务平台，并实现与各级公共图书馆、文化馆的数据打通，全省公共数字文化服务网已基本建成。二是启动实施公共数字文化设备覆盖项目。2020年积极争取国家资金，已为市、县所有公共图书馆、文化馆、5A级景区和部分基层综合性文化服务中心、优秀民营文化场馆配送公共文化一体机等392台（套）。严格把关建设标准，组织完成了159个公共数字文化建设项目的省级验收工作。三是顺利完成贫困地区基本文化器材配送项目。截至2020年底，为所有国家级、省级贫困县市区的每个村均按2万元标准配送了文化器材。四是深入实施"湖南公共文化进村入户·戏曲进乡村"文化惠民项目。为全省每个乡镇按每场4000元标准安排了4场惠民活动，有效解决农民看戏难问题，形成乡村振兴内生动力。

4. 主动担当，公共文旅服务抗疫情促发展影响广泛

一是迅即启动"艺抗疫情·云游湖南"全省性主题活动。春节期间，迅速启动了为期3个月的抗疫主题活动，共征集8个艺术门类的群文作品5087件，线上展示总访问量达8575.5万人次，40家国家级、省级主流媒体报道转载。全省公共文旅系统迅速推出网上读书、网上观展、网上观景、网

上培训等精彩纷呈的在线公共文旅服务，让人民群众足不出户就能丰富文化生活、云游锦绣潇湘。二是成功举办全国首个省级规模文艺抗疫主题惠民展演。积极响应省委省政府复工复产要求，于5月17日在长沙橘子洲景区举行"风雨同行　绽放美丽"——"艺抗疫情·云游湖南"优秀文艺作品惠民展演活动，吸引20余家省内外主流新闻媒体记者现场报道，并在14个省网络展播联动，全面展现湖南文旅人的艺术素养，唱响抗疫情促发展主旋律。三是全省公共文化场馆抗疫情促发展工作做到令行禁止。坚持每天调度，确保各级公共文化场馆（站、中心）在疫情防控期间第一时间关门闭馆；进入疫情常态化防控后，各级公共文化阵地既做到及时、科学恢复开放，又按要求补齐线上服务短板、丰富公共文化服务项目与内容。

（二）坚持以改革创新提质增效为根本动力，在保障大局中精准发力

1. 公共服务领域重点改革任务提前半年基本完成

到2020年12月底，中央明确到2020年必须完成的重点改革任务，在湖南省均已基本完成或超额完成，其中：14个市州、123个县市区全部制定了基本公共文化服务目录并对外公布；建设基层综合性文化服务中心28499个，完成率为100%；建立图书馆分馆2176个，超额完成600个，县级图书馆总分馆制建设完成率为138.07%；建立文化馆分馆1936个，超额完成421个，县级文化馆总分馆制建设完成率为127.28%；133个公共图书馆、9个美术馆、123个文化馆同步推进公共文化机构法人治理结构改革任务，完成率均为100%。

2. 国家级试点任务有效推进

一是永州市创建国家公共文化服务示范区工作在中部地区名列前茅，张家界市、邵阳市创建国家公共文化服务示范项目顺利通过验收。二是湖南图书馆、株洲市文化馆等5个国家级、省级公共文化机构法人治理结构改革试点任务基本完成。三是浏阳市图书馆、桂阳县文化馆、长沙县福临镇综合文化站、临湘市羊楼司镇综合文化站、益阳市黄家湖新区紫薇村综合性文化服

务中心、郴州市东江湖5A旅游区旅游集散中心等6个国家级公共服务机构功能融合试点建设取得新进展。

3. 创新出台省级地方标准进入全国前列

2020年上半年制定发布了湖南省《乡村旅游厕所建设与服务管理规范》《古籍保护与服务规范》两个地方标准，为规范全省乡村旅游厕所与服务管理、加强全省古籍行业规范化、标准化、科学化管理提供遵循。

（三）坚持以弘扬社会主义核心价值观为引领，在融入大局中精准服务

1. 群众文化活动取得新突破

一是精心承办全国性重大文化活动。2020年1月8日，成功承办由文化和旅游部主办的2020年全国乡村网络春晚——"竹山赶年"分会场，这是湖南首次参与全国的网络春晚活动，为全国观众送上了一道道原汁原味的乡村新年文化大餐。二是持续打造全省群众性文化品牌活动。联合省扶贫办共同举办"决战脱贫·决胜小康"——2020年全省"欢乐潇湘"精准扶贫优秀文艺作品巡（展）演活动。2020年组织52个参演节目、38支群文团队先后走进4个县市进行巡演。2020年11月3日，以"富饶美丽幸福新湖南"为主题在湖南省戏曲演出中心举行展演，集中呈现全省优秀代表作品，为观众们带来了一场高质量、高水平的视听盛宴，线上观众超过300万人次，副省长谢卫江等领导观看演出。同时，与省民宗委联合开展全省第五届少数民族文艺调演活动等，营造了群众文化共建共享的良好氛围。三是启动实施群众文艺作品质量提升工程。印发《关于开展2020年全省群众文艺创作优秀作品征集的通知》，紧扣全面建成小康社会、庆祝建党100周年、毛泽东同志130周年诞辰、党的二十大召开等重要事件，重点开展精准扶贫、抗击疫情、情系农民工、军民鱼水情、关爱特殊人群等题材的群众文化创作。筹备建立了全省优秀群文作品项目库，分门类遴选出一批优秀群文作品进行重点指导打磨，为冲刺中国艺术节群星奖做充分准备。四是重点实施群众文艺创新人才培训计划。10月，组织召开以"文旅融合·创新发展"为

主题的全省第五届文化（群艺）馆（站）业务技能竞赛，经层层选拔，54个舞台艺术类节目、48篇理论调研报告、133件展览艺术类作品、27节群文辅导类课程、15组活动策划类选手进入决赛，为繁荣发展全省群文工作发现和储备一批优秀业务人才。

2. 文旅志愿服务取得新作为

一是优化服务组织新架构。在原有文化志愿服务组织基础上，吸纳组建旅行社、旅游饭店志愿服务组织，目前全省注册文旅志愿者12万余人，各级各类文旅志愿服务团队1500余个。二是创新打造文旅志愿服务新品牌。一方面，指导韶山市、辰溪县、凤凰县实践打造"文旅志愿服务＋新时代文明实践"新模式。在韶山市创新推出"资源要素全聚合、阵地建设全覆盖、志愿服务全传递、供需双方全对接、人民群众全参与"志愿服务新机制，中央"走向我们的小康生活"主题采访报道团、《湖南精神文明简报》进行了报道推介，省委常委、宣传部部长张宏森作出批示："韶山市新时代文明实践中心的经验，请认真总结并大力推广"。另一方面，持续推进省级文旅志愿服务品牌活动。5月17日，举办2020年全省文化和旅游志愿服务启动式，全年开展了"四季同行·雷锋家乡学雷锋"等主题活动，动员发动全省各地积极参与。组织文旅服务志愿者赴甘肃、广西等地完成了2项"春雨工程"志愿活动。持续组织实施"百师千课联站进村""阳光工程""圆梦工程"农村文化志愿服务行动，社会影响广泛。三是精心培育文旅志愿服务新典型。2020年1月下旬，召开全省文化和旅游志愿服务工作总结表彰大会，遴选表彰53名优秀志愿者、20名优秀组织工作者、33个示范项目、22个优秀社区、37个优秀团队。省博物馆文化志愿者组织、长沙市浏阳市荷花街道唐洲社区分别被评为2019年湖南省最佳志愿服务组织、湖南省最美志愿服务社区，2人分别被评为2019年湖南省学雷锋最美志愿者、2020年湖南省新冠肺炎疫情防控学雷锋志愿服务"最美志愿者"。四是文旅志愿服务频获国家级新奖项。经推荐，湘西州文旅广电新时代文明实践文化志愿服务支队被中共中央宣传部、中央文明办、全国总工会、共青团中央、全国妇联等单位评选表彰为2019年度全国学雷锋志愿服务"四个100"最佳志愿服务组织；在组织参加文化和旅游部"全国文化和旅游志愿服务项目线上大赛"中，4个项目成功入围，其中省文化馆"播撒艺术的种子"贫困地区留守儿童艺术培训项目、怀化市溆浦县七善轩青少年服务中心志愿服务项目分别获得全国二等奖、三等奖。

3. 基层人才队伍培训取得新成效

一是创新培训绩效管理机制。先后制定《2020年全省基层公共服务队伍培训工作计划》《全省基层文化队伍培训绩效管理工作方案》，明确基层公共服务队伍培训的整体安排、组织实施、学员遴选及培训后续管理、绩效目标、绩效措施等工作。二是有力提升业务培训的针对性和扩大覆盖面。从2月中旬开始，积极组织全省公共服务从业人员开展为期近3个月的大规模在线培训，为疫后复工复产做好能力储备。省级层面，围绕落实公共文化领域重点改革任务、群众文艺创作、基层公共服务队伍骨干技能提升、基层文旅志愿服务素质提升等方面，举办了全省性专题培训班。据统计，2020年全省各级累计投入培训资金1802.27万元，开展专职队伍培训17.2万人次（其中线上培训9.2万人次），业余文化队伍培训46万人次，远程培训29万人次。三是主动作为，圆满完成"十三五"期间基层文化骨干轮训工作。2020年先后选派617名各级各类基层公共服务骨干，分14批次参加中央文化和旅游干部网络学院的专题线上线下培训班；遴选66名群文骨干参加文化和旅游部的"全国文艺创作"线上线下高级研修班；组织图书馆、文化馆（站）及各类培训机构学员7200多名，分14批次参加"公共文化空中大课堂"远程培训。截至2020年底，全省县级公共图书馆长轮训完成率为98%，县级文化馆长轮训完成率为99%；2020年湖南省新增远程培训接收点34个，新注册中央文旅干部学院网络学院学员769名；80%以上的学员成为当地培训工作的重要师资和业务骨干。

二 存在的主要问题

各地各部门依法开展公共文化服务保障取得了显著成效，但与满足人民日益增长的美好生活需要、建设文化强省的要求相比还有一定差距,法律实施中还存在一些问题,需要引起重视并着力解决。

(一)各级政府依法贯彻落实法律的权责不够清晰

一方面,公共文化服务统筹协调能力有待加强。虽然湖南省建立了由省政府牵头的省级公共文化服务体系建设联席会议,在工作推进方面取得了一定成效,但这一工作机制的职能作用尚未充分发挥,公共文化服务多头管理、条块分割的现象仍比较严重,各个部门拥有的公共文化设施、队伍和资源,仍然是各自为政、自成一体,统筹协调的难度较大。对基层公共文化服务的绩效考核评估机制尚待完善,特别是对党政领导履行责任情况的评估评价还有待加强。另一方面,省直相关部门和市、县级政府对贯彻落实法律规定的重视度不高,尚未形成稳定的各级政府事权、支出责任和财力相适应的制度。

(二)公共文化均等化程度与实施乡村振兴战略不相适应

一是部分县级文化场馆设施建设、服务能力亟待加强。有的场馆存在建设年代久远、建筑面积未达标、设施设备落后等问题,尤其是经济欠发达地区的部分县级图书馆、文化馆等场馆因经费投入不足、人员保障不到位等原因,导致基层服务总量不足、服务方式和手段单一。二是乡村文化建设投入不足。有的乡镇综合文化站建设标准偏低,有的存在功能用房被挤占挪用、阵地作用发挥不明显等诸多问题。部分县市区乡村文化专项配套经费难以落实,常态化乡村文化活动缺乏资金保障。三是人才队伍建设亟须加强。以乡镇文化站为例,现有乡镇文化机构设置与常态化阵地服务要求不相适应。据反映,出于没有安排文化专干或专干不专等原因,乡镇层级履行乡村文化振兴的职责有所弱化、淡化。

(三)公共文化服务效能有待增强

公共文化产品种类数量少、质量不高的问题仍然存在,部分公益性文化单位活力不足、效率不高；部分基层公共文化设施存在"重建设、轻管理"的现象，导致作用发挥不充分。公益性文化单位改革相对滞后，鼓励和引导社会力量参与公共文化服务的政策不完善，社会力量参与动力不足、渠道不畅，政府与社会良性互动机制尚未形成。

三　2021年工作展望

（一）基本思路

公共文旅服务工作坚持以习近平新时代中国特色社会主义思想为指导，以社会主义核心价值观为引领，以高质量发展为目标，以贯彻落实《中华人民共和国公共文化服务保障法》和湖南省实施办法为抓手，深化公共文化服务供给侧结构性改革，完善制度建设，提升治理能力，增强创新活力，创造条件培育城乡居民文艺技能，激发其文化热情，使其更加便捷地参与文化活动、享受文化生活，为人民群众提供更高质量、更高效率、更加公平、更可持续的公共文化服务，稳步实现从"有没有"向"好不好"转型升级，为建设文化强省奠定基础。

（二）重点任务

一是继续推进公共文化服务立法宣传和标准化建设。全面开展《湖南省实施〈中华人民共和国公共文化服务保障法〉办法》系列普法宣传工作；推动出台《湖南省实施〈中华人民共和国公共图书馆法〉办法》。制定出台《湖南省关于推动公共文化服务高质量发展的实施意见》《湖南省乡镇综合文化服务中心（综合文化站）建设标准》《湖南省公共文化服务效能评价指标体系》《湖南省现代公共文化服务体系示范区后续建设管理办法》《湖南省公共数字文化工程管理办法》。启动实施国家级、省级公共文化服务体系示范区复核评价工作。

二是进一步完善基层公共文化服务体系。实施全省公共文化服务高质量发展五年行动计划，加快推动将公共文化设施建设纳入市州、县市区城镇化补短板强弱项项目，对未达到建设标准的县级公共图书馆、文化馆进行改扩建。以实施全省乡村公共服务"家前十小"示范工程为牵引，持续推进基层综合性文化服务中心建设，打造一批小而美的乡村文化空间。推动以市州级公共图书馆文化馆为中心馆、县级公共图书馆文化馆为总馆的区域总分馆体系，推进基层公共文化资源有效整合和统筹利用。

三是创新推动公共文旅服务高质量发展。召开全省公共文旅服务体系建设高质量发展现场推进会。启动实施省级"文化和旅游公共服务机构功能融合试点"、"文化建设军民融合发展试点"、"市州级公共图书馆总分馆体系建设试点"、"湖湘课堂"基层文化队伍培训，深入实施智慧图书馆、数字文化馆、公共数字文化进村入户等建设项目。启动实施"中华优秀传统文化——戏曲进课本、进课堂、进校园"公共文化传承工程。

四是持续开展群众性文化活动。推进实施群众文化作品质量提升工程。承办2021年中国文化馆年会、2021年全国"村晚"汝城县沙洲村分会场集中示范展示等活动。持续开展"欢乐潇湘"、湖南艺术节群众文化活动等全省性群众文艺巡演展演活动。推进实施"湖南公共文化进村入户·戏曲进乡村"文化惠民项目。举办"艺心向党·云游湖南"主题作品创作、征集和宣传推广活动。实施文旅志愿服务示范性品牌建设系列活动。指导举办湖南第十一届农民工春晚。

B.10
2020年湖南民政事业发展情况
及2021年展望

曹忠平[*]

摘　要： 2020年，湖南聚焦"六稳""六保"，决胜全面小康、决战脱
贫攻坚，统筹疫情防控和事业发展，在大战大考中交出了一
份优异答卷，全年重点任务全面完成，实现"十三五"圆满
收官。2021年，湖南民政系统将大力实施"三高四新"战略，
推进现代化新湖南民政事业民本化、法治化、信息化、社会
化、专业化等"五化"建设，努力将湖南建成精准救助先行
区、医养康养先行区、三治融合先行区、温情服务先行区，
推动民政事业向高质量、现代化加速迈进。

关键词： 民政事业　民生保障　基层社会治理　基本公共服务　湖南

一　2020年全省民政工作情况

2020年，在湖南省委省政府的坚强领导下，全省民政系统认真学习贯彻
习近平总书记考察湖南重要讲话、党的十九届五中全会和省委十一届十二次全
会精神，聚焦"六稳""六保"，决胜全面小康、决战脱贫攻坚，统筹抓好疫情
防控和事业发展，各项重点工作全面完成，"十三五"各项指标全部实现。

---

* 曹忠平，湖南省民政厅党组书记、厅长。

（一）全面加强党的建设

加强政治建设，举办全省民政系统机关党建和纪检监察业务培训班、学习贯彻党的十九届五中全会精神培训班，常态化学习习近平新时代中国特色社会主义思想，不断增强"四个意识"、坚定"四个自信"、做到"两个维护"。加强党建引领，落实主体责任，深化"五型机关"建设，组织开展"百村调研"、"百院调研"、"进千院入万户"关爱行动，推进党建与业务深度融合。加强队伍建设，"靓丽百影'湘'见小康"主题宣传 100 名基层典型，一批单位、个人获得全省和全国民政系统疫情防控表彰，加强清廉建设，联合驻厅纪检监察组同向发力，加强民政资金专项治理，深度整治形式主义、官僚主义，抓好专项审计问题整改，严肃执纪监督问责。

（二）五线发力防控疫情

筑牢机构"防线"，对 2800 多个服务机构实行封闭管理，实现民政服务机构、服务对象零感染、零病例，安排补助资金 2400 万元、减免税费 1000 万元，支持民办养老机构复工复产。坚守保障"底线"，关心城乡困难对象、一线防控人员、新冠肺炎患者等 3 类对象家庭的"一老一小"问题，建立"一帮一""多帮一"机制，实现结对帮扶、探访照料、关爱救助全覆盖。紧急驰援"火线"，选派 42 名同志紧急驰援武汉 30 天，民政部专门发函表扬。链接爱心"热线"，社会组织捐赠、各级慈善募捐款物共 15.3 亿元，全部紧急发往基层防控一线。夯实社区"基线"，制定下发社区疫情防控指南，组建党员先锋队下沉社区、入驻企业，关心关爱社区一线工作人员，依托乡镇（街道）社工站，引导专业社工，参与联防联控、群防群控。

（三）全力以赴脱贫攻坚

完成重点民生实事，全省城乡低保平均标准分别达到 588 元/月和 5003 元/年，月人均救助 386 元和 251 元。残疾人"两项补贴"每人每月平均达到 74.8 元和 68.7 元，建设特困供养服务床位 5000 多张，其中护理型床位

4000 张。强化救助兜底保障，全面整改脱贫攻坚质量"回头看"问题，引导 3500 家社会组织投身脱贫攻坚一线，建立基本生活、医疗、教育等 9 方面长效帮扶机制，106.5 万名兜底保障对象"两不愁"保障到位。改革社会救助制度，提请省"两办"出台湖南省改革完善社会救助制度的实施意见，加快建设大社会救助平台、困难群众大数据库，推进部门信息共享、救助政策衔接。保障困难群众生活，城乡特困供养标准分别达到每人每年 8751 元和 6297 元，临时救助 78.5 万人次，流浪救助 9.6 万人次，慈善援助 100 多万人次，发放民政对象价格临时补贴 8.1 亿元。

（四）创新基层社会治理

深化基层民主自治，开展村（社区）"两委"换届，制定出台村（居）自治"三个清单"，建立村规民约制度执行机制，实现城乡社区"一门式"服务全覆盖。规范社会组织管理，强化社会组织党建，完成 646 家行业协会商会脱钩改革，评选 285 家"十百千"示范社会组织，全省社会组织总量达 3.7 万家。大力发展社会工作，全面实施社工"禾计划"，建成基层社工站 2069 个，配备专业社工 4000 多名，服务基层群众 600 多万人次，发展基层志愿者 1190 多万人。加强行政区划管理，规范设镇设街道标准，清理整顿不规范地名，完成界线联检任务。

（五）改善基本社会服务

发展社会养老服务，提请省政府出台全省推进养老服务业高质量发展的实施意见，加强街道、社区养老机构等建设，支持民办养老机构发展，加强涉老非法集资防控，建成养老床位 50 万张，每千名老人 39 张，护理床位占比 38%。发展儿童福利事业，孤儿集中和分散供养生活费每人分别达到1350 元/月和 950 元/月，按时发放 2.1 万名事实无人抚养儿童基本生活补贴，全省实现村级儿童之家、儿童主任配备全覆盖，63 万名农村留守儿童得到更好关爱。深化婚丧习俗改革，加强殡葬服务设施建设，整治殡葬领域突出问题 1.36 万个，举办"国潮"集体婚礼，倡导群众文明节俭操办婚丧喜庆事宜。发展福彩慈善事业，开展慈善奖评选，打造"爱心改变命运"等慈善品牌，上市"福彩快乐 8"游戏，全年发行福彩 50.85 亿元。

（六）提升民政治理效能

深化改革创新，发挥现代民政研究院、民政专家委员会作用，创建 46个创新实验区，加快建设"智慧民政"，推动 33 项行政审批业务入驻省政府政务服务中心。加强舆论引导，创新开展厅媒共建、厅校共建、厅企共建，在省级以上主流媒体发稿 845 篇，新媒体发稿 5300 多篇，全网点击 1.5亿多次。科学编制规划，科学编制全省民政"十四五"规划，系统编制社区服务、社会养老、殡葬改革等专项规划，引领民政事业高质量发展。坚守安全底线，做好信访维稳、平安建设、安全生产等工作，安排调度"两节"期间工作，维护全省社会大局和谐稳定。

二 民政事业发展中存在的问题和困难

一是发展不平衡不充分。社会救助城乡、区域差距较大，特困供养、儿童福利等供给渠道单一，民政自身发展缺乏系统观念，全局性谋划、战略性布局、整体性推进不够。

二是质量效益还有差距。民政服务设施重建设、轻管理，各项标准建设滞后，殡葬等设施还有空白县，养老护理型床位占比偏低，农村养老服务设施存在较大短板，民政信息化进展缓慢。

三是社会动员能力不足。队伍创新意识不强，等靠要思想还比较明显，"放管服"改革进展较慢，社会组织、社会工作者等社会力量培育发展不充分，社会动员的力度、市场参与的深度、服务供给的广度还要拓展。

四是防范风险压力较大。民政机构消防安全设施薄弱，常态化疫情防控存在不少隐患，保障对象生命财产安全还有管理漏洞，涉老非法集资等问题已在多地暴发，民政负面舆情和基层"微腐败""小苍蝇"等问题时有发生，防范化解风险依然任重道远。

三 2021年民政事业发展思路

2021年，我们将坚持以习近平新时代中国特色社会主义思想为指导，全面贯彻党的十九大和十九届五中全会精神，坚决执行党中央、国务院和省委省政府、民政部决策部署，大力实施"三高四新"战略，统筹抓好常态化疫情防控和事业发展，做好"六稳"工作，落实"六保"任务，大力推进现代化新湖南民政事业"五化"建设，重点抓好以下六方面工作。

（一）围绕扛实政治责任，全面加强党的领导

强化主体责任。制定主体责任清单，加快建设"五型机关"，推动党建与业务深度融合，评选全省民政党建十佳案例。坚持政治首位。以建党100周年为契机，巩固深化主题教育成果，深入学习习近平新时代中国特色社会主义思想，不断提高党员干部政治判断力、政治领悟力和政治执行力，在知行合一中做到"两个维护"。加强基层党建。落实"三会一课"制度，深化量化积分管理，创新开展党建活动，表彰一批先进典型。推进清廉建设。加强直属单位政治巡察、专项审计，严格执行中央八项规定精神，深度整治形式主义官僚主义，严防"四风"问题反弹回潮。

（二）围绕增进民生福祉，加强基本民生保障

办好重点民生实事。建成特困供养床位5000张，其中护理床位4000张以上；确保城乡低保标准不低于550元/月和4300元/年，月人均救助不低于374元和229元；低保对象中的困难残疾人生活补贴和重度残疾人护理补贴每人每月不低于70元。巩固脱贫攻坚成果。推进社会救助与乡村振兴有效衔接，保持兜底保障政策持续稳定，组织开展长效帮扶，加强重点对象动态监测、风险预警、主动救助，确保应保尽保、应兜尽兜。改革社会救助制度。建立低保标准动态调整、财政投入分担机制，加快建设困难群众大数据库、社会救助大平台，确保困难群众求助有门、救助及时。加强流浪救助管

理。开展"夏日送清凉""寒冬送温暖""节日送亲情"服务，加大寻亲救助力度，提升救助管理服务质量。

（三）围绕应对人口老龄化，完善养老服务体系

提质改造特困机构。全省生活不能自理特困人员集中供养率达到50%以上，对有集中供养意愿的特困人员实现"应养尽养"。发展社区居家养老。推动50%以上街道建成综合养老服务中心、50%以上城市社区建成日间照料机构，支持1.23万户困难老人家庭开展适老化改造，社区居家养老示范点创建100家。加强农村养老服务。完善留守老人巡查关爱制度，实施农村养老服务三年行动，健全县乡村三级农村养老服务网络。加强养老综合监管。坚持去存量、遏增量、防变量，强化部门协同综合监管，加强养老服务领域非法集资风险防控。

（四）围绕加强基层建设，创新基层社会治理

深化基层民主自治。全面完成村（社区）"两委"换届，推动落实基层群众自治组织"三个清单"，将村（社区）"一门式"服务平台打造成综合服务阵地，建成21个全国村级议事协商示范点，命名确认10个省级社区治理和服务创新试验区、200个城市和谐社区和农村幸福社区，强化社会组织监管。抓好脱钩改革后续管理，开展"行业组织带产业、文体组织带乡风、医卫组织促健康、社工组织促和谐""双带双促"活动，促进社会组织"联村共建，助力振兴"，引导省本级社会组织重点支持湘赣边区打造10个"乡村振兴示范点"。发展社工志愿服务。组织实施"三区计划""牵手计划"，推进湖南社工"禾计划"2.0版建设，开展"时间银行"等志愿服务项目试点，大力褒扬志愿服务活动。加强行政区划管理。稳妥审慎提出优化行政区划设置意见，清理整治不规范地名，完成界线联检任务。

（五）围绕改善生活品质，优化基本公共服务

加强儿童关爱保护。落实孤儿和事实无人抚养儿童保障政策，优化孤儿

助医助学工程，推进儿童福利机构提质转型，培育儿童服务类社会组织 140 个，创建省级示范儿童之家 100 个。落实残疾人福利政策。开展重度残疾人社会化照护，新建或改扩建精神卫生福利机构 5 所，指导 25% 以上的县市区开展精神障碍社区康复服务，大力开展"福康工程"公益助残行动。加快发展慈善福彩事业。制定支持慈善事业发展政策措施，健全诚信监管体系，严格慈善机构任职条件，大力培育慈善机构。纵深推进"十百千万"工程，促进福彩事业健康持续发展。深化殡葬领域改革。支持 8 个殡仪馆、260 个农村公益性公墓建设，持续整治殡葬领域突出问题，稳步提高全省火化率。优化婚姻登记服务。完善婚姻登记信用体系，开展跨区域婚姻登记试点，举办国潮集体婚礼，推进移风易俗。

（六）围绕推进改革创新，建设现代"五化"民政

加强民本化建设。建设精准救助、医养康养、三治融合、温情服务先行区，让民政工作更加走心、更有爱心。加强法治化建设。开展法治民政建设三年行动，完善政策法规体系，加强民政信用建设，落实权力清单和责任清单，完善公众参与、专家论证、风险评估等决策机制。加强信息化建设。坚持"一盘棋"布局、"一张网"建设、"一体化"发展，加快建成基础支撑平台、综合全业务系统、民政大数据中心、N 个网上服务应用，形成"1＋1＋1＋N"信息高速网络。加强社会化建设。加大政府购买服务力度，培育为老、扶幼、助残等 100 个社会组织创新示范项目，扶持养老服务、康复辅具等产业发展。加强专业化建设。做强湖南现代民政研究院，完善民政专家委员"智囊团"，加强民政地方标准研制，开展服务机构等级评定，建立社区工作者职业制度，打通基层社工职业晋升渠道。

B.11

2020年湖南就业形势及2021年展望

湖南省人力资源和社会保障厅课题组*

摘　要： 2020年，面对新冠肺炎疫情冲击，湖南省各级各有关部门顶压前行、担当作为，有力稳住了就业基本盘，形势好于预期，实现了城镇调查失业率逐季下降，城镇新增就业由降转增，创新创业逆势增长，重点群体就业、企业用工总体、人力资源市场供需"三平稳"。2021年，面对各方面因素影响，湖南省将进一步强化就业优先导向，重点做好"扩、稳、保、强"四篇文章，扩大就业机会，稳定就业存量，守住就业底线，加强就业公共服务体系建设，确保就业大局稳定。

关键词： 就业　重点群体就业　新就业形态　就业公共服务体系　湖南

2020年，面对新冠肺炎疫情对就业的严重冲击，各级各有关部门全面落实党中央、国务院和湖南省委、省政府决策部署，顶压前行、担当作为，以空前力度应对疫情冲击，有力地稳住了就业基本盘，形势好于预期。但受多重因素影响，就业仍面临许多困难。

＊ 课题组组长：黄赞佳，湖南省人力资源和社会保障厅党组副书记、副厅长；副组长：李日新，湖南省人力资源和社会保障厅就业促进与失业保险处处长；成员：刘强、李爽，湖南省人力资源和社会保障厅干部。

一 关于2020年就业形势

2020年就业形势承压持稳，呈现"一降两增三平"的特点。

（一）"一降"

城镇调查失业率逐季下降，2020年一至四季度分别为6.2%、5.9%、5.8%、5.4%，年末控制在5.5%左右的目标范围内，基本降至疫前水平，在中部地区处于最低位。

（二）"两增"

一是城镇新增就业由降转增。自2020年三季度起，全省城镇新增就业单月同比由降转增，全年实现城镇新增就业72.42万人，完成省定70万目标的103.46%、国定60万目标的120.71%。二是创新创业逆势增长。截至2020年12月底，全省市场主体达到488.84万户，同比增长12.54%，其中新增市场主体78.41万户，同比增长0.36%。

（三）"三平"

一是重点群体就业平稳。2020年，全省高校毕业生初次就业率79.2%，超额完成目标，截至12月底，全省离校未就业高校毕业生就业率达到97.9%；全省农村劳动力转移就业规模1638.81万人，较2019年增长0.4%；实现困难人员就业13.84万人，有就业意愿的贫困劳动力和零就业家庭保持动态清零；17865名有就业意愿的退捕渔民，已帮扶就业17859名，就业率达99.97%。二是企业用工总体平稳。截至2020年12月底，全省1290家重点监测企业在岗职工90.35万人，连续9个月用工波动在1%以内；1~12月用工净增0.28万人，增幅0.31%。三是人力资源市场供需平稳。2020年一至四季度，全省人力资源市场求人倍率（需求人数/求职人数）分别为1.63、1.44、1.57、1.35，走势和上年基本相同，总体保持动态平衡。

成绩来之不易，主要得益于以下四个方面。

一是组织保障到位。各级把就业摆在"六稳""六保"之首，党委常委会、政府常务会专题研究就业工作，湖南省政府3次召开会议部署并实施重点督察，争取中央就业补助资金29.19亿元，省财政投入就业资金4亿元。全省人社部门举全系统之力牵头抓总，各有关部门齐心协力，共同打赢稳就业保卫战。

二是经济支撑强劲。湖南省率先启动复工复产，实现经济增长由负转正，全年GDP突破4万亿元，同比增长3.8%，比全国高1.5个百分点，有力地支撑了就业增长。

三是政策措施给力。密集出台应对疫情稳就业16条、稳企稳岗稳就业10条、高校毕业生就业10条、农民工就业8条、支持多渠道灵活就业17条等政策，在全国率先出台实施社会保险费"免减缓还"政策，全年共阶段性减免养老、失业、工伤三项社会保险费274亿元，发放就业补助资金35亿元、失业保险稳岗返还资金19.11亿元。

四是就业服务精准。组织返岗直通专列专车7986次，引导924万春节返乡农民工安全有序返岗，输送22.65万农民工"出家门进厂门"。"湘就业"微信公众号发布岗位1.17万个，累计帮扶1930家企业招工13.48万人。开展政府补贴性职业技能培训138.83万人次。

二 面临的主要困难

当前，尽管就业局势总体稳定，但稳中有变、稳中有忧，面临较多困难，主要体现在以下四个方面。

（一）不确定性因素明显增多

从疫情影响来看，年初暴发的疫情使住宿、餐饮、文旅等吸纳就业较多的服务行业尚未完全恢复，2020年，全省限额以上住宿和餐饮业法人单位零售额同比下降7.7%，旅游收入仅恢复到2019年的84.6%。境外新冠肺炎疫情持续蔓延，我国局部地区聚集性疫情和零星散发病例不断出现，给企业用工和劳动者就业带来较大影响。

从外部环境来看，国际上单边主义、保护主义上升，贸易壁垒增多，部分国际化程度高的企业产业链、供应链受到严重冲击，导致部分外贸行业企业稳岗压力较大。比如2020年1~11月，全省皮革、服装产品出口同比下降22.7%、34.3%，电工器材进口同比下降11.4%。

从经济运行来看，湖南省周期性、结构性矛盾与疫情对部分领域、部分行业的影响交织，经济复苏过程中不稳定不平衡的问题仍然突出。企业资金周转困难、利润空间缩小，生产经营压力依然不小，保市场主体任务艰巨。2020年，全省汽车制造业增加值、税收分别下降8.5%、17.9%；石油加工、炼焦和核燃料加工业增加值下降0.4%，全行业亏损6.6亿元。

（二）重点群体就业压力不减

高校毕业生方面。预计湖南省2021届高校毕业生达到42万人，比2020年增加2万人，总量再创新高。国家统计局湖南省调查总队数据显示，就业人口中16~29岁青年占比显著降低，青年群体"慢就业"心态正持续滋长，给高校毕业生就业工作带来新的挑战。

农村劳动力方面。湖南省是劳务输出大省，2020年底农村劳动力转移就业总规模1638.8万人，年创劳务收入超4700亿元，其中省外务工1060万人。从人社部门监测情况看，2020年全省农村劳动力失业返乡8.5万人，尽管已帮扶6.4万人就业，但仍有2.1万人未就业。

就业困难群体方面。全省人力资源市场数据显示，全省16~44岁的劳动者构成单位用人需求的主体，占总体需求的79.2%。大龄失业人员、残疾人、退捕渔民等群体受身体、年龄、学历、技能等因素制约，本身就业就比较困难，在宏观形势趋紧的情况下，就业市场一旦有所波动，就业难的问题更加凸显。

（三）新就业形态亟待规范

疫情暴发以来，传统就业领域受到冲击，而灵活就业集中的新业态领域优势凸显。人社部数据显示，我国灵活就业人员规模达2亿左右，外卖、网络直播、网约车、家庭服务等平台经济突飞猛进，成为吸纳就业的蓄水池，大大缓解了城镇就业压力。然而现行法律法规对灵活用工的法律关系认定基本处于空白，2018年新修订的《中华人民共和国劳动法》也未涉及灵活就业的相关内容，灵活就业人员面临劳动用工关系界定难、社会保障程度低等问题，相关法规制度亟待完善。

（四）失业风险逐步积累

尽管全省城镇调查失业率逐步下降，但综合近几年调查失业率运行情况看，湖南省调查失业率普遍比全国平均水平高0.2个百分点左右。2020年，全省劳动仲裁共立案26214件，同比增长19.9%。

三　2021年工作展望

习近平总书记指出，就业是最大的民生工程、民心工程、根基工程。党的十九届五中全会提出了"实现更加充分更高质量就业"的宏伟目标，为做好就业工作指明了方向。省委实施"三高四新"战略也为就业工作注入新的动力。2021年是"十四五"规划开局之年，也是中国共产党建党100周年，做好就业工作意义重大。要在省委、省政府统一领导下，进一步强化就业优先导向，把就业作为经济社会发展的优先目标，压紧压实各级政府主体责任和有关单位部门责任，重点做好"扩、稳、保、强"四篇文章，确保就业大局稳定。

（一）"扩"

大力发展经济，努力创造更多就业机会。

一是高质量发展扩就业。紧紧围绕实施"三高四新"战略,健全财政、货币、金融、产业、就业等政策协同和传导落实机制,在构建以国内大循环为主体、国内国际双循环相互促进的新发展格局中,优先发展吸纳就业能力强的行业产业,优先投资岗位创造多的项目,做优做强工程机械、轨道交通、航空航天和新材料等优势产业,持续促进经济增长与扩大就业良性互动。

二是促进消费扩就业。加快提振餐饮住宿、文化旅游、健康养老、家政等服务消费,促进汽车和家电家具家装消费,培育体验消费、网络消费,释放农村消费潜力,通过全面促进消费带动就业增长。

三是创业创新扩就业。着力做好政策扶持、服务促进的加法,持续做好减负清障、程序简化的减法,积极拓宽投融资渠道,完善创业担保贷款政策,创新创业服务模式,大力推动"双创",激发创新创业新动能。

(二)"稳"

加大稳企稳岗力度,多渠道稳定就业存量。

一是稳市场就业渠道。全面梳理战疫应急政策和常规到期政策,做好就业政策调整、优化、完善等工作,继续实施普惠稳岗返还、阶段性降费率、以工代训等政策,加快构建新一轮湖南特色的就业优先政策体系,坚持减负稳岗扩就业,巩固市场主体复苏基础,激励企业更多吸纳重点群体就业。

二是稳公共部门就业渠道。动员公共部门履责担当,稳定政策性岗位。编制能盘活的盘活,岗位能挖潜的挖潜,尽最大努力维持上年的招聘规模。

三是稳自主就业渠道。取消对灵活就业的不合理限制,强化对灵活就业人员的就业服务、劳动权益和基本生活保障,推动零工经济、夜间经济健康发展,加大平台就业扶持力度,鼓励支持自主创业和灵活就业,支持发展新就业形态,积极拓展多元化就业渠道。

(三)"保"

聚焦重点群体,加强失业监测预警,坚决守住就业底线。

一是保重点群体就业。着力稳定高校毕业生、农村劳动力就业，开展高校毕业生品质就业行动、农民工转移就业行动，多措并举促就业。针对当前疫情实际，认真组织实施"迎新春送温暖、稳岗留工"专项行动，鼓励引导农民工就地过年。综合运用政策扶持、援助服务、岗位安置等措施，统筹做好脱贫人口、就业困难人员、城镇失业人员、退役军人、残疾人等群体就业，加大兜底帮扶力度，确保零就业家庭动态清零。继续做好退捕渔民转产安置工作，提高就业稳定性，及时落实相关补贴。

二是保失业风险防控。完善常态化统计监测制度，探索建立就业岗位调查制度和新就业形态统计监测指标体系，推进省级分月和市州分季劳动力调查，运用招聘求职、移动通信等大数据分析手段，加强重点地区、重点企业用工监测，抓好重点群体就业失业情况监测。健全预测预警、分级响应、上下联动的工作机制，按季度开展就业形势分析会商，提高风险监测预警能力。

三是保劳动权益维护。持续开展人力资源市场秩序整治和根治拖欠农民工工资行动，强化监控预警和监督执法，严厉打击就业歧视、非法职介等侵害劳动者权益的违法行为。

（四）"强"

切实锻长板、补短板，全面加强就业公共服务体系建设。

一是加强基层平台建设。加强基层服务队伍建设，实施公共服务升级计划，积极构建覆盖城乡的公共就业人才服务体系，加快实现资源供给均等化、服务运行一体化。以公共就业服务平台为依托，全面开展充分就业社区（村）建设行动，以社区就业之稳促进全省大局稳定。

二是加强服务品牌建设。扎实推进"311"就业服务，进一步畅通求职服务渠道，提升差异化、精准化服务水平，为劳动者提供分类帮扶、精细援助。精心组织好春风行动、百日千万网络招聘、就业援助月、高校毕业生就业服务周、民营企业招聘月、全国大中城市联合招聘等常态化专项活动，促进重点群体就业创业。

三是加强信息化建设。大力推进"互联网＋就业"，进一步完善全省公共就业服务信息平台、"湘就业"信息平台功能，优化网上办事大厅、智慧人社 App 等网络服务平台，打造集窗口服务、网上服务、移动服务、自助服务于一体的公共就业服务新模式。

四是加强职业能力建设。深入实施职业技能提升行动，大规模开展职业技能培训，以企业职工培训为重点，全面推行企业新型学徒制培训，支持企业以训稳岗、以训待岗，落实好贫困劳动力、退役军人、残疾人等困难群体的免费职业技能培训政策。组织举办全省第一届职业技能竞赛，围绕战略新兴产业、先进制造业和技能岗位紧缺职业设置竞赛项目，打造综合性"湘竞赛"品牌，充分发挥职业技能竞赛在发现、培养和选拔技能人才中的引领作用。继续完善技工院校统一招生平台，稳定技工院校招生规模，发挥职业院校开展职业技能培训的主体作用。

B.12

2020年湖南住房城乡建设系统社会民生领域工作情况及2021年展望

鹿 山*

摘 要： 2020年，湖南住房城乡建设系统坚持民生为本，紧紧围绕"住有所居"总目标，不断完善住房保障体系，着力提升安居宜居品质，群众住房条件持续改善，群众幸福感、获得感不断增强。2021年，将有序发展租赁住房，加大住房保障力度，推进供水供气等基础设施建设，加快推进城市生活污水治理，强力推进城市生活垃圾分类及垃圾处理设施建设，开展乡村建设行动，让群众"住有所居、居有所安"。

关键词： 住房保障 城乡环境基础设施建设 安居工程 保障性租赁住房 湖南

一 2020年发展情况

2020年，湖南省住建厅高度重视社会民生工作，结合全省住房城乡建设工作职责和实际，重点抓好了住房保障、城乡环境基础设施建设工作。

（一）住房保障

湖南省住房保障工作成效显著，棚户区改造工作连续4年受国务院表

* 鹿山，湖南省住房和城乡建设厅党组书记、厅长。

彰。长沙市被列为完善住房保障体系试点城市。

统筹推进安居工程让城镇住房困难家庭"住有所居"。2020年，湖南省全力推动棚户区改造及公租房建设。建立全省棚改项目库，对任务进展情况实施月调度制度，争取中央、省级资金37.15亿元，获棚改专项债32.56亿元。全省开工城镇棚户区89788户，新筹集公租房28334套，发放公租房租赁补贴132459户共2.21亿元，117.66万户城镇住房困难群众享受到公租房保障；指导长沙市组织政策性租赁住房开工18个项目5908套（间），完工8个项目1817套（间）。坚持"建管并重"，提高管理效能。积极开展绩效评价工作，获得中央调增资金额度居全国第一；开展公租房建设分配领域专项治理，有效遏制违规享受公租房行为；加快推进公租房信息系统建设；开展公租房示范小区创建，引领带动公租房小区运营管理水平提升，促进困难群众由"有房住"向"住得好"转变。

全覆盖推进农村危房改造，让农村困难群众"居有所安"。农村4类重点对象住房安全性鉴定实现全覆盖。在2019年开展4类重点对象住房安全性全覆盖鉴定的基础上，再次开展"回头看"排查并将排查鉴定的8587户危房全部纳入2020年危房改造计划。农村4类重点对象危房改造实现全覆盖。全年共完成2.88万户，其中"回头看"排查0.85万户，"因疫因灾"动态新增2.03万户。建档立卡贫困户住房安全有保障核验实现全覆盖。根据住建部和国务院扶贫办的统一部署，完成了对170.15万户建档立卡贫困户住房安全有保障入户核验和信息录入工作，实现了建档立卡贫困户住房安全保障信息"户可查、户户精准"，高质量通过住建部住房安全保障信息数据核查及国家脱贫攻坚普查。湖南省农村版危房改造工作经验被中央纪委国家监委党风监督室《党风政风监督工作简报》（第15期）、国务院扶贫办官网、住建部官网等刊物、媒体推介。

困惑问题：一是棚改资金筹措难。目前，棚改工作进入攻坚期，多数项目密度大，拆迁成本高，项目推进非常困难。现在棚改最主要的融资渠道是发行棚改专项债券，但棚改专项债只能用于自求平衡的项目，且棚改专项债不能用于货币化安置项目，棚改专项债与实际项目资金需求之间还存在很大的资金缺口。同时，部分有改造需求但难以自求平衡的项目无法被纳入棚改计划。二是公租房设施维修难。早期建设的公租房普遍存在生活设施设备老化等问题，亟待解决。但后续管理的资金来源未明确，也没有中央和省级补助资金，基本靠租金和地方政府兜底。租金、物业管理费只能勉强维持日常支出，无力承担维护费用，加之公租房建设时没有缴纳维修基金，质保期满后，维护费用缺口进一步加大。

（二）城乡环境基础设施建设

近年来，湖南省通过大力推进以供水、供气、污水治理、垃圾治理、黑臭水体治理为主要内容的城乡环境基础设施建设，使城镇承载能力明显增强，人居环境显著改善，有力地支撑了新型城镇化发展。

供水提质方面。加快城市供水设施建设和改造，推进城市应急备用水源配套设施建设，进一步增强城市供水安全保障能力。2020年，新（扩、改）建城市自来水厂12座，新建改造供水管网1717公里，完成投资53.5亿元。

"气化湖南"工程方面。召开全省工作推进会，落实"月计划、周检查、日调度"机制，优化项目审批流程，深入现场协调解决问题，加快推进项目建设。2020年，"气化湖南工程"新建3条、续建7条、投产2条省内支干线，完成管道焊接340公里，完成投资10.35亿元。国家干线新粤浙"潜江－郴州"段建成投产；郴州市、湘西州首次用上了长输管道天然气，两地居民用气价格每立方米下降1.5元。

污水治理方面。大力实施县以上城市污水处理提质增效三年行动，指导30个城市启动了排水管网GIS建设，62个市、县编制了"一厂一策"方案。2020年，新（扩）建污水处理厂13座，新建改造排水管网1576公里，完成投资149.5亿元，地级城市、县级城市生活污水集中收集率分别较2018年底提高了10.18个和5个百分点。加强乡镇污水处理设施建设和管理，出台项目审批、污水处理收费、用地保障、智慧管理、设备指南和财政奖补等6个配套政策文件；制定《全省乡镇污水处理设施建设四年行动财政奖补办法》，省财政按总投资的20%予以奖补；构建乡镇生活污水治理信息管理平台，全面实施智慧水务管理。2020 年，全省新增建成（接入）污水处理设施的乡镇 340 个，完成投资 98.1 亿元，实现洞庭湖区域所有乡镇、湘资沅澧干流沿线建制镇以及全国重点镇污水处理设施全覆盖。浏阳市、沅江市获批全国农村生活污水治理示范县市。

垃圾治理方面。将生活垃圾分类贯穿垃圾管理工作始终，推动城市生活垃圾处理设施转型升级。全年建成 5 个焚烧发电项目，新开工 13 个，在建 18 个，完成投资 46.91 亿元；建成餐厨项目 1 个，开工 7 个，完成投资 4.32 亿元；强力推动生活垃圾填埋场问题整改，全省共投入资金 12.44 亿元，新增渗沥液处理能力 1.13 万吨/日，一大批填埋场问题得到有效整改，场容场貌焕然一新，填埋场保障作用大幅提升，其中，临湘市被 2020 年长江经济带警示片作为整改正面典型推介。加快镇村生活垃圾治理。全省 1277 个非正规垃圾堆放点已完成整治，累计投入约 9 亿元，共处理陈年垃圾 3230 万吨；建成乡镇垃圾中转设施 123 座，农村生活垃圾收运体系覆盖行政村比例达 93.8%，90% 以上的村庄实现干净整洁的基本要求，圆满完成农村人居环境整治三年行动目标任务，湘江流域和洞庭湖地区对农村生活垃圾进行治理的行政村比例达 95%；长沙县、韶山市获批全国农村生活垃圾分类与资源化利用示范县，其典型经验被国家部委宣传报道。

黑臭水体整治方面。将黑臭水体整治纳入河长制、污染防治攻坚战考核内容，提请省河长办公布黑臭水体河湖长名单，督促各地加快整治。截至 2020 年底，全省 184 个地级城市黑臭水体，已完成整治 181 个，全省黑臭水体平均消除比例达到 98.37%，各地级城市建成区消除比例均已达到 90% 以上。长沙市龙王港黑臭水体整治两次获《人民日报》推介，岳阳市东风湖治理重现水清岸绿获许达哲书记高度肯定。

困惑问题：总体而言，湖南省城乡环境基础设施建设不平衡、质量效能整体不高的问题还比较突出。主要体现在：一是设施建设不充分。市县污水管网、生活垃圾清洁焚烧、餐厨垃圾处理设施等还存在短板，跟不上新型城镇化高质量发展需求。二是城乡发展不平衡。全省乡镇污水处理设施覆盖率还不到20%，乡镇供气覆盖人口与县以上城市比，差距十分明显。三是建设管理不系统。有些地方对基础设施的运营管理重视不够，出现"建得起、转不动"的现象。一些县市污水处理厂污泥处置不达标、垃圾填埋场管理不规范、乡镇污水处理厂建成后运行不稳定等现象比较严重。四是投融资渠道不畅通。一些地方过于依赖上级财政，财政没有钱或钱不够，就不干事，没有想办法吸引社会资本、融通银行资金。

二 2021年工作展望

（一）住房保障

有序发展租赁住房。扩大保障性租赁住房（包括公租房和政策性租赁住房）供给。新筹集公租房10000套，完善公租房建设和分配运营管理机制，实现低保、低收入家庭应保尽保，中低收入家庭在轮候期内合理保障。开展公租房分类处置和盘活工作。政策性租赁住房，主要面向无房新市民，鼓励多主体投资、多渠道供给，政府给予政策支持，实行政府指导价。发展住房租赁市场，盘活存量和闲置住房，健全住房租赁监管制度，规范租赁市场行为。长沙市至少筹集租赁住房2.5万套，其中建成政策性租赁住房5908套。

加大住房保障力度。扎实推进城镇棚户区改造，确保完成2021年35618套开工计划任务，加快历年城镇棚改及公租房在建项目进度，尽快形成有效保障。全面推进城镇老旧小区改造，确保列入往年计划的小区全部完工，2021年的3529个小区全部开工，其中1500个列入民生实事的完成投资50%以上。建立全省城镇老旧小区改造规划"一张图"系统，各地要做好五年规划、三年滚动项目库，因地制宜制定政策文件和标准规范，加强方案审核和项目检查。全面打造"智慧住房公积金"，抓好5项服务事项"跨省通办"。研究住房公积金资本金拆借，开展住房公积金支持政策性租赁住房试点工作。

（二）城乡环境基础设施建设

推进供水供气等基础设施建设。加大城市供水设施、供水管网建设改造力度，推进城市分质供水和应急备用水源配套设施建设，全年计划新（扩、改）建城市自来水厂12座，新建改造城市供水管网1600公里。指导有条件的地方按照"城乡融合、以城带乡"的原则，将城市供水管网向周边乡镇（农村）延伸。加强"气化湖南"工程统筹协调，确保全年加快推进天然气国家干线和省内支干线建设，完成新建天然气管道300公里，加快配套城市燃气设施，实现管道天然气"县县通"，积极推进燃气下乡。

加快推进城市生活污水治理。打好县以上城市污水治理提质增效三年行动收官战，地级城市建成区要基本消除生活污水直排口，基本消除污水收集处理设施空白区，地级城市、县级城市生活污水集中收集率要在2018年基础上分别提高15个、12个百分点，设市城市污水处理厂进水BOD浓度在2018年基础上提高30%。要统筹推进海绵城市建设、排水防涝、黑臭水体整治工作，围绕"赶外水、收污水"，全面提升污水收集处理效能。加强管网排查检测，科学制定实施"一厂一策"方案，推进溢流污染控制设施建设。以合流制泵站为重点，结合道路更新、旧改棚改等，系统推进雨污分流，消除管网空白区。在合流制地区建设截流、调蓄和初处理设施，加强溢流污染控制，防止污水直排下河，确保晴天不溢流。协同生态环境部门推进污水处理厂进出水在线监测系统建设。强化污水处理厂运营管理，从2021年起，对污水处理设施实施等级评价管理。

强力推进城市生活垃圾分类及垃圾处理设施建设。推进垃圾分类示范片区建设，2021年底前，一个市辖区的地级城市至少要将2条街道建成示范区；两个以上市辖区的地级城市至少要将1个市辖区或4条街道建成示范区。有条件的县级城市要逐步建立生活垃圾分类制度。2021年怀化市、祁阳县、永顺县等9个垃圾焚烧项目要开工建设（建成5个），设市城市生活垃圾焚烧处理占比达到55%以上；湘潭、岳阳、永州等9个餐厨垃圾处理设施要建成投产，确保地级城市设施全覆盖；督促各地高标准新建和改造一批与生活垃圾分类相适应的收转运和处理设施。全力推进亚行贷款项目，开工建设永州市诸葛庙存量垃圾场封场等 17 个项目（建成 4 个），其余项目完成施工图审查，招标文件获亚行不反对意见书。持续抓好 95 座填埋场大排查问题整改和销号工作，突出抓好渗滤液治理，确保达标排放。协同生态环境部门推进生活垃圾焚烧发电厂烟气和垃圾填埋场渗滤液在线监测系统建设。

开展乡村建设行动。着力改善农村人居环境，加快推进乡镇污水处理设施建设四年行动，2021 年要建成 280 个，并加强对已建设施的运行管理；建成乡镇生活垃圾中转设施 103 座，引入社会资本参与建设和管护，推动城乡一体化的垃圾处理模式，出台农村生活垃圾收转运体系运行维护管理指南，建立农村生活垃圾治理信息系统，加强对垃圾收运处置设施的运行情况监测，对已整改销号的农村非正规垃圾堆放点开展"回头看"；推动乡镇污水处理和农村生活垃圾处理收费制度建设。加强农村建房风貌管控，开展宜居农房建设试点，规范和推进乡村民宿建设。建立农村脱贫人口住房安全动态监测和农村低收入家庭住房安全保障机制，将动态新增危房纳入农村危房改造计划。完成农村房屋安全隐患排查和用作经营的自建房安全隐患整治。继续开展"美好环境与幸福生活共同缔造"活动。

B.13
2020年湖南卫生健康事业发展情况及2021年展望

陈小春*

摘　要：　2020年，湖南省上下一心、众志成城，全力抗击新冠肺炎疫情，取得了阶段性重大战略成果，并统筹推进健康扶贫、综合医改等各项工作，全省卫生健康事业稳步发展。2021年，湖南将全面实施健康湖南行动，改革完善公共卫生体系，抓紧抓实疫情常态化防控，持续深化医药卫生体制改革，巩固发展健康扶贫成果，积极推进国家医学和区域医疗中心建设，促进中医药传承创新发展，确保"十四五"开好局、起好步。

关键词：　卫生健康　健康湖南　疫情防控　医改　健康扶贫　公共卫生　湖南

一　2020年湖南卫生健康事业发展情况

2020年是湖南卫生健康事业发展历程中极不平凡、极其重要的一年。在湖南省委省政府的坚强领导、各级各部门的大力支持以及广大群众的积极配合下，全省卫生健康系统坚持人民至上、生命至上，全力抗击新冠肺炎疫

---

* 陈小春，湖南省卫生健康委员会党组书记、主任。

情，统筹推进健康湖南建设，坚决打赢健康扶贫攻坚战，切实维护人民生命安全和身体健康，各项工作目标任务圆满完成。

（一）新冠肺炎疫情防控取得重大战略成果

新冠肺炎疫情暴发后，省卫生健康委切实履行职能职责，坚持联防联控、群防群控，强化"四早"原则，综合施策、科学防控，取得了阶段性成效。截至2021年1月5日，全省累计确诊病例1021例（境外输入3例），出院1016例，死亡4例，在院1例，确诊患者治愈出院率保持在全国前列，实现了医疗机构院感聚集零发生、出院康复患者零复发、医疗救护过程零事故"三个零"的目标。湖南省是全国首个累计确诊病例在1000例以上清零的省份，也是全国最早启动应急响应、最早开展免费核酸筛查、最早推行电子健康码、最早提出复工复产、最早实现确诊病例零新增的省份之一。同时，还派出18批次1502名医务人员支援湖北省，派出医疗专家组赴津巴布韦、赤道几内亚等国开展抗疫支援，选派重症专家组、核酸检测医疗队、流调专家队支援北京、新疆等地，为全国乃至全球的疫情防控贡献了湖南力量。湖南省卫生健康委被中共中央、国务院和中央军委授予"全国抗击新冠肺炎疫情先进集体"称号。

（二）健康湖南行动有力推进

以省政府办公厅名义印发《关于成立健康湖南行动推进委员会的通知》，召开健康湖南行动推进委员会会议，印发《健康湖南行动（2020～2030）》《健康湖南行动组织实施和监测考核方案》等文件，成立专家咨询委员会，组建15个专项行动工作组，统筹开展健康湖南行动各专项行动。强化规划引领，启动了健康湖南"十四五"建设规划编制工作。

（三）健康扶贫目标任务圆满完成

对标脱贫退出标准，每周一调度每月一通报，开展了三轮次督促整改行动，整改落实8个方面287个问题。乡村两级医疗卫生机构、人员以及贫困残疾人和重度残疾人办证等问题动态清零。改善贫困地区医疗卫生机构设施条件，贫困人口县域救治比例达95.9%。分类救治实现全覆盖，累计核准需救治贫困患者208.7万人，救治208.5万人，救治率99.9%；核准救治33种大病患者26.9万例，救治率99.9%。在11个深度贫困县推行"医疗集市"服务模式。建立了监测预警机制，将脱贫基础不稳定、边缘易致贫人口列入预警人群，开展定期随访，巩固脱贫成果。

（四）深化医改重点任务稳步推进

召开省医改领导小组会议，研究部署年度医改重点工作。省委深改委将公共卫生体系建设等8项医改工作列为全省整体系统推进和重点突破的改革事项。国务院医改领导小组秘书处在湖南省召开了综合医改试点省份医改典型经验专题发布会。公立医院综合改革持续深化。现代医院管理制度试点医院达185家，公立医院薪酬制度改革试点医院达101家，制定医院章程的二级及以上公立医院比例达99.8%。长沙市公立医院综合改革真抓实干成效明显，获国务院表彰激励；常德等4个市和醴陵等10个县市区获省政府真抓实干表彰激励。公共卫生体系建设加快推进。省政府办公厅印发《湖南省公共卫生防控救治能力重点建设行动方案（2020－2023年）》，加强公共卫生体系建设。湘潭、岳阳、常德、益阳等市加大投入，着力完善公共卫生防治体系，建设公共卫生服务（救治）中心。分级诊疗制度逐步落实。深化基层卫生综合改革，扎实推进20个县域紧密型医共体建设和7个城市医联体建设试点，县域内住院就诊率达90.9%，基层诊疗占比达53.9%，高于全国平均水平。医保制度改革加快推进。全面推行城乡居民医保普通门诊统筹，按病种付费病种数达160个，建立了医保基金综合监管协同工作机制，医保市级统筹制度建设取得实质性成效。药品供应保障不断完善。落实国家组织药品集中采购和使用，公立医疗机构优先配备使用基本药物，短缺药品清单制管理和省级储备机制进一步完善。综合监督制度逐步健全。省医改领导小组增加省公安厅等7个成员单位，强化对医疗卫生行业综合监管的统筹协调。

（五）服务能力持续提升

公共卫生方面，基本公共卫生服务项目全面落实，在全国基本公共卫生服务绩效考核中，湖南省总成绩位居中部第一、全国第五。结核病、艾滋病、地方病和血吸虫病防治等攻坚行动以及国家肺结核防治改革试点扎实推进，急性血吸虫病感染和学校肺结核突发公共卫生事件实现"零报告"，疟疾、麻风病实现消除目标。及时有效处置突发公共卫生事件、开展重大事故紧急医学救援，组织600多批次巡回医疗队和卫生防疫队应对洪涝灾害。在全国率先出台《湖南省现场救护条例》。食品安全企业标准备案全部实行网上办理。积极推动国家卫生健康委启动大米镉国家标准修订工作。食品安全风险监测点覆盖所有县市区，全面完成监测任务。深入开展爱国卫生运动，湘潭市等5个城市被评为国家卫生城市。居民健康素养水平达到21.6%。医疗服务方面，委省共建国家医学中心与区域医疗中心工作进入正式签约阶段，省财政投入2亿元用于本年度共建工作。实现建制乡镇卫生院2名全科医生、村卫生室合格乡村医生配置的全覆盖，乡村医生参加养老保险取得突破性进展。"互联网＋医疗健康"加快发展，电子健康卡累计注册8446万人（含省外注册人员）；批准设置33家互联网医院；三级医院普遍提供智慧医疗服务；贫困地区县乡两级远程诊室基本建成。中医药事业迎来发展新机遇。省委、省政府召开全省中医药大会，印发《关于促进中医药传承创新发展的实施意见》。《湖南省实施〈中华人民共和国中医药法〉办法》正式施行，财政、医保等部门出台支持中医药传承创新发展若干措施，中医药发展的法治体系和制度保障进一步完善。

（六）重点人群健康保障有力

100万农村和城镇低保适龄妇女"两癌"免费检查、40万孕产妇免费产前筛查的重点民生实事项目超额完成。母婴安全和儿童健康行动计划全面落实。出生缺陷发生率持续降低。出台了《关于促进3岁以下婴幼儿照护服务发展的实施意见》。会同发改委推进普惠托育中央投资项目建设，申请中央预算内投资 1.37 亿元（占全国总投资的 13.7%），新增托位 1.37 万个。婴幼儿照护机构备案数居全国第三位。建立了儿童青少年视力健康监测平台。老年人健康服务体系不断健全，各级老年病专科医院、康复医院、护理院数量超过 150 家；二级及以上综合性医院设立老年医学科的比例达 45% 以上；"安宁疗护标准病房"获国家卫生健康委推介。医养结合机构总数达 225 家，入住老人实现新冠肺炎零感染。救治救助尘肺病农民工 1.8 万人次。关爱计生特殊家庭，全省各级财政共落实农村奖扶、计生特扶、城镇奖励资金 15.6 亿元。省政府办公厅印发了《湖南省计划生育协会改革方案》，岳阳市、永州市成功申报为全国地方计生协综合改革试点单位。省计生协投入 5166 万元，全部用于群众纾困解难，全省各级计生协和社会筹资投入共计 5 亿多元，帮扶了 350 万困难群众。

（七）事业发展基础不断夯实

全年争取中央和省级财政投入 148.42 亿元，较上年度增长 41.5%。会同省发改委争取中央投资项目 107 个，总投资 50.43 亿元，中央投资 21.63 亿元。发展健康产业，谋划建设健康医疗大数据中心；协助省发改委支持湘南湘西承接产业转移示范区落实生物医药、健康养老产业等项目。科技创新取得新成果，各医疗卫生机构共获得省自然科学奖 9 项、省科技进步奖 21 项。新闻宣传影响力不断提升，围绕疫情防控、深化医改、健康扶贫等重点工作开展宣传活动，为事业发展营造了有利氛围。国际交流持续拓展，顺利完成援津巴布韦、援塞拉利昂医疗队的轮换工作，成立中国 - 津巴布韦中医针灸中心。党的领导全面加强，深入学习贯彻党的十九届五中全会精神，坚持全面从严治党，深入开展扫黑除恶专项斗争，开展公立医院民生领域突出问题专项整治，积极化解群众看病就医中的操心事、烦心事、揪心事。

二　2021年湖南卫生健康事业展望

2021 年，全省卫生健康工作的主要思路：以习近平新时代中国特色社会主义思想为指导，认真贯彻党的十九大和十九届二中、三中、四中、五中全会精神，坚决落实习近平总书记考察湖南重要讲话精神，准确把握新发展阶段，深入贯彻新发展理念，加快构建新发展格局，以推动高质量发展为主题，以改革创新为动力，以满足人民群众卫生健康需要为根本目的，巩固拓展疫情防控成果，推动卫生健康事业持续发展，以优异成绩庆祝建党100周年。

（一）抓紧抓实常态化疫情防控

强化风险防范意识，加强组织领导，压紧压实责任，确保不出现规模性输入和反弹。抓好农村地区等薄弱环节的疫情防控。积极推进疫苗紧急接种工作。加强常态化疫情监测预警，精准划分风险等级，采取科学应对措施。加强医疗卫生机构发热门诊建设与管理，坚决防止发生院内交叉感染。加强各级综合医院传染病科、呼吸内科、重症医学科等相关科室建设，健全救治专家库与多学科协作机制。加强预案制定与工作推演，做好定点医院、救治床位等资源储备。坚持常态化精准防控和局部应急处置有机结合，统筹做好疫情防控与正常医疗服务工作。

（二）加快推进健康湖南行动

编制实施健康湖南"十四五"建设规划以及相关专项规划。进一步完善健康湖南行动的组织架构、协调机制、监测评价体系及考核办法，全面推进15个专项行动，开展年度考核。出台贯彻落实《国务院关于加强爱国卫生运动的意见》的实施意见，启动《湖南省爱国卫生条例》修订工作。大力开展爱国卫生运动，倡导健康文明生活方式。

（三）持续深化医药卫生体制改革

深化公立医院综合改革，加快现代医院管理制度改革，加强公立医院能力建设，重点打造一批达到或超过国家推荐标准的县级医院。以医联体为抓手，着力落实区域、城乡、上下、急慢"四个分开"，推广"县治、乡管、村访"模式。促进"互联网＋医疗健康"发展，加快优质医疗资源扩容下城和区域均衡布局。深化县域综合医改，强化基层医疗卫生服务网底功能，加快构建优质高效整合型医疗服务体系。推进医保支付方式改革。巩固完善国家基本药物制度，强化短缺药品供应保障和预警。推进分级诊疗制度落地见效。深入开展医疗服务多元化监督工作，加快综合监管长效机制建设。

（四）完善公共卫生服务体系

加强疾病预防控制体系建设，推进省疾控中心择址新建项目，对45家市州、县市区疾控中心按国家标准进行建设。完善卫生应急管理体系建设，健全重大疫情救治体制机制，提升应对突发公共卫生事件能力。落实基本公共卫生服务项目，提升均等化服务水平。实施慢性病综合防治策略。加强医疗机构公共卫生服务能力建设，完善医防协同机制。推进妇幼健康机构标准化建设，提升服务供给能力和水平。提升新冠病毒核酸检测能力和质量，加强临床实验室检测质量和生物安全管理。探索建立公共卫生人员在准入使用、待遇保障、职称评定、培养激励等方面的制度机制。开展食品安全风险监测评估，分析评估冷链食品传播新冠肺炎病毒的风险因素。做好食品安全标准、国民营养计划工作。

（五）着力提升医疗服务能力

全力推进委省共建国家医学中心与区域医疗中心，启动省级区域医疗中心建设，加强县级医院综合能力建设，提升乡镇卫生院、村卫生室、社区卫生机构医疗服务水平。深入实施进一步改善医疗服务行动计划。强化医疗服务监管，推进平安医院建设。大力发展"互联网＋医疗健康"，加快实施"五个一"服务行动。深化电子健康码应用，探索加载支付等功能，逐步开放居民健康档案。加快发展远程医疗，提升贫困地区远程诊室使用效率。

（六）切实强化重点人群健康保障

加强人口监测与中长期发展研究，科学把握人口发展规律，提高优生优育服务水平，促进人口均衡发展。针对孕产妇、儿童、老年人、慢病患者等，制定统一的家庭医生签约服务个性化包项目库。全面落实妇幼风险筛查与评估，高危专案管理、危急重症救治、死亡个案报告和约谈通报制度，完善母婴安全保障机制。统筹实施出生缺陷三级预防服务，提高出生人口素质。继续实施农村和城镇适龄妇女"两癌"免费检查、孕产妇产前筛查等重点民生实事项目。推进儿童免疫规划，降低疫苗相关疾病发病水平。完善政策支持体系，构建普惠托育服务体系，推进婴幼儿照护服务。贯彻落实积极应对人口老龄化国家战略，实施"智慧助老"行动，开展老年友好城市、老年友好社区、老年友善医疗卫生机构创建工作；建立失能老年人长期照护服务机制；组织实施医养结合机构服务质量提升行动、医养结合示范创建活动和医养结合监测工作。推动制定湖南省职业病防治有关地方性法规，加大职业病防治工作力度，继续对无责任主体的尘肺病农民工实施基本医疗救护救助。将健康扶贫统筹纳入乡村振兴战略，保持政策总体稳定，巩固基本医疗保障成果。

（七）积极推进中医药传承创新发展

贯彻全省中医药大会精神，推动相关法规政策落实落细。建立省级中医药联席会议制度，推动各级党委、政府将中医药相关指标纳入绩效考核内容。建设国家中医疫病防治基地和国家中医紧急医学救援基地。加强中医药服务体系建设，提升服务能力，开展国家中医药综合改革示范区创建工作。加强国家、省级区域中医医疗中心和专科区域医疗中心建设，加强县级以上中医医院急诊急救和门诊诊疗能力建设，推进中医药服务基层全覆盖。提升中医药科研水平。深入开展"中医药中国行"和对外交流，促进湖湘中医药文化传播。

（八）进一步推动计生协改革发展

贯彻落实《湖南省计划生育协会改革方案》，积极推进市县加快改革步伐。全面落实新时期计生协六项重点任务，有序承接政府转移的服务职能，积极参与常态化疫情防控的群防群治、助力乡村振兴、基层社会治理、家庭健康促进行动等中心工作，加强宣传倡导生殖健康咨询及优生优育指导服务。深入推进生育关怀行动。

（九）统筹做好其他各项工作

积极争取财政保障，推动落实政府的投入责任，全面推进公立医院机构经济管理年活动和政府采购三年专项行动。组织实施高层次人才选拔培养，推选一批知名专家，培育一批青年骨干；打造一批科技创新平台，建设一批重点实验室，立项一批创新型临床研究项目。推进麻醉、感染、重症、儿科、药学等紧缺专业学科建设和人才培养，完善覆盖院校教育、毕业后教育、继续教育的防治复合型医疗卫生人才培养模式。不断完善卫生健康地方性法规体系，持续深化卫生健康领域"放管服"改革，推进信用体系建设。深化国际交流合作，高质量完成中非对口医院合作机制建设年度和周期目标任务；促进中国－津巴布韦中医针灸中心健康发展；积极搭建引资引智平台，加大国际化人才培养力度。围绕建党 100 周年、健康湖南行动、深化改革等重点策划组织系列宣传活动，加强基层和一线医务人员典型推广，弘扬崇高职业精神。

（十）加强党的全面领导

深入学习贯彻党的十九届五中全会精神和习近平总书记考察湖南重要讲话精神。贯彻落实中组部、国家卫生健康委党组等 4 部委印发的《公立医院党建工作重点任务》和省委印发的《关于加强和改进新时代全省机关党的建设的实施意见》，强化政治机关意识，持续加强公立医院党的建设。全面从严治党，巩固整治官僚主义、形式主义成果，持续纠治"四风"，深入开展廉政警示教育，有效运用"四种形态"监督执纪。持续推进民生领域专项整治工作。

B.14
2020年湖南省医疗保障发展情况及2021年展望

王运柏*

摘　要： 2020年是湖南医疗保障发展极不平凡的一年。面对艰巨繁重的改革发展稳定任务特别是新冠肺炎疫情的严重冲击，湖南省医疗保障局在省委、省政府的坚强领导下，准确判断形势，精心谋划部署，果断采取行动，付出艰苦努力，脱贫攻坚战和疫情防控阻击战取得决定性成就，各项改革任务实现重要突破，实现了医保制度运行平稳、基金安全可持续，医保治理能力和服务水平全面提升。

关键词： 医疗保障发展　医保治理能力　"湘医保"　医保改革湖南

　　2020年，湖南省医疗保障局坚持以习近平新时代中国特色社会主义思想为指导，全面贯彻落实党的十九届五中全会和省委十一届十二次全会精神，以习近平总书记在湖南考察时的重要讲话指示精神和省委省政府的一系列重大决策部署为指引，紧紧围绕解决老百姓"看病难、看病贵"问题，狠抓改革创新，不断提升医保治理能力和服务水平，取得了明显成效。

---

* 王运柏，湖南省医疗保障局党组书记、局长。

一 2020年湖南省医疗保障发展情况

（一）全面实施预算绩效管理，医保基金总体运行平稳

据统计，截至2020年12月底，全省基本医疗保险参保人数6726.44万人，其中城镇职工医保（含生育保险）参保人数990.13万人、城乡居民医保参保人数5736.31万人。全省基金总收入883亿元、总支出793.77亿元，基本做到收支平衡、运行可控。其中城镇职工医保（含生育保险）收入414.57亿元、支出340亿元（含生育保险待遇支出20.76亿元），城乡居民医保收入468.43亿元、支出453.77亿元（含大病保险支出35.31亿元）。

（二）全力做好疫情防控医疗保障工作，助力打赢疫情防控阻击战

疫情期间，医保部门坚决做到两个"确保"：确保患者不因费用影响就医、确保医院不因支付政策影响救治，为湖南省疫情防控做出了应有的贡献。一是提前安排了医保结算基金。疫情期间，全省医保系统提前向医疗机构拨付医保基金10.55亿元，并及时做好费用结算。二是有效保障了救治药品供应。疫情防控期间，共有174个药品通过"绿色通道"直接挂网采购，平台采购数量149.70万盒，采购金额6367.41万元。三是及时出台新冠肺炎检测筛查政策。设立新冠肺炎核酸检测和抗体检测价格项目，纳入住院医疗医保基金支付范围，并执行甲类报销。组建核酸试剂区域采购联盟，开展集中采购。最低中标价格为13.08元/人·份，相较湖南省之前最高采购价格120元/人·份，降幅达到89.1%。四是支持企业复工复产。出台了全省阶段性减征及缓缴职工基本医疗保险费的政策，共减征参保单位职工医保费28.80亿元。3月，省委专题听取湖南省疫情防控医疗保障工作汇报，并给予了充分肯定。

（三）精准实施医保扶贫，高质量打赢医疗保障扶贫收官战

一是实现贫困人口100%参保。全面清理摸排贫困人员（建档立卡贫困人员、城乡低保对象、特困人员、贫困残疾人、兜底保障对象）参保情况，全面落实资助参保政策。全省576.76万建档立卡贫困人口实现全部参保。二是扎实做好健康扶贫"一站式"结算。坚决落实"一窗口办理，一单式结算"，让信息多跑路，让群众少跑腿，健康扶贫"一站式"结算资金到位率100%。2020年1～11月，全省健康扶贫"一站式"结算共计215.14万人次（105.28万人），结算医疗总费用102.95亿元，报销总金额88.4亿元，综合报销比例达到85.86%（县域内报销比例达89.09%）。

（四）深入推进医药集中带量采购，切实减轻人民群众用药负担

一是全面完成抗菌药物带量采购。湖南省率先在全国实施抗菌药物带量采购，154个中标药品，在全国最低价基础上，价格平均降幅达到35%，最高降幅达到88%。按2019年全省抗菌药物年采购数量测算，每年度可节省药费支出17亿元。此次专项采购从2020年5月1日起执行，截至2020年12月8日，全省3053家医疗机构共采购抗菌药物19.23亿元，与2019年同期采购总金额31.38亿元相比，下降38.72%。2020年4月30日，省委书记许达哲对湖南省抗菌药物带量采购工作给予充分肯定，并作出重要批示：好！医改成效明显。二是启动医用耗材带量采购。研究出台《湖南省公立医疗机构部分医用耗材带量采购方案》，选取吻合器类、骨科创伤类和冠脉扩张球囊类等3类高值医用耗材实施带量采购，中标产品整体降幅将超过65%。

（五）全面做实医保市级统筹，全省医保基金筹资运行更加稳健

全面做实医保市级统筹列入了省委重点突破的关键改革事项和2020年省政府真抓实干督察工作范围。湖南省医保局按照省委、省政府的有关要求，对市州加强指导，全力推进这项工作。全省14个市州已全部出台基本

医疗保险市级统筹实施办法和风险储备基金管理办法，全面实现医保基金市级统收统支，更好地发挥医疗保险"大数法则"效应，显著增强基金整体抗风险能力。

（六）持续加强医保基金监管，切实守护好老百姓的"救命钱"

截至2020年12月20日，全省共检查定点医疗机构22998家，检查覆盖率90.16%；处理违法违规医疗机构15548家，其中暂停服务协议287家、解除服务协议63家、移交司法机关9家，共计追回医保基金损失（含处罚金）13亿元。2020年医保基金监管成效明显：一是医疗机构医保违规金额明显减少，全年飞行检查发现的违规资金率为0.64%，较2019年（2.64%）下降了2个百分点，降幅76%；二是控费效果明显，2020年1～10月，部省属医院均次医疗费用较2019年下降了2.23%。

（七）统一全省医院制剂医保目录，支持中医药产业发展

出台了《湖南省基本医疗保险和生育保险医疗机构制剂目录（2020版)》，收录医院制剂584种，其中中成药有488种，统一了目录制定和调整权限，明确了纳入原则和支付标准，建立了谈判协商和动态调整机制。湖南省是全国首个制定统一医院制剂医保目录的省份。制定《关于加强医疗保障支持中医药传承创新发展若干试行措施的意见》，提出将中医医疗机构及时纳入医保定点、医保提高中医药服务报销比例、新增中医医疗服务项目、调整中医医疗服务收费标准等10条重点措施，推动湖南省中医药事业高质量发展，加快构建湖湘中医药传承创新体系。

（八）深化医保支付方式改革，提高医疗服务管理质量

指导湘潭、郴州深入开展DRG试点，两市均已顺利通过模拟运行评估，其中湘潭在国家试点监测评估中被评定为"优秀"，试点医疗机构平均轻症住院人次同比下降6.56%，总病例数同比减少27.04%，总费用同比减少22.02%，医疗服务管理质量显著提升。

（九）稳步推进医保信息平台建设，工作进展位居全国前列

一是大力推广"湘医保"（医保电子凭证）。完成了"湘医保"服务平台内容建设，全省个人医保电子凭证激活量突破 1000 万人，试点应用医药机构达到 2 万多家，在线支付达 13.33 万笔、支付总金额 1517.97 万元。打通微信、支付宝和 14 家合作银行激活渠道，在长沙、株洲、湘潭和省直单位开展个人账户异地消费流转试点，推广医保电子凭证移动支付功能场景应用。"湘医保"逐步成为湖南省医保政务服务的"绿色通道"和群众认可的"金字招牌"。二是有力有序推进项目设计和建设。向国家争取专项财政补助资金 3.4 亿元，全国排名第三位。制定了药品追溯、政务一体化、电子票据应用等重点工作建设方案，推进核心业务骨干网络规划设计，完成了项目设计、立项、财评和总集监理招标。同步推进标准化建设，全省 11 项医保信息编码标准维护完成率达到 100%，在国家局通报中多次获得表扬。

（十）持续优化医保经办服务，不断提高医保服务便捷性

一是统一规范全省医保经办服务事项。出台了全省医保经办政务服务事项清单和办事指南，努力解决医疗保障民生领域"难点、堵点、痛点"问题，有效提高群众办事效率。省本级经办机构实现申请材料精简 60%，办理环节精简 40%，平均办理时限缩短 50%。二是大力推进医保经办便民服务。省本级医保经办机构于 5 月起正式入驻省政务服务中心医保窗口，按照"前台受理，后台办理"原则，实现一站式办理。自入驻以来，共受理业务 2.1 万件，平均每天近 200 件。出台了《湖南省医疗保障窗口服务人员行为规范》，指导全省各级经办窗口规范业务管理，提高服务质量，全面推进好差评制度，健全投诉举报制度，提升办事群众满意度。三是进一步优化异地就医服务。扩大跨省异地就医联网医疗机构覆盖面，简化跨省异地就医人员备案流程，及时做好费用结算。1~11 月，全省跨省异地就医直接结算 13.36 万人次，同比增长 9.59%；累计接入跨省定点医疗机构 782 家，同比增长 23.15%。

二 面临的主要困难和问题

一年来，湖南省医保发展的质量进一步提高，但是发展不平衡不充分矛盾和问题还没有得到根本解决。主要表现在四个方面。

一是医保托底功能不强。虽然目前医保的普惠功能已基本实现，但托底功能还是短板，主要表现在：负担重，重特大疾病患者自付水平相对较高，医疗救助水平偏低，与需求存在较大差距；不联动，基本医保、大病保险和医疗救助在保障对象、支付标准、费用范围、政策设定上缺乏统筹安排，三重制度梯次减负的效果不够充分；不精准，救助对象还做不到科学准确识别，真正最需要救助的人有时得不到救助。加之今后医保扶贫政策逐步退出，如何有效对接乡村振兴战略，建立防范因病致贫返贫的长效机制，需要深入研究。

二是医保目录更新不及时。目录管理是医保支付的核心，是合理控制费用、提高基金使用效益的关键。但当前科学调整机制尚未建立，调整周期过长、时间不固定，尚未实现常态化、动态化，科学客观的药品评价机制、成熟规范的调整机制尚未建立。一些临床价值不高、疗效不确切，却被明显滥用的"神药"尚未完全剔除，吞噬了大量医保基金。诊疗项目和耗材目录管理存在缺位，每年仅公立医疗机构使用的单独收费的医用耗材支出就近100亿元。

三是医保支付方式改革不彻底。支付方式是医保支付机制的重要内容，技术性、专业性都很强。好的支付方式，能够让医院和医保相向而行，实现医、患、保三方共赢。近年来，湖南省开展按病种付费，探索DRG试点，取得了一些成绩和经验，但从整体效果来看，医保支付方式对医疗服务供需双方的激励约束机制尚未得到有效发挥。尽管从统筹区数量上看，湖南省各统筹区全部实行了按病种付费为主的多元复合式医保支付方式，但是从资金总量上看，以传统的按项目付费为主的方式还是主流。深入推进支付方式改革依然任重道远。

四是医保基金监管不严密。维护基金安全是全省各级医保部门的首要任务。近年来，湖南持续开展欺诈骗保的专项治理，已经向全社会展现了对欺诈骗保行为"零容忍"的态度、较真碰硬的决心，初步形成了监管高压态势。但是，基金监管仍仅处于"斩草"阶段，还远未达到"除根"的效果，欺诈骗保的"土壤"广泛存在。基金监管的制度不健全、能力不匹配、体系不完备仍是亟待补齐的短板。

三 2021年湖南省医疗保障发展展望

2021年，湖南省医保局将坚持以人民为中心的发展思想，坚持保基本、可持续、全覆盖，坚持尽力而为、量力而行，围绕"一个目标"，编制好"一个规划"，推进"三项试点"，实现"八个规范"，努力打造医疗保障规范管理年，为"十四五"医保规划目标如期实现打下坚实基础。

（一）围绕"一个目标"

即推动湖南省医疗保障制度更加成熟定型，加快推进待遇保障、筹资运行、医保支付、基金监管等重要机制和医药服务供给、医保管理服务等关键领域的改革，促进待遇保障公平适度，基金运行稳健持续，管理服务优化便捷，医保治理现代化水平进一步提升，更好地实现"病有所医""病有所保"。

（二）编制好"一个规划"

即高质量编制"十四五"健康湖南医保规划。省委"十四五规划"建议在2个大方面，提出了8条与医保直接相关的发展目标。湖南省医保局深入学习贯彻，认真对标对表，研究制定"十四五"医保规划，重点围绕医保改革发展的难题，全面梳理未来五年的发展目标，力争愿景美好，努力就能实现。

（三）推进"三项试点"

即长期护理保险试点、医保支付方式改革试点和医保基金监管信用评价体系建设试点。

一是推进长期护理保险试点。指导湘潭市开展长期护理保险试点，加快探索建立以社会互助共济方式筹集资金、为长期失能人员的基本生活照料和医疗护理提供保障的社会保险制度，探索可复制、可推广的经验。

二是推进支付方式改革试点。继续开展国家和省级DRG试点模拟运行，做好监测评估，争取年底前正式启动实际付费。推进DIP试点，指导试点城市实行总额预算管理，制定完善相关配套政策，力争在3月份启动模拟运行，年底前启动实际付费。

三是推进医保基金监管信用评价体系建设试点。扩大医保基金监管信用评价体系建设试点范围，将衡阳市、永州市和省本级纳入省内试点，与张家界市（国家试点城市）同部署、同落实，探索建立医疗机构和医生守信联合激励和失信联合惩戒的机制。

（四）实现"八个规范"

即在医保待遇政策、基金监管、医疗救助、医药服务管理、医药带量采购、医疗服务价格、医保信息化建设、医保公共服务等8个方面进一步规范统一，提质增效。

一是规范统一全省医疗保障政策。组织全省各级医保部门，全面梳理各级各类医疗保障政策，该补充的补充、该完善的完善、该废止的废止，全面治理保障过度和保障不足问题，实现全省范围内医保政策公平统一、政策执行步调一致。做好政策主动公开，加强宣传解读，实现阳光透明，让老百姓明明白白、踏实放心。

二是完善医保基金监管法规。《医疗保障基金使用监管条例（草案）》已被国务院常务会议审议通过，不久将正式出台。湖南省医保局将按照该条例的有关规定，推动修订《湖南省医疗保障基金监管办法》，进一步完善医保基金监管法规体系，明确监管主体和监管对象的法律责任，健全执法机制，加大执法力度，确保基金安全高效、合理使用。

三是进一步规范医疗救助制度。有效对接乡村振兴战略实施，出台《湖南省医疗救助办法》，建立防范因病致贫返贫的长效机制。主要思路是：在源头上，规范统一医疗救助对象范围，统一明确低收入对象、因病致贫患者认定标准；在待遇政策上，统筹提高救助限额，合理控制政策范围内自付费用比例；在筹资保障上，拓宽医疗救助筹资渠道，做实救助基金管理，促进医疗救助统筹层次与基本医疗保险统筹层次相协调。

四是进一步规范医药服务管理。主要是出台三个文件：出台《湖南省基本医疗保险用药管理办法实施细则》，对执行国家医保药品目录，开展医院制剂、民族药、中药饮片调整和加强特药管理予以规范，提升基本医疗保险用药科学化、精细化管理水平。出台《湖南省基本医疗保险诊疗项目调整办法》，将符合临床必需、安全有效、费用适宜的新增诊疗项目纳入医保报销，对已纳入医保报销，但容易引起临床滥用的，适当调整医保支付比例或支付价格。出台《两定协议管理办法实施细则》，明确医保和医疗机构在诊疗服务、药品和诊疗项目、信息系统建设、费用结算等方面的权利义务，同时创新对药品采购渠道、集采执行、高值耗材等方面的协议管理。

五是推进医药带量采购常态化。坚持招采合一、量价挂钩，继续扩大湖南省药品和耗材带量采购范围，巩固完善带量采购常态化运行机制，推动实现"带量采购为常态、不带量采购为例外"。推进落实带量采购医保资金结余留用激励机制，健全结余留用总额预算、支出核算、结余测算操作规范和考核指标，充分发挥结余留用激励作用。

六是进一步规范医疗服务价格管理。完善湖南省新增医疗服务价格项目管理政策，加快新增医疗服务价格项目审核，推进医疗服务价格立项改革。坚持"总量控制，结构调整，有升有降，逐步到位"的原则，建立医疗服务价格动态调整机制，优化医药费用结构，理顺医疗服务比价关系。

七是建成全省规范统一的医保信息化平台。严格按照信息平台建设总体要求，依法依规依程序开展项目政府采购，强化源头管理和结果管理，保障采购质量。加快医保电子凭证推广应用，加快提升电子凭证在参保人、两定机构中的覆盖面，继续做好基础数据处理和对接，推动全省医保电子凭证"全覆盖"。

八是进一步规范医保公共服务。持续推进系统行风建设，进一步巩固"好差评"制度，建立健全行风建设长效机制，推动医疗保障工作理念、制度、作风全方位深层次变革。完善异地就医政策，扩大省内一、二级医疗机构异地联网结算接入比例，提高直接结算率，基本实现符合条件的跨省异地就医患者在所有定点医院住院都能直接结算。

B.15
2020年湖南应急管理发展
情况及2021年展望

李大剑*

摘　要：　应急管理是国家治理体系和治理能力的重要组成部分，承担
防范化解重大安全风险、及时应对处置各类灾害事故的重要
职责，担负保护人民群众生命财产安全和维护社会稳定的重
要使命。2020年，湖南应急管理事业快速发展，取得积极成
效，但仍然存在不少问题，面临着一些风险挑战。2021年，湖
南应急管理部门工作思路更加清晰，目标更加明确，重点更
加突出，措施更加有力，全力以赴为全面实施"三高四新"
战略、建设现代化新湖南创造安全稳定环境。

关键词：　应急管理　安全生产　应急救援　防灾救灾　湖南

2020年是新中国历史上极不平凡的一年。面对突如其来的新冠肺炎疫
情、21世纪第二高洪和国内外环境深刻复杂变化带来的各种风险挑战，湖
南省应急管理系统以习近平新时代中国特色社会主义思想为统领，以习近平
总书记关于应急管理重要论述为根本遵循，紧紧围绕湖南省委、省政府确定
的工作目标砥砺奋进、攻坚克难，在大战大考中经受了考验，各项工作取得
新进展。

＊　李大剑，湖南省应急管理厅党委书记、厅长。

一 2020年工作成效

（一）安全生产形势总体稳定

以开展安全生产专项整治三年行动为抓手，出台"1+2+10"实施计划，在直接监管的煤矿、非煤矿山、危险化学品、烟花爆竹领域率先出台"杜绝重特大事故断然措施"，进一步厘清细化重点行业领域安全生产监管责任，推行分级分类监管执法，提前半年完成全面整治马路市场3026处，完成三轮危化品硝酸铵专项治理，整治烟花爆竹"独立工区"466个，烟花爆竹生产企业主动退出152家，关闭煤矿30处、非煤矿山109座。统筹推进道路交通顽瘴痼疾整治和9720处普铁安全隐患整治，参与完成城镇人口密集区危化品生产企业和沿江一公里化工企业搬迁改造年度任务。主动服务疫情防控大局，助力防疫物资生产企业安全满负荷生产，推动各类企业安全复工复产。2020年全省发生各类生产安全事故起数同比下降16.1%，死亡人数同比下降14.4%。其中，较大事故起数同比下降11%，死亡人数同比下降13.4%；重大事故起数同比下降50%，死亡人数同比下降44%。

（二）自然灾害应对有力有效

科学应对强降雨27轮，有效防御群发性地质灾害536起，战胜严重洪涝侵袭，全省汛期未溃一堤一垸、未垮一库一坝、未发生群死群伤。习近平总书记9月在湘考察时予以充分肯定。扎实开展森林火险专项治理，2020年未发生重特大森林火灾。下拨12.34亿元中央和省级救灾资金，紧急调拨8.5万余件（套）救灾物资，紧急转移安置人口38.25万人次，因灾倒损住房重建基本完成。全省受灾人口、因灾死亡失踪人口、农作物受灾面积、倒塌房屋数量、直接经济损失与近五年均值相比分别下降29%、40%、19%、70%、35%。

（三）应急救援能力明显提升

按照"预防与应急并存，常态与非常态相结合"的原则，不断提升应急处置能力。修订实施了安全生产和自然灾害类突发事件应急处置暂行办法，发布7项省级专项应急预案。完成解放军、武警部队、民兵预备役协同地方抢险救灾应急预案和兵力部署方案对接。改造建成省应急指挥中心，更加现代化、智能化、实战化。组建首批省应急救援机动队伍300人，新成立省航空应急救援队和9支省级专业应急救援队。成功举办抗洪抢险、铁路路地联动、森林防灭火、航空多灾种救援等省级应急演练。加强物资装备建设，全面开展应急救援物资清查，加大应急物资装备投入，支持省内企业加强新型应急救援装备研发。及时有力应对"3·28"和"3·30"铁路事故、汛期特大洪水、"10·25"雪峰山隧道火灾、"11·29"源江山煤矿透水等突发事故灾害，其中，"3·30"京广线郴州段铁路事故、"10·25"雪峰山隧道火灾两起事故救援入选"2020年全国应急救援十大典型案例"。

（四）基层基础不断夯实

与发改、工信、自然资源、水利等部门紧密协作，协调推进提高自然灾害防治能力重点工程建设，项目进度走在全国前列。乡镇（街道）"六有"应急能力建设全面铺开。安全发展和综合防灾减灾示范创建持续推进。应急管理法制建设不断完善，科技信息化水平逐步提升。灾害信息员队伍建设实现村组（社区）全覆盖，以"村村响"为依托的应急广播建设基本实现省市县乡村五级联动。全省涉及重大危险源和危险化工工艺的146家危化品企业、26座三等以上在用尾矿库和50家烟花爆竹生产企业全部接入国、省安全生产风险监测预警系统。持续推进安全宣传"五进"和应急普法知识宣传，各地探索形成多种贴近群众、各具特色、富有成效的宣教模式。

（五）全面从严治党深入推进

深入贯彻落实全面从严治党的方针，始终把党的政治建设摆在首位，深入推进党支部"五化"建设，切实发挥全面从严治党保障引领作用。深入开展习近平总书记重要训词精神宣贯活动，开展线上线下大培训，持续推进"不忘初心、牢记使命"主题教育常态化、制度化，着力提升应急干部的忠诚品质和履职能力。以省委巡视整改为契机，坚持刀刃向内，勇于自我革命，形成了一批制度成果，整改成效得到省纪委监委宣传推介。严格执行中央八项规定精神，持之以恒正风肃纪，涵养了风清气正的政治生态。实施应急管理重点工作真抓实干激励措施，培育选树了一批先进典型。

二 面临的问题和挑战

应急管理部门组建以来，全省应急管理事业快速发展，取得了一些成绩，但仍然存在不少短板，面临着一些风险挑战。

一是风险隐患依然突出。安全生产五大重点领域、自然灾害五大主要灾种构成"十面埋伏"，历史性结构性问题与新业态、新风险交织叠加，事故灾害易发多发，容不得半点松懈。

二是体制机制仍需优化。防汛抗旱、森林防灭火等指挥体制尚未完全理顺，一些市县应急管理机构人员、职能职责还未到位，"防"和"救"的责任链条还不完整。

三是应急指挥权威不足。应急管理部门牵头管总综合优势还没有充分发挥，"统一、权威、高效"应急体系和指挥机制还不够健全。

四是基层基础比较薄弱。"小马拉大车"问题突出且越到基层越明显，应急力量急需整合加强，监管执法、装备配备、物资储备、技术支撑等能力与应对严峻风险挑战还不适应。

五是人才队伍建设滞后。一些干部不适应、不专业、不敢干的问题突出，面对急难险重任务思路不清、手段不硬、效果不明显。

三 2021年总体要求及工作思路

2021年是建党100周年，是"十四五"开局之年，也是湖南省实施"三高四新"战略的首战之年，确保安全稳定意义重大。全省应急管理工作将坚持以习近平新时代中国特色社会主义思想为指导，深入学习贯彻习近平总书记关于应急管理重要论述和在湖南考察时的重要讲话精神，全面贯彻落实党中央、国务院和省委、省政府关于应急管理的决策部署，锚定"三坚决两确保"奋斗目标，聚焦防范化解重大安全风险、应对处置突发灾害事故主责主业，着力化解存量风险、防范增量风险，深化改革创新，深入推进应急管理体系和能力现代化，全力保护人民群众生命财产安全和维护社会稳定，为"十四五"开好局起好步，为全面实施"三高四新"战略、建设现代化新湖南创造安全稳定环境，以优异成绩庆祝建党100周年。重点抓好以下七个方面的工作。

（一）强意识，守底线，树牢安全发展理念

理念决定方向，思想决定行动。对安全发展理念认识不够、贯彻不力的，发展就有偏差，必然出现安全问题。始终坚持"两个至上"。守好安全发展底线，坚持以人民为中心，把"人民至上、生命至上"的"两个至上"作为根本价值遵循，站在安全就是最大民生的高度，始终把人民生命安全放在第一位，在人民群众最需要的时候冲锋在前，以对人民生命安全极端负责的精神履职尽责。始终统筹"两件大事"。统筹好发展和安全这"两件大事"，关系到实现中华民族伟大复兴中国梦这一宏伟目标。正确处理安全与发展的关系，始终把安全作为头等大事来抓，牢固树立安全红线意识，绝不能只重发展不顾安全，更不能将其视作无关痛痒的事。始终做到"两个根本"。要从根本上消除事故隐患、从根本上解决问题，这是总书记对做好应急管理工作提出的新的两项根本性要求，也是对守好安全发展底线的根本要求，既是重要理念，又是重要原则，也是重要方法，深刻揭示了事故灾害的

艰巨性、复杂性、颠覆性以及突发性、长期性，必须始终保持高度警惕，做到心中有数，织密安全之网。

（二）破梗阻，增活力，深入推进体制机制改革

体制机制建设是根本，一顺百顺。经过两年多来的改革探索实践，全省应急管理大的体制基本形成，将继续坚持优化协同高效原则，着力破解体制机制中的难点和梗阻。完善应急指挥体系，加快建立健全指挥调度、信息共享、预警响应、协调联动、保障联合、技术支撑等各环节工作运行机制，打造信息报送"一张网"、指挥调度"一键通"、应急救援"一张图"。落实部门管理体制，逐步健全完善森林防灭火、防汛抗旱、抗震救灾等工作机制，细化应急管理部门与有关部门的职责分工，推动工作体系上下贯通、衔接有序。完善军地联动机制，加强军地共训共练，确保快速高效遂行联合应急任务。

（三）强举措，打硬仗，坚决遏制安全事故

在三年行动上全力攻坚，着眼"两个根本"，抓住基础性、源头性问题，排除最大风险，划出防控底线，采取管用措施。在责任落实上多措并举，落细落实企业主体责任、党政领导责任、行业部门监管责任，严格事故调查处理问责。在"打非治违"上重拳铁腕，通过压实责任打、突出重点打、强化措施打，以铁石心肠、铁的手腕在全省打一场"打非治违"的人民战争，让各类安全生产非法违法行为无处遁形。在监管执法上严格精准，坚持"专业精、执法准、手段新、成效实"的工作要求，切实解决执法"宽松软"的问题。在治本攻坚上爬坡过坎，严格安全准入，坚决淘汰不安全落后产能，提高企业本质安全水平。在奖惩激励上导向鲜明，完善举报奖励办法，严格落实联合惩戒制度，形成正向激励、反向惩戒的强大声势。

（四）防为主，控风险，全力做好自然灾害应对

立足"综合防"推动部门"具体防"，加快推进湖南省提高自然灾害防

治能力重点工程，年内基本建成益阳、怀化和衡阳3个区域应急救援中心，自然灾害综合风险普查工程全面开展，"1+5"自然灾害监测预警信息化工程项目开工建设。组织编制综合防灾减灾规划，推动健全自然灾害信息资源获取和共享机制，开展多灾种和灾害链综合监测预警，指导协调各相关部门做好本行业领域的灾害防治工作。立足"协同抗"推动部门"为主抗"，灾害发生后，应急管理部门充分发挥综合协调优势，积极协同和指导督促相关部门发挥专业优势、负起专业责任，强化水旱灾害、森林火灾、地质灾害、雨雪冰冻灾害等应对措施，第一时间抗御灾害，最大限度减轻灾害损失，确保化险为夷、转危为安。立足"主导救"推动部门"先期救"，出现险情后按照分级响应和分级负责的原则指导督促推动相关部门迅速开展应急救援，确保打早打小、救早救小、防止事态扩大，并在政府层面需要出动时全力以赴组织协调各方应急力量和装备物资抢大险、救大灾、打大仗。立足"统筹助"推动部门"分工助"，发挥各级减灾委办公室的作用，加大灾害救助组织协调工作力度，及时调拨救灾资金和物资，组织指导各地各相关部门依职责做好灾情核查、损失评估、救灾捐赠和受灾群众应急救助、过渡期生活救助、冬春救助、倒损居民住房恢复重建等"全链条"各项工作，切实保障受灾群众基本生活。

（五）补短板，强弱项，推进应急救援体系建设

围绕"能应急、会应急"要求，全面推行"1+1+2+N"应急值守模式，严格落实领导带班和24小时值守制度，确保值班值守规范标准、快速反应。进一步完善预案体系，组织开展参与度高、应急联动性强的综合演练，以演促练、以练促改，检验预案、磨合机制、锻炼队伍，确保应急预案全面覆盖、管用好用。充分发挥综合性消防救援队伍作用，加快推进省机动和专业应急救援队伍建设，增强专家队伍力量，指导支持社会救援力量发展，确保救援队伍专常兼备、突出实战。进一步优化装备物资储备布局，装备物资备齐备足、保障有力，确保灾害事故一旦发生，科学高效组织应急救援。

（六）抓基础，固基层，切实加强综合保障支撑

应急管理部门组建时间不长，基础薄、基层弱，既要加强顶层设计推动，更要在强基固本上下功夫。强化科技支撑，以"智慧应急"为牵引，在风险监测预警能力、指挥调度信息化水平、应急核心装备能力等方面要取得新的突破。强化法治保障，统筹推进应急管理地方性立法工作，加快推进重点领域和关键环节地方性标准的制定修订。强化基层一线，全面开展乡镇（街道）"六有"、行政村（社区）"三有"应急能力建设，大力推进综合减灾示范社区、示范县创建和安全发展示范乡镇、示范县建设。强化社会共治，加大安全宣传"五进"力度，深入开展习近平总书记关于应急管理重要论述宣贯，大力宣传应急管理方针政策、法律法规、知识技能，加快建设融媒体中心，构筑安全发展人民防线。

（七）讲政治，强作风，在践行总书记训词中铸造应急管理铁军

忠诚践行习近平总书记"对党忠诚、纪律严明、赴汤蹈火、竭诚为民"训词精神，落实全省应急管理系统"听党指挥铸铁军、较真碰硬敢斗争、雷厉风行提效能、清正务实保民安"作风建设总要求。坚持政治建队。以党的政治建设为统领，切实把党的领导贯穿到应急管理全过程，坚定不移贯彻落实中央和省委重大决策部署。坚持素质强队。持续开展全系统大培训，不断增强"统"的能力、"斗"的能力、"干"的能力，努力建设一支专业结构布局合理、层级梯次清晰的高素质专业化应急管理队伍。坚持从严治队。落实准军事化要求，严格教育训练、严格管理监督，增强组织性、计划性、准确性和纪律性，始终坚持把纪律规矩挺在前面，清正廉洁为民，强化激励保障，培树先进典型。

B.16
2020年湖南市场监管发展
情况及2021年展望

向曙光[*]

摘　要： 2020年，湖南省市场监管系统坚持"五大方向"，坚守"五大理念"，坚定"五大目标"，统筹疫情防控和市场监管，以"稳"的目标、"进"的姿态、"新"的要求做好各项工作，交出一份让党和人民满意的答卷。2021年，将聚焦全省市场监管系统政治建设、打造国家重要先进制造业高地、打造具有核心竞争力的科技创新高地、打造内陆地区改革开放的高地、群众"急难愁盼"问题、落实"四个最严"要求六个方面，开展"六大行动"，加快推进市场治理体系现代化，提升市场治理能力，为全省实施"三高四新"战略、建设现代化新湖南做出新贡献。

关键词： 市场监管　市场环境　市场秩序　市场安全　湖南

一　坚持稳中求进、稳中求新，2020年市场
监管工作交出满意答卷

2020年是极不平凡、极为重要的一年。面对国内外形势的复杂深刻变

---

* 向曙光，湖南省市场监督管理局党组书记、局长。

化，特别是新冠肺炎疫情的严重冲击，全省市场监管系统坚持市场化、法治化、国际化、专业化、标准化"五大方向"，坚守服务全局、心系人民、依法监管、改革创新、严守底线"五大理念"，坚定职能大融合、改革大提速、监管大提效、服务大提质、能力大提升"五大目标"，统筹疫情防控和市场监管，交出了一份让党和人民满意的答卷。湖南省质量工作、商事制度改革两项工作再次获得国务院真抓实干督察表彰，省局工作两次在国家总局会上作典型发言，省局也被评为全省安全生产、综治工作先进单位，成功创建省级文明单位。

（一）逆行出征，疫情防控展现新担当

面对突如其来的新冠肺炎疫情，全省系统闻令而动、迎难而上，迅速建立一盘棋、一条心、一股绳的防控体系，谱写了一曲感天动地的抗疫壮歌。一是打好重要防疫物资保供战。第一时间启动防疫物资应急审批"绿色通道"，支持3家检验检测机构首获医疗防护用品检测资质，确保急需的核酸检测试剂盒、医用防护服、口罩、消毒剂等迅速投放市场、满足供应。全省防疫医疗器械产品注册证由疫前19个增长到702个，生产企业由14家增加到150家，产品及企业数量位居全国第一。二是打好市场价格监管稳控战。严厉打击重点防疫物资和重要民生商品领域哄抬物价、囤积居奇等违法行为，查办价格违法案件474件。三是打好防护用品质量安全保卫战。严厉打击制售"三无"口罩违法行为，开展防疫用品领域认证活动专项整治，查处违法案件1519件，查扣非法口罩851.8万只，受理投诉举报近11万件。四是打好野生动物非法交易歼灭战。联合相关部门落实市场管理"1110"措施，检查各类市场主体291.4万家次，查处野生动物违法违规交易等案件93件。五是打好企业复工复产攻坚战。做好"六稳"工作、落实"六保"任务，联合相关职能部门拿出银企对接、租金减免、清费降负等办法，帮扶各类市场主体渡过难关。认真落实"外防输入、内防反弹"措施，切实加强冷链食品全程监管。质检、药检、食检、特检、纤检、计量、标准和知识产权等技术机构主动出击、服务一线，为企业减免各类费用近4000万元。

在疫情大战大考中，市场监管部门展现的担当作为受到各方充分肯定，全系统共有 10 个单位被省委和总局评为抗疫先进集体，26 名同志被评为先进个人。

（二）深化改革，优化环境增添新动能

深入开展"优化营商环境年"活动，出台优化营商环境 30 条措施，使企业和群众办事更加便捷，满意度不断提升。一是商事制度改革加快推进。围绕"零门槛、零距离、零跑腿"目标，推进"一件事一次办"、"三集中、三到位"改革和企业登记全程电子化，实现线上"一网通办"、线下"一窗受理"，在省直部门率先启动审批事项跨省异地通办。2020 年，全省企业登记网上办理率达 80%，企业名称自主申报网上办理率达 86%，企业开办时间压缩到平均 2 个工作日以内。2019 年度企业年报公示率达 90.11%，市场主体活跃度有所上升。市场主体数量逆势增长，2020 年全年新增市场主体 78.41 万户，其中企业 21.66 万户，日增市场主体 2148 户、企业 593 户。二是自贸试验区建设稳步推进。推动省政府与国家总局签订支持湖南自贸试验区建设部省战略合作框架协议，这是湖南省自贸试验区批建后首个签署的部省合作协议。"证照分离"改革全覆盖试点在自贸试验区和国家级园区全面推行。三是生产许可改革实现突破。全面承接国家总局建筑用钢筋等 5 类产品审批下放，认真做好移动式压力容器及气瓶充装许可、煤矿企业登记管理权限和机动车检验机构资质认定权限下放工作。出台鼓励仿制药质量和疗效一致性评价措施，对全国首家通过评价品种奖励 500 万元。2020 年全省新增 Ⅱ、Ⅲ 类医疗器械产品 980 件，增幅达 53.7%，大幅度领先于其他省份。

（三）严格履职，监管执法形成新局面

依法推进综合监管、综合执法工作，努力建设统一开放、公平竞争的市场环境。一是竞争政策有效落实。完善公平竞争审查联席会议机制，实现公平竞争审查省、市、县三级政府全覆盖，清理文件 3.02 万件。对怀化燃气

垄断问题实施"一案双查",成为全国首例行政机关人员因行政性垄断问题被追责案件。加强对虚假宣传、商业贿赂等重点领域不正当竞争行为的监管,办结案件331件。二是专项执法成效显著。紧盯群众反映强烈的突出问题,加大监管执法力度,查办各类案件35512件,罚没7.66亿元。积极组织"长江禁捕、打非断链"专项行动,查办案件142件。深入开展扫黑除恶专项斗争,合力整治"市霸"乱象。查处传销案件57件,捣毁传销窝点783个。查办假冒侵权案件3415件,捣毁制假窝点42个。监测广告1150万条次,查处违法广告案件1243件。行政约谈电商平台113个次,责令网站整改和关闭1816个次。三是降费减负监管有力。查办商品和服务价格违法案件1875件,检查转供电主体2177家,责令退费2861万元。开展涉企收费治理,检查相关单位2594家次,退费4787万元。四是联合抽查,扎实推进。加强"双随机、一公开"联合监管,抽查企业和机构8.49万家,10.6万家企业被列入经营异常名录,2.95万家企业被列入严重违法失信名单,注销"僵尸企业"7.43万家,实现对守信企业"无事不扰"、失信企业"利剑高悬"。

(四)聚焦重点,服务发展实现新作为

积极发挥职能作用和技术优势,多措并举服务湖南高质量发展。一是质量强省亮点纷呈。召开高规格全省质量大会,颁发第六届省长质量奖,发布《湖南质量宣言》,许达哲书记亲自颁奖并讲话,树立"质量是政治、质量是效益、质量是生命"的鲜明导向。编写《湖南质量管理经典》,开展"十百千万"质量管理提升专项行动,湖南省制造业产品质量合格率达93%,增幅居全国第二位。在全国率先开展"质量体检进企业"活动,并形成了"政府购买服务、专家上门体检、企业自主整改、地方督促落实"的质量提升新模式。二是质量技术基础得到夯实。全省累计制定各类标准376项,企业自我公开声明标准15341项,新建一二三产业标准化试点106个,设立标准创新中心9个。娄底、湘潭入选全国百城千业万企对标达标专项行动第三批试点城市。新建改造社会公用计量标准109项,9家企业上榜总局计量助

推企业提质增效典型案例，首推集贸市场"计量失准先行赔付"承诺制度，检定计量器具167万台件。全省有效认证证书达49982张，获证组织16634家，为58家企业办理进口CCC免办证书263张。新增检验检测机构210家，全省累计获证机构达2025家。支持检验检测提升项目115个，科技项目立项73个，批筹国检中心2个，建成国检中心1个、省检中心3个，中国计量院长沙基地、省烟花爆竹室外燃放实验场开工建设。三是知识产权工作力度加大。出台强化知识产权保护实施意见，率先成立知识产权仲裁院。新增授权发明专利11537件，新增PCT国际专利申请624件，31项专利荣获第21届中国专利奖，创历年最好成绩。新增有效注册商标13.23万件、地理标志商标34件，安化黑茶等7个地标产品被纳入中欧互认互保名单。全省知识产权质押融资总额达41.5亿元，8所知识产权中心建设试点高校知识产权转化运营金额超11亿元。长沙市知识产权运营服务体系被评为全国唯一优秀等级。

（五）积极作为，民生保障获得新改善

始终坚持情为民系、利为民谋、事为民办，展现了"市场监管为人民"的责任和担当。一是全力保障市场监管领域"四大安全"。食品安全方面，完成食用农产品和食品抽检监测39.2万批次，达5.67批次/千人，超额完成中央下达的目标任务。学校食堂"明厨亮灶"覆盖率超过95%，同比提升8个百分点。稳慎处置益阳"重金属大米"、永兴"蛋白固体饮料"重大舆情。深入开展食品安全"护苗""护老"行动、婴儿配方奶粉提升行动和食盐安全整治行动。2020年全省食品安全工作公众满意度为81.97分，同比提高1.53分。长沙市放心肉智能交易平台被评为全国十大"智慧监管"创新举措之一。药品安全方面，开展"两品一械"风险防控百日集中整治行动，发现问题缺陷2206项，约谈企业15家，暂停6个药品品种生产。在全国率先探索构建药品执法"行纪刑"衔接机制。特种设备安全方面，推行特种设备安全责任保险，得到总局肯定。开展隐患排查治理、强执法防事故行动，检查单位52775家，下达监察指令书8378份，立案1350件，特种

设备使用登记率和定期检验率大幅提高。产品质量安全方面，完成12大类、153种工业产品及71种儿童用品监督抽查任务10136批次，检出并后处理不合格产品976批次。实施纤维制品监督抽查任务301批次，完成棉花公检11.6万吨。二是着力打好"三大攻坚战"。围绕防范化解重大风险，全面完成97家P2P网贷机构清理处置任务，得到国务院网贷整治办和省委主要领导肯定。围绕脱贫攻坚，积极开展联点督察和驻村扶贫。围绕污染防治，积极参与蓝天保卫战，安排汽柴油监督抽查1804批次，查处成品油经营违法案件331件。三是积极发挥消费维权"两大平台"作用。完成省消保委换届，构建了高位统筹、协调联动、保障有力的消费维权新机制。深入开展预付式消费等专项整治，12315热线和平台接受投诉举报咨询59.1万件，为消费者挽回损失1.53亿元。

（六）政治统领，管党治党得到新加强

以"巡视整改落实年"为契机，开展十二大专项整治行动，推动全面从严治党向纵深发展、向基层延伸。一是班子建设持续加强。扛牢压实政治建设责任，严格落实民主集中制，加强意识形态工作，开展"三表率一模范"机关建设。推动"不忘初心、牢记使命"主题教育制度化常态化，建立领导干部领学带学制度，省局党组中心组集体学习13次，开展《习近平谈治国理政》第三卷读书班活动。有力地落实省委巡视整改任务，政治建设考察受到肯定。二是机关党建走向深入。全面落实党建工作责任制，实施基层党支部"五化"达标提质行动，抓好党组中心组带机关支部理论学习。加强非公党建工作，选树赵石毛等一批全国典型，22名非公经济人士被评为全省先进个人，172名非公经济人士被评为"最美扶贫人物"。三是廉政建设取得实效。与驻局纪检监察组同心同向，推动主体责任和监督责任贯通联动，精准落实"四种形态"，加强廉政警示教育，梳理《廉政风险清单》，制定内部制度42项，对11个处室和直属单位组织巡察，持续整治形式主义、官僚主义，严肃查处了一批违反中央八项规定精神的突出问题，政治生态日益清朗。

（七）强基固本，基础建设构建新支撑

一是依法行政得到加强。全面贯彻习近平法治思想，落实党政主要负责人法治建设第一责任人责任。加强规范性文件审理和清理工作，制定内部运行规章制度42项。落实行政执法"三项制度"，开展行政执法案卷评查，建立行政处罚自由裁量基准。《湖南省实施〈中华人民共和国广告法〉办法》修正案获省人大常委会通过。二是队伍素质稳步提升。开展"万人培训计划"，分层分线加强对干部职工尤其是基层监管人员的业务培训，省局举办主题业务培训班32期，举办"市场监管大讲堂"13期，参训人数达5000余人次。平稳推进职务与职级并行改革，打通干部职工晋升的"双通道"。三是政务服务不断优化。唱响主旋律、传递好声音，发布新闻近5000篇，省级以上主流媒体刊播新闻超过1万篇。市场监管、知识产权等6个规划进入省政府专项规划笼子。安排市县局防疫等专项资金1.64亿元。成功承办第六届中国民企合作大会。办文办会、政策研究、离退保障、后勤服务、政务信息等工作取得新成效。

二 瞄准目标任务，突出工作重点，扎实做好2021年和"十四五"市场监管各项工作

2021年，全省市场监管系统将以习近平新时代中国特色社会主义思想为指导，全面贯彻落实省委经济工作会议和全国市场监管工作会议精神，适应新发展阶段、贯彻新发展理念、服务构建新发展格局，大力实施"三高四新"战略，强化"大市场、大监管、大质量"建设，聚焦六项重点，开展六大行动，努力打造市场化、法治化、国际化营商环境，不断增强人民群众的获得感、幸福感、安全感，确保"十四五"开好局、起好步，以优异成绩迎接建党100周年。

（一）聚焦全省市场监管系统政治建设，开展高质量党建引领行动

把握市场监管部门的政治机关属性，深学笃行习近平新时代中国特色社

会主义思想，持续推进"三表率一模范"机关建设，抓好建党100周年系列纪念活动，深入开展党史学习教育，持续扩大"小个专"非公经济领域党的组织和党的工作覆盖面，构建"大党建"格局。开展"机关作风建设年"活动，推进"清廉市监"建设，开展损害营商环境问题专项整治，突出整治群众身边的不正之风和"微腐败"，完善绩效考核、督察激励和追责问责机制，形成重实干、重实绩的鲜明导向。

（二）聚焦打造国家重要先进制造业高地，开展质量品牌提升行动

大力实施质量强省战略，增品种、提品质、创品牌，助力先进装备制造业倍增计划和食品医药产业创优行动，推进"计量服务中小企业行"、"质量体检进企业"活动和小微企业质量管理体系认证提升行动，推进"质量品牌提升示范区"、"质量认证示范区"建设，实施标准、计量、认证认可、检验检测和质量管理"一体化"平台建设和"一站式"服务试点，增强湖南制造的质量成色和品牌底蕴。

（三）聚焦打造具有核心竞争力的科技创新高地，开展知识产权促进行动

配合全省关键核心技术攻关专项行动计划，深化知识产权服务便利化改革，建设湖南省知识产权产业服务中心和知识产权信息公共服务主干网。开展重点产业知识产权强链护链专项行动，实施创新产业PCT国际布局计划、发明专利维持计划和高价值专利培优计划，形成一批自主可控的高质量专利组合，培育一批知识产权密集型行业和企业。加快知识产权与科技创新深度融合，推动知识产权市场化转化和成果化运用，综合运用法律、行政、经济、技术、社会治理等多种手段，建立大保护格局，让全社会创新创造活力充分涌流。

（四）聚焦打造内陆地区改革开放高地，开展营商环境优化行动

落实省政府与国家市场监管总局签署的支持湖南自贸试验区部省战略合

作框架协议，加强与片区政府的协同，探索推出一批可复制可推广的创新成果。深化市场准入制度改革，大力推进"跨省通办""一网通办""证照分离"改革，推广电子证照，落实省政府第三批"一件事一次办"事项，深化企业注销制度和市场主体住所、经营场所分离改革。推进行政审批服务制度改革，建立涉企经营许可事项清单管理制度，优化工业产品许可证管理目录，扩大强制性认证目录中适用自我声明方式的产品种类，强化事中事后监管，持续释放改革红利和市场活力。

（五）聚焦群众"急难愁盼"问题，开展市场秩序规范行动

深入推进反垄断和反不正当竞争执法，奠定竞争政策的基础地位，防范个别平台经济、头部企业资本任意扩张、竞争失序风险。盯紧食品药品、医学用品、环保产品、烟草白酒等重点产品以及农村、城乡接合部等重点区域，加大重点领域专项治理力度，深入开展扫黑除恶、长江禁捕、打假治劣、打传规直、价费监管等专项整治。突出加强信用监管和智慧监管建设，用市场的力量管市场，用科技的手段提能效。

（六）聚焦落实"四个最严"要求，开展市场安全整治行动

推进"4812"食品安全放心工程建设，建立全过程食品安全监管防控体系；深入推进药品安全治理行动，强化药品全生命周期监管和新生业态监管；深入推进安全生产专项整治三年行动，开展风险隐患大排查大整治，压事故、减伤亡、保安全；加强基本民生产品的质量安全监管，开展重点工业产品质量安全追溯，深化生产许可、监督抽查和风险监控三项改革，深入开展放心消费环境创建活动，为保一方平安、护一方百姓做出积极贡献。

B.17
坚守人民情怀　坚持底线思维
奋力开创新时代湖南信访工作
高质量发展新格局

湖南省信访局课题组*

摘　要： 近年来，湖南省信访工作以习近平总书记关于加强和改进人民信访工作的重要思想为指导，坚持以人民为中心，紧紧围绕中央和全省工作大局，聚焦基层基础、聚焦突出问题、聚焦制度改革，着力发挥信访工作"了解民情、集中民智、维护民利、凝聚民心"的重要作用，在守正创新中实现新作为、在提质增效中展现新担当，信访工作制度化、规范化、法治化水平不断提升，有力地维护了群众合法权益和社会大局稳定。

关键词： 信访　矛盾纠纷化解　基层社会治理　社会稳定　湖南

一　坚持问需于民，全面提升湖南省信访工作新效能

2020 年，通过全省各级各部门的砥砺作为，全省平时和重点时期的信访秩序均好于以往、好于预期，全省信访总量同比下降 22.8%（全国同比

---

* 课题组组长：张银桥，湖南省政府副秘书长，湖南省信访局党组书记、局长。副组长：王梦辉，湖南省信访局党组副书记、副局长；林中柱，湖南省信访局二级巡视员。成员：文少亮，湖南省信访局督查处二级调研员；陈志方，湖南省信访局督查处四级调研员。

上升13%），其中到省上访人次同比下降25.3%，到国家信访局越级访人次同比下降50.6%；在京非接待场所登记数同比下降68.2%，特别是全国"两会"期间进京在非接待场所登记仅2人次，为历年最好的一次。工作体现在以下六个方面。

（一）加强组织保障，着力构建"五级书记抓信访"大格局

湖南省委、省政府高度重视信访工作，坚持问政于民、问需于民、问计于民，认真落实省级领导联系督办信访工作制度，书记、省长等省领导带头阅批群众来信，带头深入基层下访，领办信访积案。分管省领导对信访工作主动过问、亲自调度。省领导先后就信访工作作出指示批示65件，带头领办督办信访事项84件，省信访工作联席会议召集人先后9次联合调度信访维稳工作。省委巡视办将信访件办理纳入巡视工作督查范围，对县市区巡视交办信访件4.5万件；省信访联席办对14个市州78个县市区开展4轮下沉式督办。各地各部门党政负责人扎实履行信访工作"第一责任人"责任，坚持把信访工作作为"法治湖南""平安湖南"的重要内容统筹谋划部署，高位推动形成了信访联治、矛盾联调、工作联动的强大合力。

（二）夯实基层基础，积极推动新时代"枫桥经验"湖南化

以提升政府善治效能为目标，主动将信访工作融入基层社会治理，固根本、扬优势、求实效，着力推动"枫桥经验"湖南化。省政府连续2年将信访"三无"县市区创建纳入年度真抓实干激励表彰范畴，各地以"三无"创建为抓手，以开放性架构吸纳社会力量参与信访工作，切实增强群众参与法治政府建设热情，有力地推动了"枫桥经验"湖南化的丰富实践，涌现了"溆浦经验"等一大批先进典型，促进从源头排查化解矛盾纠纷5万余件，防止群体性上访1300余起；省级"三无"县市区个数由2019年的16个增加至2020年的47个，国家级"三无"县市区个数由2019年的11个增加至2020年的33个，"三无"乡镇（街道）创建达标率达69.7%，"三

无"村（社区）创建达标率达83.4%，全省形成了省抓"三无"县、市抓"三无"乡、县抓"三无"村的创建格局。

（三）攻坚突出矛盾，全面落实"三到位一处理"工作要求

落实省政府提出的"建设人民满意的服务型政府"要求，依法及时就地解决群众的"急难愁盼"问题。部署开展为期2年的房地产"办证难"信访问题集中化解行动，推动化解问题项目1592个，发放不动产权证42.4万本，追缴出让金、税费合计13.9亿元，为55万多购房户解决办证难题；落实全国人大有关野生动物禁食退养决定，推动率先在全国出台退养补偿政策，落实补偿资金5.29亿元；加快环洞庭湖纸业退出补偿问题攻坚，自觉接受省人大及常委会监督，配合办理5名代表提出的《关于加大奖补力度尽快解决洞庭湖区造纸企业退出遗留问题的建议》；部署开展集中治理重复信访、化解信访积案三年攻坚行动，各地各有关部门积极行动、主动出击，一大批疑难信访老案得到有效化解。

（四）深化制度改革，努力打造更高水平的"三个信访"

推动被动接访转变为各级责任主体主动约访下访、重稳控劝返转变为重督查督办、地区无差异化考核转变为分类目标管理考核、稳控追责向源头引发矛盾和化解问题不力一并追责，打造更高水平的"阳光信访""责任信访""法治信访"。推进信访事项第三方回访核实工作，与省委巡视办建立信访信息交流制度，创建领导干部接访项目化运行机制，推动诉访分离、分类处理制度落实，结合"国家宪法日"和《信访条例》修订实施15周年大力开展法制宣传活动。通过一系列举措，信访工作体制机制不断创新，工作责任进一步夯实，依法有序信访氛围更浓。各级党政干部主动接访下访26129人次、领办包案15164件。进京越级访降幅排名全国第一，19个县市区实现到京越级访"零登记"，到国家信访局登记5人次以下的有18个县市区。

（五）紧扣大局服务，全力实现信访"五个不发生"目标

坚持把信访渠道作为检视政府工作效果的重要渠道，统筹做好疫情防控和信访维稳工作，圆满完成了重大活动期间和重要节点的信访服务保障任务。全省信访系统知责于心、担责于身、履责于行，第一时间协调省、市、县三级同步开通疫情防控专班热线，接听并及时答复、协调处理群众来电29.6万个，编发专报100期、提出建议108条。及时优化整合信访联席办、维稳联席办机制，建立"党政领导、信访联调、属地主责、公安主力、部门联动"的高效劝返机制，实现"两会"、北戴河暑期、国庆节、十九届五中全会等重点时段"五个不发生"的工作目标。围绕重点时段，积极研判信访形势18次；针对重点群体，开展3次全省性大排查，摸排出8大类问题，并及时提示到各市州；紧扣重点问题，开展调研并形成报告10余篇，并就湖南省"十四五"规划起草建言献策，有力地服务了领导决策。

（六）提振能力作风，强力打造"五有信访干部"队伍

各级各部门日益注重信访干部队伍建设，调优配强信访部门领导班子和工作力量，着力从政治上、工作上、生活上、心理上关心、支持、爱护信访干部，为信访干部的工作、学习、生活和成长进步创造了良好条件。引导广大信访干部见贤思齐，大力宣扬蒙汉、雷杰等信访工作先进典型，省政府还将蒙汉同志作为"五级书记抓信访"县委书记典型向全国信访系统宣传推介。大力开展"五有信访干部"建设、"寻找最美信访干部"活动，举办全省信访系统领导干部综合素能提升研修班，不断提升干部能力素质、提振队伍精气神。深入推进"人民满意窗口"创建，落实国家信访局八项业务要求，印发了《湖南省信访部门"人民满意窗口"创建活动实施方案》等，持续推进基层信访业务标准化。

二 坚持底线思维，科学研判全省信访工作新形势

受世纪疫情侵袭和世界经济下行双重影响，社会各类矛盾易发多发，不

安全、不稳定的因素会不同程度存在，特别是湖南省过去积累的存量矛盾和现阶段发展过程中可预见或不可预见的矛盾风险"叠加效应""联动效应""放大效应"趋势明显。

从信访结构看，2020年到省集体访的人次占到省走访总人次的30%以上，且信访呈现活动组织化、手段信息化、背景复杂化等特点，跨地区跨部门的串联集体走访势头也日趋明显，到北京重点地区和敏感部位非正常上访时有发生，成为影响当前社会和谐稳定的突出因素。从网上信访情况看，网信占比还不高，网信主渠道作用有待进一步提升。

从信访问题看，群众诉求集中在征地拆迁、房产物业、集资融资、劳动社保、退役军人、环保投诉、政策攀比等领域，这方面占到省信访总量的61.8%，诉求主体多元、涵盖领域广泛、利益错综复杂，特别是大量已经或者依法应当通过诉讼、仲裁、行政复议等法定途径解决的问题涌入信访渠道，部分信访人反复越级上访、缠访、闹访现象突出，严重损害司法权威、影响社会稳定。

从信访工作看，个别地方和部门群众观念不牢、责任意识不强、工作作风不实，在《信访条例》执行上存在跑偏走样情况，存在重节点轻平时、重稳控轻化解、重非访越级访轻初信初访现象，信访积案化解率低、重复越级访突出，访量仍高位运行甚至出现反弹。有的地方工作开展不平衡，基层基础薄弱、业务欠规范，源头预警防范能力不强，在依法及时就地化解疑难复杂矛盾方面办法不多、措施不硬、效果不佳。同时，湖南省信访干部队伍建设还存在人员相对紧缺、结构需要优化、进出渠道不畅等短板问题，需要采取措施着力解决。

三　坚持目标导向，奋力开拓全省信访工作新局面

2021年是建党100周年的喜庆之年，也是"十四五"规划实施的开局之年，还是湖南省实施"三高四新"战略的首战之年，加之省市县乡领导班子陆续换届，全面做好信访工作、全力保障大局稳定具有特别重要的政治

意义。全省信访工作总体考虑是：以习近平总书记关于加强和改进人民信访工作的重要思想为指导，深入学习贯彻党的十九届五中全会、习近平总书记考察湖南重要讲话和2021年1月4日对信访工作的重要指示批示精神，以做好建党100周年信访稳定服务保障工作为主线，继续坚持"三个聚焦"、"四个转变"、"六个强化"和建设"五有信访干部"队伍工作举措，坚持人民至上，突出"事要解决"、强化实体办结，强力攻坚积案化解和重复访治理，统筹抓好源头预防、矛盾化解、制度完善，为助力全省实施"三高四新"战略、服务现代化新湖南建设做出新贡献。重点做好七个方面工作。

（一）坚持政治统领，增强做好新时代信访工作的思想自觉

牢记习近平总书记有关"江山就是人民、人民就是江山，人心向背关系党的生死存亡"的殷切嘱托，始终把人民放在心中最高位置，进一步树牢抓信访就是抓民生、保稳定、促发展的理念，不断增强政治判断力、政治领悟力、政治执行力，坚持正确处理好信访维权与维稳的关系，把信访工作的落脚点放在"事要解决"上，坚持底线思维、落实主体责任，敢于正视问题、深入研究问题、长于解决问题，努力让群众合理合法诉求得到合理合法解决，以实干实绩为党分忧、为民解难，做到上不愧党、下不负民。

（二）坚持人民至上，集中火力攻坚积案化解和重复访治理

抓好治理重复信访、化解信访积案专项工作落实，全面督导各地各有关部门认真梳理分类，一案一档、挂图作战、对账销号。坚持以信访事项回访核实和接访下访项目化运行为抓手，突出重点、先易后难，层层落实包案责任，一体推进解决问题、帮扶救助、思想疏导等工作。坚持把督查督办作为推动专项工作落实的重要手段，做到失责必问、问责必严，对责任落实不到位、工作进度长期滞后、问题化解明显走过场等失职失责的，加强通报约谈，严肃追责问责。

（三）坚持攻坚克难，多措并举治理进京非访和越级访

按照属地管理、分级负责和谁主管、谁负责原则，全面压实属地、领导、部门责任，督导县乡两级牢牢守住信访源头这道关口，加强前瞻治理、前端控制、前期处置，切实把信访矛盾和问题解决在县域。积极营造和谐信访环境，对于合理合法诉求依照法律规定和程序已全部解决而反复缠访闹访、非法上访、以访谋利的信访对象，探索实行涉访人员严重失信登记制度，逐步扭转以访施压的不良现象。继续加强到省进京重点人员的摸排化解稳定工作，加强重点县市区统一调度、工作督导，坚决遏制信访上行。

（四）坚持底线思维，强力破局群体访屡有发生态势

坚持把信访工作做在矛盾风险出现前，信访与公安等部门加强通力合作，及时收集深层次、内幕性、预警性、行动性情报信息，第一时间督促责任主体落地核查处理。建立健全党委领导、政府负责，有关部门和地区各负其责、协同处置群体访的应急工作体系，有针对性地开展现场控制、恳谈对话、带离劝返、舆情引导、分化打击等工作。推动从个案处理转向重制度性解决，积极发挥信访工作的参谋服务作用，对矛盾突出、诉求集中、涉及面广的政策性、群体性问题，及时开展专题调研，提出合理化的决策建议。

（五）坚持强基导向，持之以恒推动"枫桥经验"湖南化

主动把信访工作融入基层社会治理创新，着力推动"枫桥经验"湖南化。按照"问题解决在基层、矛盾化解在萌芽"的要求，加强和改进初信初访办理，压紧压实具体经办人员的责任，强化及时受理、高效处理、规范答复，做到件件有着落、事事有回音。深化"三无"创建，大力推广"溆浦经验"，发挥基层党组织、党员干部、群众工作积极分子、"两代表一委员"、律师和心理咨询师等的作用，推进村（居）民会议、民主听证等民主决策实践，通过法治"定分止争"、德治"春风化雨"、智治"提质增效"，努力实现小事不出村、大事不出镇、难事不出县。

（六）坚持联动发力，巩固扩大专项治理行动成果

继续把集中化解房地产"办证难"问题引向深入，省信访联席办积极协同省集中化解办开展联合督查，特别是对其"上游"的规划管理、违章建筑、烂尾工程和"下游"的物业管理、小区配套等信访问题，督导各地加强统筹谋划、系统治理，一并推动解决。同时，按照中央信访联席会议《关于落实部门和地区责任　解决当前信访突出问题的工作方案的通知》部署，开展好重点领域信访突出问题专项治理，督导各地结合实际情况，再聚焦1～2个其他类别的信访突出问题集中攻关、有效化解。

（七）坚持严实作风，打造忠诚、干净、担当的信访干部队伍

以中央在全党开展党史学习教育活动为契机，全面响应习近平总书记"我为群众办实事"实践活动的号召，不断加强信访干部的思想淬炼、政治历练、实践锻炼。着力发扬"为民服务孺子牛、创新发展拓荒牛、艰苦奋斗老黄牛"精神，大力开展"大督查大接访大调研"活动，倡导广大信访干部开拓创新、埋头苦干，在一线直面问题、研究问题、解决问题。继续推进"五有信访干部"建设，以"寻找最美信访干部"等活动为载体，深入开展向蒙汉、雷杰等同志学习活动，强化正向激励、推动创先争优，让良好作风在信访系统蔚然成风。

2020年湖南城乡居民收入和消费
状况及2021年展望[*]

胡国亮[**]

摘　要：　2020年，湖南省坚持以习近平新时代中国特色社会主义思想
为指导，坚持稳中求进工作总基调，众志成城，抗击疫情，
全力促进"六稳""六保"，率先启动复工复产，居民人均可
支配收入较快增长，比上年增长6.1%；居民人均生活消费支
出稳步增长，比上年增长2.5%。

关键词：　新冠肺炎疫情　居民收入　居民消费支出　湖南

一　城乡居民收入较快增长

　　2020年，面对国内外形势的复杂深刻变化，特别是突如其来的疫情和
罕见的汛情，湖南省坚持以习近平新时代中国特色社会主义思想为指导，认
真贯彻习近平总书记在考察湖南时的重要讲话精神，全面深入贯彻落实党中
央、国务院决策部署，统筹疫情防控和经济社会发展，全力促进"六稳"
"六保"，民生发展形势平稳向好，民生保障有力有效，城乡居民收入较快
增长，居民消费呈稳步增长态势，经济稳步回升，结构持续优化，质效不断
改善。

---

　　[*]　本文图表数据均来源于国家统计局湖南调查总队。

　　[**]　胡国亮，国家统计局湖南调查总队党组书记、总队长，湖南省政协委员，研究员。

（一）四大类收入同步发力

2020年，湖南居民人均可支配收入为29380元，较上年增长6.1%。增速在全国各省份中居第10位，在中部六省中居第3位。分类来看，四大类收入同步发力，均有不同程度快速增长。其中，工资性收入14665元，比上年增长5.4%；经营净收入6034元，增长7.6%；财产净收入2226元，增长6.6%；转移净收入6455元，增长6.5%（见图1）。

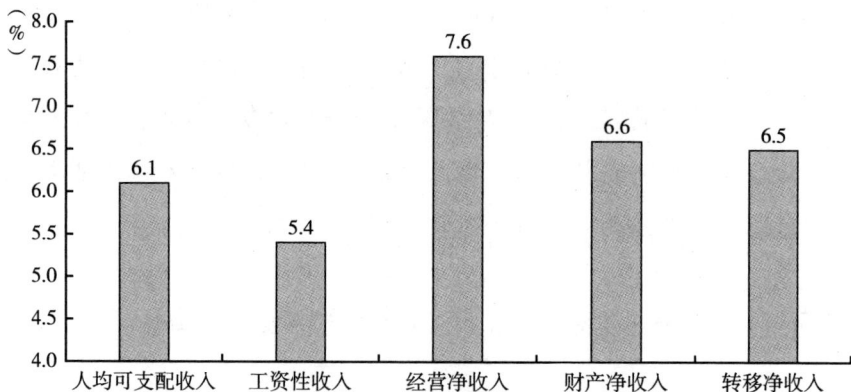

图1　湖南居民四大类收入增速对比

（二）城镇居民可支配收入均衡增长

按常住地分，全年湖南城镇居民人均可支配收入为41698元，较上年增长4.7%。增速在全国各省份中居第9位，在中部六省份中居第3位。

从增长速度看，城镇居民四大类收入增幅均呈平稳增长态势。其中，经营净收入增长5.2%；转移净收入增长5.1%；财产净收入增长4.9%；工资性收入增长4.3%（见图2）。

从增长贡献率来看，有两类收入合计超过七成。工资性收入和转移净收入的增长，是推动城镇居民增收的重要保障。其中，工资性收入对城镇居民收入增长的贡献率达到49.8%；转移净收入对城镇居民收入增长的贡献率也达到23.1%，这两类收入对城镇居民收入的贡献率合计超过70%（见表1）。

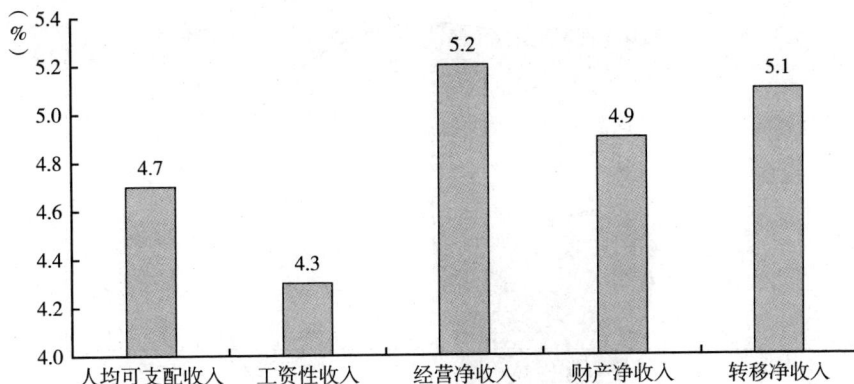

图2 湖南城镇居民四大类收入对比

表1 2020年湖南城镇居民收入及构成

指标名称	金额（元）	比上年同期增加（元）	名义增速（%）	贡献率（%）	占比（%）
人均可支配收入	41698	1856	4.7	—	—
其中：工资性收入	22457	923	4.3	49.8	53.9
经营净收入	6255	308	5.2	16.6	15.0
财产净收入	4146	195	4.9	10.5	9.9
转移净收入	8839	429	5.1	23.1	21.2

从收入占比来看，城镇居民的工资性收入是可支配收入中的最重要组成部分，占53.9%；转移净收入占21.2%，经营净收入占15.0%，财产净收入占9.9%（见图3）。

（三）农村居民收入增速高于城镇

全年湖南农村居民人均可支配收入为16585元，比上年增长7.7%，高于城镇3.0个百分点。增速在全国各省份中居第13位，在中部六省中居第2位。

从增长速度看，农村居民四大类收入增速均呈上升态势。其中，财产净收入增速最快，增长11.0%；经营净收入增长10.2%；转移净收入增长7.7%；工资性收入增长5.6%（见图4）。

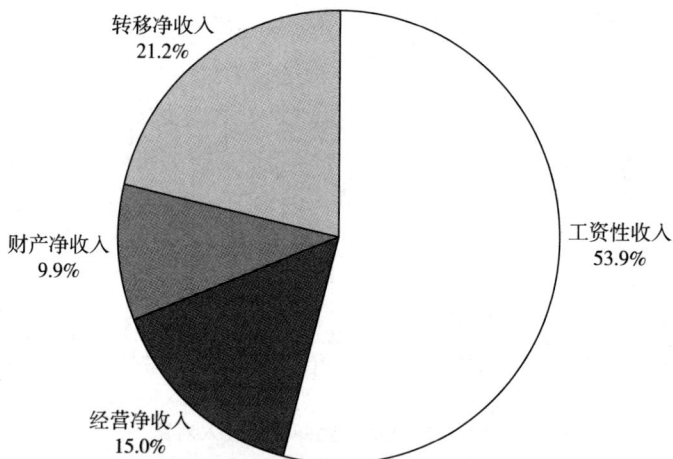

图3 湖南城镇居民四大类收入占比

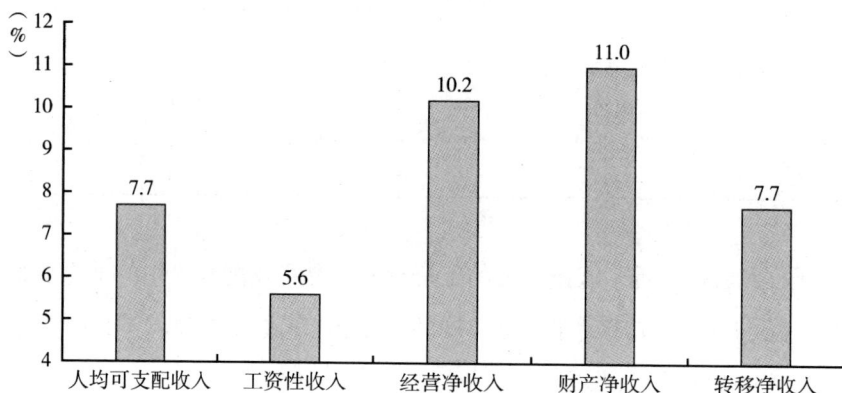

图4 湖南农村居民四大类收入对比

　　从增长贡献率来看，经营净收入位居第1。四项收入中，经营净收入增长对农村居民收入增长的贡献为45.0%，高于上年7.9个百分点；工资性收入增长的贡献率29.1%，是农村居民增收的主要动力之一；转移净收入受决战决胜脱贫攻坚、各项农业补贴力度加大等因素影响，增长贡献率为24.0%（见表2）。

表2　2020年湖南农村居民收入及构成

指标名称	金额（元）	比上年同期增加（元）	名义增速（%）	贡献率（%）	占比（%）
人均可支配收入	16585	1190	7.7	—	—
其中:工资性收入	6570	346	5.6	29.1	39.6
经营净收入	5804	536	10.2	45.0	35.0
财产净收入	232	23	11.0	1.9	1.4
转移净收入	3979	286	7.7	24.0	24.0

从收入占比来看，农村居民的工资性收入、经营净收入、转移净收入占比分别为39.6%、35.0%和24.0%。其中，工资性收入占比较上年有所下降，经营净收入占比进一步提升，农村居民收入结构不断优化，更加均衡合理（见图5）。

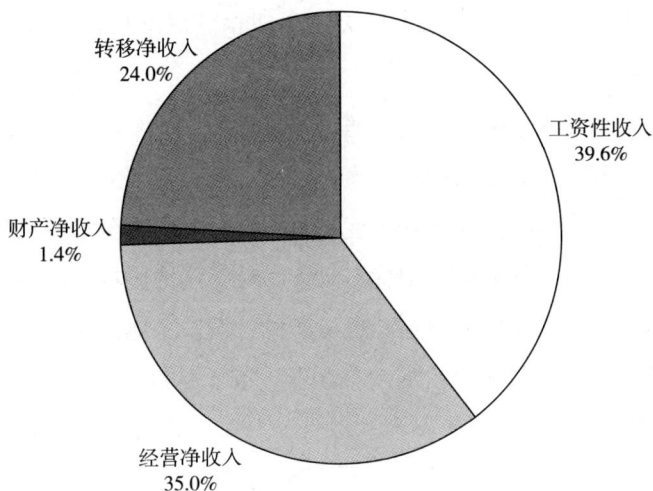

图5　湖南农村居民四大类收入占比

（四）城乡差距进一步缩小

城乡居民人均可支配收入比（以农村居民收入为1）为2.51，较上年的2.59呈进一步缩小态势。城乡居民收入差距的缩小，充分展现了湖南省全力推进脱贫攻坚、化解当前城乡发展不平衡不充分的主要矛盾的显著成效。

（五）支撑居民增收的主要因素

——宏观经济面韧性强，是支撑居民增收根本。一是主要经济指标数据位居全国前列。全年湖南地区生产总值增长3.8%。二是农业生产稳中有进。粮食总产量增长1.4%，年末湖南生猪存栏量增长38.4%。三是工业发展势头良好。全省规模工业增加值增长4.8%。

——工资性收入稳增长，筑牢居民增收基础。2019年底，全省对月最低工资标准和小时最低工资标准进行了上调，为2020年居民工资性收入增长奠定了良好的基础。新增就业形势良好也为工资性收入稳步增长提供了有力支撑。2020年全省新增城镇就业72.42万人，失业人员再就业35.76万人，就业困难人员再就业13.84万人，分别完成年度目标任务的103.5%、119.2%和138.4%。

——经营净收入增幅大，助推居民增收提速。城乡居民可支配收入的四个大类中，经营净收入增长的表现亮眼，是疫情影响下助推居民增收的主要动力。一是减税降费和企业帮扶力度不断加大。省内出台了一系列支持疫情防控和促进经济社会恢复的税费优惠政策，对受疫情影响生产经营、遭受重大损失的企业，可依法依规申请减免房产税、城镇土地使用税等。针对不能按期办理纳税申报或缴纳税款的中小企业，准予延期申报、缴纳税款。1～11月，湖南新增减税降费（不含社保费）194.7亿元，预计全年企业减税降费超230亿元；全年办理出口退税178亿元。二是农产品生产者价格上涨。全年农业产品价格上涨23.3%。其中，谷物价格上涨6.6%，畜牧业价格上涨51.7%。三是消费回补释放态势持续巩固。2020年，全省6577家规模以上服务业企业实现营业收入4540.04亿元，同比增长4.9%，比全国平均增速高3.0个百分点。全省34个大类行业中，25个行业实现正增长，行业增长面为73.5%。

——转移净收入增速稳，补齐居民增收短板。湖南密切关注受疫情影响的建档立卡贫困户和档外特殊困难群体，全面落实低保、特困人员等特殊困难群体的救助供养、临时救助一揽子社会保障政策，居民转移净收入平稳增长，兜住了居民基本生活保障底线。一是脱贫攻坚力度不断加大。2020年3月，湖南所有贫困县已全部实现脱贫摘帽，现行标准下农村贫困人口全部脱贫。二是以财政补贴保障各项民生。全年全省民生支出占比达70.4%，各级各部门筹措各类资金271.29亿元推进重点民生实事工作，全省12项22个重点民生实事任务如期顺利完成。全省农村低保和救助、困难残疾人生活补贴、重度残疾人护理补贴均高于年度目标任务发放。三是加大对特殊群体的政策扶持力度。城镇方面，湖南已连续3年提高城镇居民的低保最低指导标准、特困人员基本生活费标准和低保月人均救助水平。同时，特困人员基本生活费按不低于低保标准的1.3倍发放。农村方面，2020年，低保指导标准提高至4000元/年，较2019年提高了14.9%；低保救助水平提高到每月不低于213元，较2019年提高了15.1%。四是物价补贴发放惠及居民。启动社会救助和保障标准与物价上涨挂钩联动机制，足额向低保对象、特困人员等困难群众发放价格临时补贴。五是全力保障老有所养。2020年，湖南省人均基础养老金上调约5%，人均增加金额为140元左右。

二 居民人均生活消费支出稳步增长

（一）八大类消费"六增二降"

2020年，湖南居民人均生活消费支出为20998元，比上年增长2.5%。增速在全国各省份中居第4位，在中部六省中居第1位。其中，食品烟酒、交通通信、其他用品和服务、生活用品及服务、医疗保健、居住消费分别增长8.3%、8.2%、5.2%、5.1%、3.7%、3.0%。教育文化娱乐、衣着消费较上年分别下降14.3%、2.0%（见图6）。

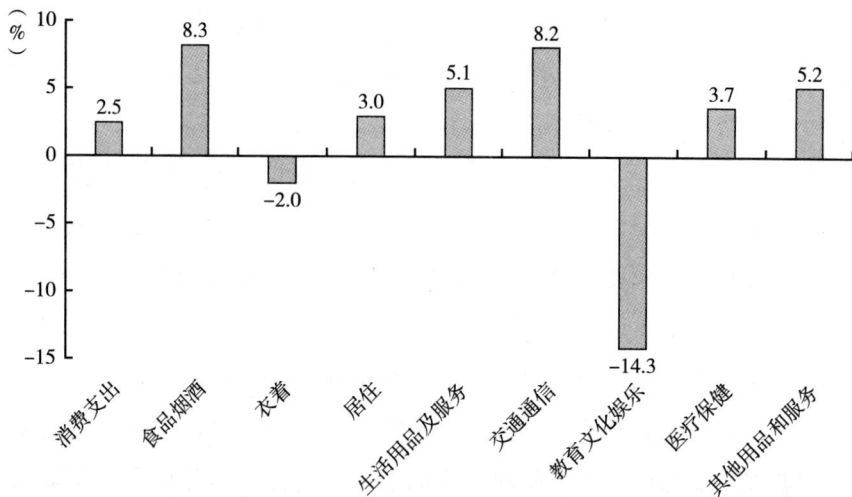

图6　湖南居民人均八大类生活消费支出对比

（二）城镇居民消费增速小幅下降

按常住地分，2020年城镇居民人均生活消费支出为26796元，比上年小幅下降0.5%。分类来看，交通通信、其他用品和服务、食品烟酒、生活用品及服务、医疗保健、居住消费分别增长8.7%、5.8%、4.1%、2.9%、2.0%、0.3%。教育文化娱乐、衣着消费受疫情影响，虽然下半年持续回暖，但较上年分别下降19.4%、3.5%（见图7）。

（三）农村居民消费增幅较大

农村居民人均生活消费支出为14974元，比上年增长7.2%，增幅高于城镇7.7个百分点。分类来看，食品烟酒、生活用品及服务、居住、医疗保健、交通通信、其他用品和服务消费分别增长15.2%、8.3%、6.8%、5.7%、5.3%、1.2%；教育文化娱乐和衣着消费分别下降3.6%、0.1%（见图8）。

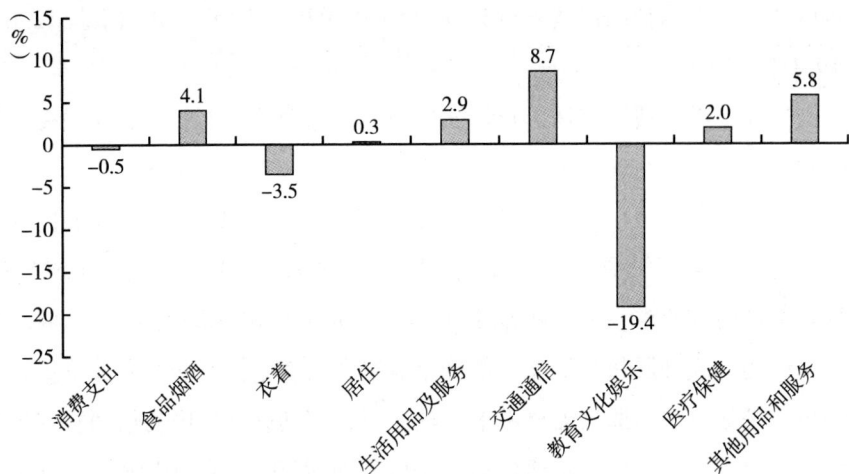

图7 湖南城镇居民人均八大类生活消费支出对比

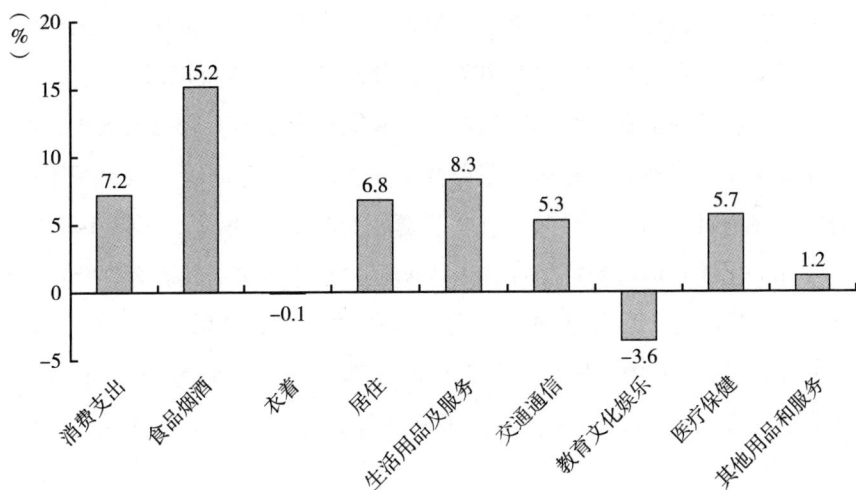

图8 湖南农村居民人均八大类生活消费支出对比

（四）影响居民人均生活消费支出的主要因素

食品消费支出是居民消费支出增长的主要支撑。2020年，湖南食品价格较上年上涨11.4%。食品价格走高，直接拉动居民食品消费支出增加。

全年城乡居民人均食品消费支出分别为5302元和3672元，分别增长12.6%和19.1%。

交通通信类消费受疫情影响增长较快。交通消费方面，随着居民受疫情影响减少乘坐公共交通工具出行，私家交通工具消费需求走强，叠加各地促汽车消费政策落地及厂家不断扩大优惠力度，交通工具销售保持了良好势头。全省居民交通工具消费支出为915元，增长23.0%。通信消费方面，为配合疫情防控要求，全省各地中小学、各大院校在2020年第一学期均采取上网课的方式开展教学活动，部分企业也在员工中推行居家办公形式，智能手机、平板电脑等通信器材需求大幅上升，带动湖南居民通信消费支出较快增长。全年城乡居民人均通信消费支出分别为793元和501元，分别增长14.6%和16.4%。

居民医疗保健消费意识增强。居民医疗保健消费意识开始由被动就医向主动预防转变，医疗保健消费类支出呈现增长态势。全年城乡居民人均医疗保健消费支出分别为2351元和1707元，分别增长2.0%和5.7%。

疫情对服务性消费的影响依然明显。新冠肺炎疫情对居民的娱乐、在外饮食等带来较大影响，全省居民服务性消费支出较上年下降。全年城镇居民人均服务性消费支出（不含自有住房折算租金）为7909元，下降14.0%。

教育文化娱乐消费受疫情冲击最为明显。全年城镇居民教育文化娱乐消费支出为3361元，下降19.4%；农村居民教育文化娱乐消费支出为1784元，下降3.6%。其中，城乡居民人均教育消费支出分别为2239元和1468元，分别下降9.6%和0.3%，文化娱乐消费支出为1121元和316元，分别下降33.8%和16.6%。

三 2021年居民收入和消费情况展望

2021年是"十四五"的开局之年，也是开启全面建设社会主义现代化国家新征程、向第二个百年奋斗目标进军的开局之年，对湖南继续坚持和发展中国特色社会主义、书写湖南新篇章具有特殊重要性。湖南全省上下将继续以习近平新时代中国特色社会主义思想为指导，坚决落实习近平总书记关于湖南工作系列重要讲话指示精神和中央经济工作会议精神，坚持稳中求进工作总基调，以推动高质量发展为主题，大力实施"三高四新"战略，促进"六稳""六保"，巩固拓展疫情防控和经济社会发展成果，推动经济稳中向好、稳中提质，以优异成绩庆祝建党100周年。但是，当前全世界疫情不断变化、外部环境复杂严峻等问题依然客观存在，未来经济形势仍存在诸多不确定性，湖南经济社会发展也将面临新的困难和挑战。考虑到2020年基数"前低后高"，预计2021年湖南居民人均可支配收入、生活消费支出增速都将呈现分季度"前高后低"、全年稳步增长态势，增幅均将高于2020年的水平。

B.19
2020年湖南脱贫攻坚发展
情况及2021年展望

湖南省乡村振兴局课题组*

摘　要：　2020年湖南脱贫攻坚取得全面胜利，全省2013年以来现行标准
　　　　　下的767万农村贫困人口全部脱贫，6920个贫困村全部出列，
　　　　　51个贫困县全部摘帽，绝对贫困和区域性整体贫困问题得到
　　　　　解决。2021年工作重点将转向巩固拓展脱贫攻坚成果同乡村
　　　　　振兴有效衔接，确保不发生规模性返贫，确保有序推进乡村
　　　　　振兴工作。

关键词：　脱贫攻坚　全面脱贫　乡村振兴　返贫致贫监测　湖南

一　2020年湖南脱贫攻坚工作成效

2020年是脱贫攻坚收官之年，是极不平凡的一年。突如其来的新冠肺炎疫情和严重洪涝灾害，给湖南脱贫攻坚带来严峻挑战。一年来，省委、省政府认真贯彻落实党中央、国务院决策部署，以如期全面打赢脱贫攻坚战为目标，以贯彻落实决战决胜脱贫攻坚座谈会精神为主线，坚决克服疫情灾情影响，有力有序有效推进脱贫攻坚工作。在全省各级各部门、社会各界的共同努力下，湖南省现行标准下农村贫困人口全部脱贫，贫困县全部摘帽，贫

* 课题组组长：赵成新，湖南省乡村振兴局党组成员、副局长；副组长：廖红兵，湖南省乡村振兴局政策法规处处长；成员：肖坤林、刘振岳，湖南省乡村振兴局干部。

困村全部退出，决战脱贫攻坚取得决定性胜利。习近平总书记 2020 年 9 月到湖南省视察，在多个场合对湖南脱贫攻坚工作给予了肯定。

（一）狠抓"三个不能"，始终保持了攻坚定力

省委、省政府坚决按照习近平总书记"不能停顿、不能大意、不能松劲"的指示要求，将脱贫攻坚作为实现全面小康的底线任务紧紧抓在手上。新春上班就召开全省动员大会，习近平总书记 3 月 6 日座谈会后随即召开重点帮扶县县委书记座谈会，全国"两会"刚闭幕又举办县委书记抓党建促决战决胜脱贫攻坚培训班，习近平总书记 9 月来湘视察后迅速抓好学习贯彻落实，12 月初还召开深度贫困县县委书记座谈会，进一步安排推进脱贫攻坚最后收官和有效衔接工作。书记、省长始终带头示范、亲力亲为抓，11 月省委、省政府新的主要领导职务调整后，继续加大了推进脱贫攻坚的力度。两位分管省领导始终集中精力、靠前指挥，其他省级领导履职尽责、形成合力。省委常委会议、省政府常务会议、省扶贫开发领导小组会议等全年研究推进脱贫攻坚 50 多次。2020 年 3～6 月扎实开展无遗漏、全覆盖的脱贫质量"回头看"，三季度结合国家脱贫攻坚督查、普查情况开展问题动态清零行动，四季度深入开展收官工作"回头看"，一环紧扣一环扎实推进。各级各部门按照中央和省里的统一部署，坚决克服等待观望思想和过关心态，全力以赴落实脱贫攻坚收官各项任务，切实保持了一鼓作气、决战决胜的良好状态。

（二）狠抓增收补损，有效克服了疫情灾情影响

疫情灾情背景下，群众收入问题比以往任何一年都突出。促进增收补损，核心就是抓好稳岗就业。省委、省政府 2 月中旬就派出 10 万名干部帮助企业应对疫情、复工复产，并出台促进企业健康发展"30 条"、做好脱贫攻坚工作"10 条"等，把贫困人口就业摆到优先位置。我们着力稳岗拓岗齐抓，坚持每周一调度、每月一抽查一通报，对返乡回流人员及时澄清底子、动态管理，迅速落实再就业帮扶措施。从统计数据看：2020 年湖南农

村劳动力转移就业 1636.3 万人，人数较 2019 年增加 3.9 万人，同比增长0.2%；2020 年贫困劳动力外出务工的达 232.36 万人，较 2019 年增加17.76 万人，同比增长 8.3%。贫困人口大幅增长，稳住了全省就业的基本盘子。新增就业的 17.76 万贫困劳动力中，省外务工的 9.28 万人，省内务工的 8.48 万人，这说明我们的东西扶贫劳务协作机制和省内扶贫车间、公益岗位等都充分发挥了作用。2020 年湖南省扶贫车间增加了 1979 家，总数达到 4942 家；扶贫公益岗位增加 7.6 万个，总数达到了 15.7 万个。2020 年8~9 月，湖南省扶贫办开展疫情背景下贫困劳动力务工状况和收入变化专题调查，通过抽样分析 21797 户建档立卡贫困户，发现，2020 年贫困劳动力外出务工时间较 2019 年平均推迟 0.91 个月，务工时长缩短 0.8 个月，但务工人数净增加 2616 人，月工资平均增加 100 元，务工总收入增加 455 万元，总体实现了增收补损目标。同时，精细精准做好因禁食、退捕转产转业工作，在全国率先出台禁食涉及贫困户和边缘户的帮扶方案，迅速摸清底数共 2657 户，逐一落实帮扶措施，全面完成转产转业任务。积极解决扶贫产品卖难问题，分批次认定扶贫产品 18438 个，组织消费扶贫月活动，累计促销扶贫产品 190 余亿元。采取有力举措抓好防汛救灾，切块 1 亿元资金支持贫困地区灾后重建，解决了 5242 户贫困户因灾住房和饮水安全问题，及时完成了受损农作物抢种改种。全面加大综合兜底保障力度，2020 年净增农村低保对象 13.9 万人，覆盖面扩大至 3%，较 2019 年提高 0.3 个百分点。享受上门服务评残办证的残疾人数量达 17.3 万人，兜住了贫困群众的生活底线。

（三）狠抓巩固提升，持续提高了脱贫质量成色

紧扣高质量完成脱贫攻坚任务的目标，坚持一手抓脱贫攻坚、一手抓脱贫成果巩固。一是以脱贫质量"回头看"为载体，认真查漏补缺解决问题。2020 年 3~6 月，全省地毯式排查 260 万户 830 万人，覆盖所有建档立卡贫困人口、边缘户以及档外农村低保人口、分散供养的五保户、重病重残户，全面检验"两不愁三保障"实现情况、扶贫各项政策落实情况，复核脱贫

质量和脱贫结果的真实性、准确性，摸清已脱贫户稳定脱贫存在的隐患和不足、未脱贫户脱贫存在的短板和差距、建档立卡外农户存在的致贫风险，发现并整改各类问题5.7万个，得到国务院扶贫开发领导小组督查组充分肯定。二是以全面脱贫不落一人为目标，强化返贫致贫监测帮扶。全省动态识别脱贫不稳定人口12.8万人、边缘易致贫人口11.9万人，逐一前置帮扶措施。对边缘人口，在落实国家政策的基础上，出台了参加医保个人缴费部分按当地建档立卡贫困户补助标准的50%进行补贴、危房改造比照农村"四类对象"纳入支持范围等政策措施。三是以配合国家普查为契机，客观体现脱贫攻坚成效。全省共安排普查经费2亿多元，选调普查员、指导员、引导员、数据审核员5万余人，严格按照时间节点和工作要求做好各项配合工作。从统计情况看，全省面访率高达91.94%，受访对象感到生产生活条件"明显改善"的占99.98%。9月上旬，国务院深入湖南省3个县开展普查工作事后质量抽查，未发现明显差错和问题。四是以防控化解涉贫风险为底线，步步为营推进工作。系统梳理扶贫领域存在的15个方面风险点，包括极个别贫困人口基本生活无保障、收入不达标、数字脱贫及弄虚作假、易地扶贫搬迁稳不住、扶贫工程质量不高、产业扶贫失败、软弱涣散村整顿不到位、资金项目管理不严格、涉贫信访舆情处置不力等，从政策差异性、基层治理能力不匹配、极少数干部作风不实三个方面剖析产生涉贫风险的根本原因，稳中求进加强防范，确保了全省脱贫攻坚健康、有序推进。

（四）狠抓党建引领，广泛凝聚精锐，形成出战合力

深入推进抓党建促脱贫攻坚，从严开展扶贫领域腐败和作风问题专项治理，力戒形式主义、官僚主义。省纪委监委组织近万名纪检监察干部蹲村督导，推动扶贫领域信访问题动态清零，帮助解决各类问题和诉求1万多个。省委组织部大规模开展脱贫攻坚干部考察，组织贫困县党政正职集中体检、已牺牲扶贫干部的家属和有脱贫任务乡镇党政主职分批次疗养。省委宣传部充分发挥湖南传媒优势，积极做好脱贫攻坚宣传和消费扶贫工作。省委统战

部强力推进"万企帮万村"等行动。省人大、省政协、省军区、各民主党派等发挥自身优势支持脱贫攻坚。持续加强社会扶贫工作。济南市援助湘西州财政资金2020年为4.39亿元，较2019年增长42.5%，省内14个被对口帮扶和"携手奔小康"的县获得援助资金超过3亿元。全省驻村工作队不仅没减少，市、县两级还增加了5000多名工作队员。在全国率先开通中国社会扶贫网湖南频道，各项指标继续保持在全国前列。全面加大总结宣传力度。深入开展"知党恩、感党恩、听党话、跟党走"主题活动，举办全国脱贫攻坚奖获得者、全省"百名最美扶贫人物"和黄诗燕同志先进事迹报告会，推出"从十八洞村出发"电视专题片、大型史诗歌舞剧《大地颂歌》、大型话剧《高山之巅》、"梦圆2020"主题文学创作活动等，出版数十种反映脱贫攻坚实践的图书，有效地营造了和谐脱贫的良好氛围。

二 2021年的基本思路和重点工作

2021年是建党100周年，是"十四五"规划开局之年，是巩固拓展脱贫攻坚成果、实现同乡村振兴有效衔接的起步之年。总的思路是：以习近平新时代中国特色社会主义思想为指导，认真落实习近平总书记重要指示精神，按照中央和省委、省政府决策部署，坚持稳中求进工作总基调，坚持省负总责、市县乡抓落实的体制机制，坚持改革创新，防范化解风险，把巩固拓展脱贫攻坚成果摆在头等重要位置来抓，推动脱贫攻坚政策举措和工作体系逐步向乡村振兴平稳过渡，用乡村振兴巩固拓展脱贫攻坚成果，坚决守住脱贫攻坚胜利果实，确保不出现规模性返贫，确保实现同乡村振兴的有效衔接，确保乡村振兴有序推进。

（一）总结宣传好脱贫攻坚工作

一是加强习近平总书记扶贫思想研究，突出在精准扶贫上形成理论和实践成果。二是加强脱贫攻坚总结。全面系统总结脱贫攻坚取得的历史性、标志性、趋势性成效，产生的社会效果和溢出效益，形成的宝贵基本经验。三是做好脱贫攻坚宣传。大力宣传脱贫攻坚成效经验、先进典型和感人故事，高标准建好"环十八洞村"和"环沙洲村"中国减贫交流基地，筹备脱贫攻坚成果展览。四是健全涉贫舆情应对机制。对涉贫舆情处置，制定工作预案，及时主动发声，回应社会关切，避免误解误读。五是筹备做好脱贫攻坚总结表彰。积极筹备省级层面脱贫攻坚总结表彰大会，做好先进对象的推荐评选工作，大力宣传先进典型，弘扬脱贫攻坚精神。六是做好脱贫攻坚殉职人员认定抚恤工作。落实国家五部委通知要求，积极做好殉职人员认定和抚恤政策落实工作。

（二）巩固拓展好脱贫攻坚成果

一是保持政策总体稳定。在新政策文件出台实施前，现有帮扶政策继续执行。做到投入力度不减、帮扶队伍不撤，保持财政投入规模，始终与巩固拓展脱贫攻坚成果、做好衔接要求相匹配。二是健全防止返贫监测帮扶机制。重点监测脱贫县、脱贫村及脱贫人口，持续跟踪收入变化和"两不愁、三保障"巩固情况，定期核查、动态管理。对脱贫不稳定户以及边缘易致贫户，及时发现、及时帮扶、动态管理。三是做好易地扶贫搬迁后续扶持工作。加大产业支持、就业帮扶力度，进一步完善易地扶贫搬迁集中安置区配套设施和服务，加强社区治理和社会融入，确保稳得住、有就业、逐步能致富。四是加强扶志扶智。深入开展"知党恩、感党恩、听党话、跟党走"主题活动，继续加强政策引导，强化"幸福是奋斗出来"的教育，激发脱贫群众内生动力，依靠自身奋斗过上更好生活。

（三）规范提升好脱贫攻坚创新性工作

一是加强扶贫项目资产管理与监督。研究制定湖南省的指导意见，明确建立健全扶贫资产管理制度的相关要求，确保扶贫资产持续发挥效益。特别是对产业扶贫项目，持续加强扶持和管理。对已经失败的项目，及时妥善解决涉及脱贫人口新的增收渠道问题；对正在实施的项目，扶持其加快融入乡村振兴产业兴旺大格局。二是加强扶贫小额信贷管理。全省扶贫小额信贷累计近300亿元，始终防范逾期贷款风险，区分情况、稳妥分类处置。三是加强村级光伏扶贫电站运维管理。进一步明确并落实好村级光伏扶贫电站发电收益管理使用和运维要求，切实加强规范管理。四是加强扶贫公益岗位的统筹管理。持续推进公益岗位优先安置脱贫群众，进一步促进弱劳力、半劳力就地就近就业。健全按需设岗、规范因事设岗，不能因人设岗，防止福利泛化。保持公益岗位总体稳定，不搞大起大落，防止造成脱贫人口新的就业问题。五是加强扶贫车间管理。加强规范管理，依法合规营运，完善支持政策，确保扶贫车间持续发挥作用。六是加强信息化建设。充分利用建档立卡信息系统成果，健全防止返贫大数据监测平台，为巩固拓展脱贫攻坚成果和推进乡村振兴提供数据支撑和决策参考。

（四）有效衔接好脱贫攻坚与乡村振兴

一是搞好政策衔接。结合中央要求，立足实际对本地区相关政策进行优化完善，并创设一批新的支持政策。二是搞好规划衔接。组织编制省级层面"十四五"期间巩固拓展脱贫攻坚成果同乡村振兴有效衔接的规划。各市州应根据当地实际编制规划，对具体举措进行深化细化。三是搞好产业帮扶衔接。支持脱贫地区产业发展壮大，产业扶贫政策措施由到村到户为主向到乡到村带户为主转变，发挥科技特派员作用，支持龙头企业、合作组织、致富带头人发展，完善利益联结机制。强化村集体经济发展，以此进一步增强村级组织服务功能，提高带动群众振兴产业和乡村治理的能力，更好地巩固脱贫成果。四是搞好就业帮扶衔接。促进脱贫人口稳定就业，继续做好东西部劳务协作工作，把外出务工脱贫人口稳在就业地和省内。积极拓宽就地就近就业渠道，支持龙头企业等经营主体带动就业。五是搞好基础设施建设衔接。按照实施乡村建设行动统一部署，持续加强乡村基础设施建设，以改善交通、水利、电力、通信等生产生活条件为重点，促进村容村貌提升。六是搞好公共服务提升衔接。持续增加教育、健康等公共服务领域的投入，着力提升乡村义务教育办学条件与水平，有效改善医疗卫生基础条件，进一步提升脱贫地区公共服务能力和水平。七是搞好重点县衔接。省里将选择部分脱贫县作为乡村振兴重点帮扶县,选择部分条件较好的县建设全面推进乡村振兴示范区,集中打造湘赣边乡村振兴示范区,配套调整省内对口帮扶安排。八是搞好考核衔接。与高质量发展综合绩效评价做好衔接,科学设置考核指标,切实减轻基层负担。

B.20
2020年湖南残疾人事业发展情况及2021年展望

摘　要： 2020年，湖南省残联系统聚焦打赢疫情防控阻击战和残疾人脱贫攻坚收官战，积极营造扶残助残的社会环境，多措并举促进残疾人稳岗就业，持续提升康复、无障碍建设、维益维护等方面的残疾人基本公共服务。2021年，湖南残疾人工作将编制实施"十四五"全省残疾人保障和发展规划，巩固拓展残疾人脱贫攻坚成果，增强残疾人制度化保障能力，提升残疾人公共服务质量，推动残疾人事业高质量发展。

关键词： 残疾人　基本公共服务　就业　脱贫攻坚　湖南

一　2020年工作回顾

2020年是极不寻常、极其不易的一年。全省各级残联坚持以习近平新时代中国特色社会主义思想为指导，以习近平总书记关于残疾人事业重要论述为指南，在省委省政府的正确领导下，紧扣推动残疾人事业高质量发展的主题，围绕"六稳"目标，落实"六保"任务，统筹疫情防控和重点工作，决战残疾人脱贫攻坚，持续提升残疾人保障服务能力水平，残疾人的获得

* 肖红林，湖南省残疾人联合会党组书记、理事长。

感、幸福感、安全感不断增强。全省残疾人工作在大疫大灾、大战大考中，交出了一份优异答卷。各级残联组织在风险挑战中、困难压力前经受住了考验，"政治性、先进性、群众性"的底色擦得更亮。

（一）深入学习贯彻习近平总书记对湖南工作和对残疾人事业的重要指示精神，始终坚定正确政治方向

组织认真学习领会习近平总书记考察湖南重要讲话和对残疾人事业重要指示精神，与学习领会习近平总书记对残疾人事业系列重要论述贯通融合。在深学细悟、践行笃用中感受习近平新时代中国特色社会主义思想的真理伟力，准确把握习近平总书记为湖南发展擘画的宏伟蓝图，深刻体会总书记对残疾人和残疾人事业的特殊深厚感情。对标重要指示要求，制定具体贯彻措施，出台责任分工方案，以钉钉子精神抓好落实。结合开展学习贯彻落实习近平总书记重要指示批示精神情况"回头看"、巩固深化"不忘初心、牢记使命"主题教育成果，"学听跟"专项宣传教育等活动，全省各级残联不断增强"四个意识"，坚定"四个自信"，做到"两个维护"，团结带领广大残疾人真情感党恩、始终听党话、坚决跟党走。

（二）打赢打好疫情防控阻击战和残疾人脱贫攻坚收官战

全省残联落实中央、省委统一要求部署，直面疫情，迎难而上，实化细化防控措施，转变服务方式，变"线下训练"为"线上指导"，在全国残联系统率先全面复工复训。搭建网络就业平台，扶持残疾人经营企业，走访探视困难残疾人家庭。全省残疾人群众在疫情期间总体安全平稳，没有因疫情发生群体事件和冲击道德底线的事件。同时，各级残联保持马不离鞍、缰不松手的定力，尽锐出战投身残疾人脱贫攻坚收官战。全省56.2万建档立卡残疾人全部脱贫，每名残疾人在解决"两不愁、三保障"基础上，区分不同情况，额外享受一项以上的残疾人特惠政策。全年对17050名农村残疾人开展实用技术培训。"扶残助农"公益行动帮助1350名残疾农户解决滞销卖难问题，销售额超过3000万元。全省共建成残疾人就业扶贫基地1150

家，辐射带动一大批残疾人就业增收。便民评残办证工作得到省委、省政府肯定，"百日冲刺"行动被中国残联点赞，东西部协作将长期深化，树立宣传以杨淑亭为代表的一批全省残疾人脱贫攻坚先进典型。

（三）多措并举促进残疾人稳岗就业

坚持就业是民生之本，把稳就业作为兜住残疾人民生底线的重要工作之一。印发实施《"点亮万家灯火"托底帮扶残疾人就业行动实施方案》，拟用三年时间，兜底帮扶全省劳动年龄段有就业意愿的残疾人就业。5000余名残疾人已通过专项行动实现公益性岗位就业。开展残疾人就业援助活动，走访摸底2459户残疾人家庭的就业需求，举办42场残疾人专场招聘会，扶持67家盲人按摩机构。全省高校残疾毕业生就业率达到80.13%。省残疾人创业孵化基地为14家残疾人企业提供创业孵化服务。全年有11781名残疾人得到免费职业技能培训。成功举办第三届全省残疾人岗位能手职业技能竞赛。

（四）持续提升残疾人基本公共服务

残疾人康复服务实效显著。重点民生实事"10000名残疾儿童康复救助"项目超额完成，共有14991名残疾儿童得到康复训练，总体进度为165.31%。全省90%的县、市、区出台残疾儿童救助制度。残疾人基本康复服务率、辅具适配率分别达到了92.89%和95.54%。实施"启聪扶贫"等一批成人重点康复项目。为118个康复机构购买责任险，为10513名残疾儿童购买意外伤害险。新建50个多功能残疾人社区康复综合服务站。举办全省残疾人康复与辅助器具服务技能大赛、第二届长沙康复辅助器具暨康养产业博览会。

无障碍环境建设大力推进。认真落实习近平总书记关于无障碍环境建设的重要指示，迅速牵头开展全省无障碍环境建设工作调研，出台调研报告。起草全省无障碍环境建设五年行动计划，完成《湖南省无障碍环境建设管理办法》立法相关工作。全年共为16302户贫困重度残疾人家庭实施无障碍改造，同比增加118%。湘潭市、浏阳市、韶山市、浏阳市大瑶镇被授予"全国无障碍示范市县村镇"。湖南省无障碍环境建设工作在第35次全国残联工作会议上作典型经验介绍。

残疾人教育帮扶稳步实施。全年资助5042名大学阶段、11660名高中阶段残疾学生，贫困残疾人子女和1320名残疾学前儿童，为153名高考残疾考生提供合理便利，694名考生被大中专院校录取。省特教中专办学取得新成效，毕业生就业率连续多年稳定在90%以上。举办残疾青壮年扫盲教员培训班。

残疾人权益得到有效维护。深入开展"双联双百"工作，压实信访责任，优化信访问题化解机制，依法妥善解决信访积案，全省残联共接待处理来信来访来电12642件次。办结人大代表、政协委员建议提案8件。积极为残疾人提供法律救助，全省县级残疾人法律救助站建设实现全覆盖。

残疾人文体生活丰富开展。组织举办2020年全省残疾人文化周活动，扶持34个残疾人宣传文艺类机构或项目，文化进家庭"五个一"项目惠及1560户农村残疾人家庭。举办第三届全省残疾少年儿童基本功比赛。积极备战全国残运会，湖南省10名运动员入选东京残奥会国家集训名单。

（五）积极营造扶残助残的社会环境

做深事业宣传。突出习近平总书记考察湖南、疫情防控、脱贫攻坚等重大政治事件，配合中央媒体，协调省内媒体，依托《新湖南》残联频道等平台，开展深度宣传报道，累计报道残疾人脱贫攻坚超过1000次。做新志愿助残服务。创新打造首个助残志愿服务供需对接平台，开发上线"湘助残App"。组织开展"五个一批"先进典型和助残志愿服务基地评选。做好残疾人慈善事业。省残疾人福利基金会全年共募集资金善款折合3570万元，实施公益助残项目33个，惠及7.4万残疾人。精心打造"集爱三湘"等公益品牌项目。

（六）着力加强残联自身建设和基础管理

推进全面从严治党。坚持以政治建设引领党的建设各项工作。切实把学习习近平新时代中国特色社会主义思想作为理论武装的核心任务。建立党组会议理论学习第一议题制度，成立青年理论学习小组，将学习情况作为重点内容纳入公务员平时考核范围。汇编发放《习近平总书记关于残疾人事业发展重要论述摘编》。持续开展主题教育 8 个专项整治和"反对指尖上的形式主义"专项整治。组织开展落实中央八项规定精神情况"回头看"，毫不松懈纠治"四风"，党风廉政教育警钟长鸣。

强化协会桥梁纽带作用。市县残联改革如期完成，基层残联改革试点初见成效，醴陵市试点经验在全国基层残联改革试点会议上作典型介绍。指导各专门协会规范化发展、社会化运作，筑牢联系残疾人的桥梁纽带。省盲协、聋协、肢协、智协等按照章程召开会议，增加人员力量。省盲协承办国家通用盲文骨干培训班，组织参加公益观影活动。省肢协组织举办首届中国山岳景区无障碍旅游现场督导巡查会，展示湖南省无障碍环境建设成果。省智协举办"牵着蜗牛去散步"活动，引起社会对智力残疾人群体的热心关注。

夯实基础数据支撑。全省残疾人基础数据共享交换平台运行良好，在助力残疾人脱贫攻坚中作用凸显。改造优化省残联门户网站。发布 2019 年度《湖南省残疾人事业发展统计公报》。认真开展残疾人家庭收入状况调查，抓实残疾人基本服务状况和需求信息数据动态更新。湖南省动态更新工作全年完成 191.6 万名残疾人和近 3 万个社区的调查，入户采集率 95.8%，App采集率 98.74%，是 21 个 App 采集率高于 90% 的省份之一，是 18 个出台数据分析报告的省份之一。

加强残疾人证换发管理。加快换发第三代智能残疾人证，临湘市成为全省首个刷三代证免费乘坐公交的县市。全年新办残疾人证 21 万本，为 15 万余人提供便民评残服务。新增 20 家评残医院，全省评残医院总数达到 207家，基本实现县域全覆盖。开展违规持有残疾人证清理工作"回头看"交叉督查，重点清查残联系统及直系亲属违规持有残疾人证问题。

二 "十三五"时期简要回顾和"十四五" 时期总体思路

2020 年是承上启下、具有历史性意义的一年。我们完成了"十三五"规划的总结收官，开启了"十四五"规划的谋局布篇。五年来，全省残疾人的生活状况显著改善，生活质量明显提高。截至 2020 年底，全省有 151 万残疾人参加城乡居民养老保险、155 万残疾人参加城乡居民医疗保险，31.2 万贫困重度残疾人享受政府全额代缴医疗保险和最低档次养老保险参保费用。有 24.4 万建档立卡残疾人享受低保，2.1 万建档立卡残疾人纳入特困供养，52.8 万残疾人享受困难生活补贴，78.9 万残疾人享受重度护理补贴，135369 名残疾人享受了危房改造政策，75 个县市区为残疾人购买了人身意外险。残疾儿童少年接受义务教育比例为 95.79%。康复救助残疾儿童为 4.9 万人（次），为 189 万人（次）残疾人提供基本康复服务，为 89.8 万人（次）残疾人提供辅具适配服务。为 10.87 万人次残疾人提供托养服务。帮助 3.6 万户困难残疾人家庭实施无障碍改造。

我们也要清醒地认识到，全省残疾人事业发展还面临不少困难和问题。一是残疾人事业发展不平衡不充分的问题长期存在，城乡差距、地区差异较为明显；二是残疾人基本公共服务仍有短板弱项，服务质量和水平还不够高；三是巩固拓展残疾人脱贫攻坚成果任务较重，稳定脱贫、防止返贫的长效帮扶机制需建立健全，部分智力、精神和重度肢体残疾人仍存在"脱贫不解困"问题；四是残联组织治理能力和水平有待提高，基层基础仍比较薄弱，少数残疾人工作者的作风、能力、素质还不完全适应新阶段新要求。我们一定要高度重视，认真加以解决。

"十四五"时期是开启全面建设社会主义现代化国家新征程、向第二个百年奋斗目标进军的第一个五年。我们要围绕到 2035 年基本实现社会主义现代化的远景目标，坚持党的全面领导，坚持以人民为中心，坚持保基本、兜底线，坚持高质量发展，巩固拓展残疾人脱贫攻坚成果，不断完善残疾人社会保障制度，多形式帮扶残疾人就业创业，健全均等化的残疾人基本公共服务体系，加强无障碍环境建设，提升残疾人事业基础保障条件，使残疾人生活品质得到新改善，民生福祉达到新水平。

三 2021年工作展望

2021年是"十四五"开局之年。2021年全省残疾人工作的总体要求是：以习近平新时代中国特色社会主义思想为指导，全面贯彻党的十九大和十九届二中、三中、四中、五中全会精神，坚决落实习近平总书记关于湖南工作系列重要讲话指示精神和总书记关于残疾人事业系列重要论述，认真落实省委"三高四新"战略，编制实施"十四五"全省残疾人保障和发展规划，巩固拓展残疾人脱贫攻坚成果，增强残疾人制度化保障能力，提升残疾人公共服务质量，推动残疾人事业高质量发展，以优异成绩庆祝建党100周年。

（一）全面加强残联党的建设，为"十四五"残疾人事业开好局起好步提供坚强政治保证

始终把政治建设摆在首位，坚定不移同以习近平同志为核心的党中央保持高度一致。持续深入学习贯彻习近平新时代中国特色社会主义思想，不断提高政治判断力、政治领悟力、政治执行力。切实保持政治定力，推动习近平总书记考察湖南重要讲话和关于残疾人事业重要指示精神落实落地。组织开展多种形式的主题活动，庆祝建党100周年。认真组织开展党史学习教育，深化"学听跟"专项活动，将广大残疾人、残疾人工作者紧紧凝聚在党的周围。大力推进"三表率一模范"机关建设。一以贯之推进残联系统全面从严治党，持之以恒正风肃纪反腐，锲而不舍落实中央八项规定精神，坚决破除形式主义、官僚主义，涵养风清气正的良好政治生态。

（二）巩固拓展残疾人脱贫攻坚成果，增强农村残疾人保障和发展能力

贯彻全国脱贫攻坚总结表彰大会精神，落实中央、省委关于推进巩固拓

展脱贫攻坚成果同乡村振兴战略有效衔接的部署，乘势而上，主动作为，巩固和增强农村残疾人民生保障。协助抓好残疾人低保、"两项补贴""两保"代缴等社保政策的全面落实，配合开展"两项补贴"提标。推进农村重度残疾人照护工作。将易返贫、致贫残疾人作为重点人群，加强返贫监测和精准帮扶。组织实施"联村联户、四帮四促"行动。培育发展农村助残经济实体，鼓励农村专业合作社和集体经济组织等新型农业经营主体吸纳残疾人就业增收。开展残疾人新型职业农民培育，支持残疾人电商发展，多形式帮扶残疾人就近就业和农村创业。

（三）全力托底帮扶，促进残疾人就业创业

建立托底帮扶残疾人就业工作长效机制，深化落实"点亮万家灯火"残疾人就业专项行动。组织协调残疾人集中就业机构和残疾人创业企业进入政府采购电子卖场，建设扶残助残采购专区。摸底调查全省公益性岗位安置残疾人就业情况，建设残疾人就业创业服务平台，推动市州残疾人创业孵化基地建设，开发残疾人居家灵活就业和"微创业"项目，扶持1100名残疾人自主创业。多举措促进残疾大学生就业。引导盲人按摩行业健康发展，稳定盲人就业。加大残疾人职业技能培训力度，开展就业和培训实名制管理。举办湖南省第四届残疾人岗位能手职业技能竞赛。

（四）推动残疾人基本公共服务高质量发展，不断满足残疾人的美好生活需要

坚持以残疾人为中心，贯彻新发展理念，不断促进残疾人基本公共服务高质量供给，既注重"扩量"，更注重"提质"，为残疾人提供均等化、专业化、便利化的服务。

加强残疾人康复服务。继续抓好"肢体矫治手术""智能假肢"等成年残疾人康复重点项目。深入推进精准康复服务，年底持证残疾人接受基本康复服务率和辅具适配服务率均达到85%。支持建设50个多功能残疾人社区康复综合服务示范站，继续为康复机构和在训残疾儿童等购买商业保险。强

化康复人才专业培训，继续联合高校开展订单式康复人才培养。出台支持民办康复机构健康发展的具体举措。

助力残疾人接受教育。建立残疾学生和困难残疾人家庭子女助学政策体系。资助 1000 名学龄前残疾儿童入园入训，帮助 1200 名残疾青壮年脱盲。积极推广通用盲文和通用手语。

创建无障碍社会环境。宣传贯彻落实《湖南省无障碍环境建设管理办法》。配合开展无障碍市县村镇和无障碍社区创建活动。加快发展信息无障碍，逐步推广视频交流和电视新闻栏目配播手语，推动出台更优惠的残疾人信息消费政策。推动建设莽山"无障碍旅游服务圈"，促进无障碍旅游发展。

规范残疾人托养服务。修订托养服务补贴制度，规范托养服务标准和服务行为，探索党建促托养工作。全年为 20000 名残疾人提供不同形式的托养服务。

（五）认真组织筹办重大活动项目，提升残疾人事业影响力

抓住开展重要工作、实施重大项目、举办重大活动的契机，努力营造关心关爱残疾人的社会氛围，创造良好外部环境，推动残疾人事业向前发展，向党的百年华诞献礼。高质量编制"十四五"全省残疾人保障和发展规划，制定实施全省无障碍环境建设五年行动计划。扎扎实实落实好两个重点民生实事项目"1.1 万名残疾儿童康复救助"和"1.2 万户困难残疾人家庭无障碍改造"，把好事办好、实事办实。组织开展第五次全省自强与助残先进表彰，筹备召开第六次全省残疾人事业工作会议。备战参赛全国第十一届残运会，选送优秀运动员参加东京残奥会。组织参加第十届全国残疾人艺术会演。

（六）推进残联改革和服务创新，提升基层组织建设水平和服务能力

落实基层组织改革。指导市县残联落实改革举措，总结推广基层残联改革试点经验。加大专门协会改革力度，推进五大专门协会规范化建设。加强

和改进村（社区）残协工作，打通联系服务残疾人"最后一公里"。创新服务方式。深化"走转改"专项活动，落实走访、探视、慰问等制度，深入基层为残疾人解决"急难愁盼"问题。加强互联网、大数据、人工智能等科技创新应用，管好用好全省残疾人基础数据共享交换平台，打造动态更新工作升级版。加快三代证换发，力争实现80万存量二代证换发的年度目标，实现残疾人证跨省通办、就近办、网上办。持续推进违规持证清理。加强干部队伍建设。强化干部教育培训，举办全省残疾人干部培训班，着力打造一支高素质残疾人工作者队伍。教育引导全省残疾人工作者胸怀政治忠诚，心系残疾人冷暖，大力发扬"三牛"精神，一如既往为残疾人事业奋斗奉献。

B.21
支援女性在社区领域开展创新创业的策略研究

湖南省政府妇儿工委办公室课题组*

摘　要： 本研究对社区中适合女性开展创新创业的养老、育儿等公共服务，社区商业及公益空间运营等领域的现状进行了系统研究，认为在养老、育儿服务等领域，社区有需求，妇女有意愿，并从空间建设、资金基础、制度设计、人才培育四个方面提出了有建设性的意见，为支援女性在社区领域开展多元的创新创业提供理论依据和实践案例经验。

关键词： 社区创业　女性创业　养老与育儿服务　湖南

一　妇女的再就业服务的需求研究

（一）需求研究解析

21 世纪以来，我国加速进入老龄化社会，为保障家庭的健康发展，更为了我国经济的可持续发展，全面二孩政策出台。这一政策实施后，我国人口出生率有了一定提高，但与此同时，作为生育和照顾儿童成长的主要承担者，越来越多的女性面临育儿与职场两难的困境。

---

* 课题组成员：尹素云，湖南省政府妇儿工委办专职副主任；沈瑶，湖南大学建筑学院城乡规划系副教授、博士生导师；袁艺馨，湖南大学建筑学院城乡规划系硕士研究生。

2018 年 11 月，习近平同志在同全国妇联新一届领导班子谈话时指出，"要帮助妇女处理好家庭和工作的关系，做对社会有责任、对家庭有贡献的新时代女性"。新时代的女性需要在个人价值与家庭价值中达到平衡才能实现其社会价值。正确处理这二者的关系对于社会稳定与经济发展有重要的意义。近年来，女性的消费力和影响力越来越大，因此要更多地发挥女性智慧，不仅要重视女性作为消费者的角色，更应重视其作为创造者的角色，使妇女就业选择更加多元、创业之路更加宽广。

妇女因为生育问题在就业时会遭遇到各种各样的歧视，这一现象是普遍存在的，而全面二孩时代的到来导致这一问题更加突出。在此背景下，用人单位（特别是企业）招聘中的就业性别歧视现象更加突出，招聘单位在职场准入时设置"隐形门槛"。为进一步促进妇女平等就业，2019 年 2 月，人社部、全国妇联等九部门联合发布《关于进一步规范招聘行为促进妇女就业的通知》，其中提到要依法禁止招聘环节中的就业性别歧视，不得差别化地提高对妇女的录用标准。

社区就业是一种新兴的，与传统就业完全不同的就业方式。相比于男性而言，女性失业者更倾向于选择社区就业。一方面是因为社区就业门槛较低，障碍较小。另一方面，在每天生活的社区中就业，可以平衡好经济与家庭事务的关系。据国家人力资源和社会保障部统计，目前社区就业总人数中，70% 是女性下岗者，社区就业的发展具有一种"女性化"的趋势。任远（2003）的统计显示，女性社区就业的方向以家居服务为主，在这一领域，女性就业比重高达 70%～90%。这一领域女性就业者数是男性的三倍之多。此外，女性在有关儿童和老人的公益服务方面占比也较多。

（二）实地调研访谈解析

本次调研地点选取了长沙市芙蓉区丰泉古井社区，该社区地处繁华、游客较多的商业中心。被解放路、蔡锷南路、人民西路、黄兴路步行街围绕，面积 0.129 平方千米，社区内有居民 2183 户（截至 2018 年 5 月），约 5500人，社区以流动人口为主，人口组成较复杂。

笔者对丰泉古井社区几种不同业态的店铺进行调研，并对其店主（女性创业者）进行了访谈，得到了以下结论，在丰泉古井社区中，女性创办的店铺多为餐饮、娱乐或服饰类，这往往与受访者的个人兴趣以及个人过往经历有关。她们选择在社区创业的原因一方面是因为社区的环境，比起闹市她们更倾向于在社区这种安静舒适的环境中工作。另一方面是因为社区可以给她们较大的施展空间。此外，社区的管理程度也是她们在创业中考虑的一个重要因素。多数店家表示，丰泉古井社区在店铺装修或是营业执照办理方面给予了很大的支持，社区也很欢迎年轻和新兴业态的入驻，这给她们的创业带来了很大的便利和支持。

关于在创业中遇到的问题，多数店主表示在搬运货物这类体力工作方面会处于劣势。在访谈的过程中我们还了解到男女创业的一些差别：一是女性在创业时会对细节方面思考得比较多，做事会更加细致且更加思考后果。二是女性的创意性往往更高。三是女性更为感性，有更加强烈的人文关怀，更愿意配合参与社区各项事务。综上，对于女性而言，社区提供了很好的创业环境，社区创业可以给社区和创业者带来双赢，既可以解决失业人口的再就业问题，也可以增强对于社区居民的关怀。

二 女性在社区领域创新创业的案例分析

（一）国外社区创业案例分析

1. 印度 SSP：城市基础设施营建中创业

印度社会企业 Swayam Shikshan Prayog（以下简称 SSP），于 1998 年正式启动。1993 年印度"裂土大地震"（Latur Earthquake）动员了农村妇女大规模地参与到以受灾社区为中心的基础设施重建，从那时起 SSP 便开始与这些妇女合作改造社区。SSP 的重点是通过让妇女当家做主来振兴农村经济，核心是将草根妇女从受益者转变为决策者。由于缺乏获得正规教育、技能、商业培训和家庭支持的机会，加上面临时间、流动性和决策权等限制，草根妇女面临的挑战十分复杂。因此 SSP 的方法侧重于建立强有力的伙伴关系生态系统，使草根妇女们能够获得技能和创业机会、提升金融和数字化能力，并为她们提供技术和营销平台。SSP 透过旗下 4 大组织：医疗信托组织、社会创业学校、偏乡创业中心与微型信贷组织，打造一套完整的村落创业生态体系。目前 SSP 运营的项目已覆盖并影响到超过 2000 个村庄。通过在低收入社区环境中赋予妇女权力，促进具有包容性、可持续的社区发展。

2. 流山市：城市服务领域中创业

为鼓励育儿工作的开展以及解决育儿相关人员的培养与就业问题，日本流山市提出了保育师修学资金贷款以及潜在保育师研修制度。这些制度不仅可以使育儿相关从业者获取更多的学习机会，也可以使这一服务工作发展成为一种长期的稳定的职业，缓解就业问题。在流山市入职的保育师不仅可以获得 30 万日元的奖励，还可每月获得 4 万日元的补助金，这一举措使城市服务领域的人员有了更多的创业与就业选择，在这一职业中女性为主要的从事人员，通过学习专业的保育知识，促进保育师成为稳定、正式的职业。

3. "西柴樱花茶室"：社区营造中创业

为了应对日本老龄化带来的空房、空地等问题，横滨市制定了街道振兴政策，鼓励生活在这里的居民自发组成团体并改造空店铺，这可以解决就业问题。该方案通过评审后得到了 500 万日元的补助，这笔钱也会用于店铺的装修与后期运营。日本横滨市"西柴樱花茶室"就是在此背景下产生的，"西柴樱花茶室"是一家成立于 2010 年的非营利组织，它的前身为一家中华料理店，在料理店空置后，西柴街区的老年妈妈社团用获得的补助与部分自筹资金把它改造成了一间社区餐厅。该社区餐厅承担着食堂、私塾、老人照料、社区活动、育儿支援等多种功能。樱花茶室成立后很快就吸引了大量的居民，在她们的支持下该组织逐渐扩大，并在附近的街区开设了多家分据点，最终实现了无须补助的持续经营。"西柴樱花茶室"是典型的社区创业的项目，该项目不仅为社区中的妈妈们提供了就业的机会，同时也很好地激活了社区与街道，促进了老幼代际交往和整个社区的融合。

（二）国内案例分析

1. 长沙市丰泉古井社区的创业案例——青鸟书房

青鸟书房的店主是一位年轻女性，她在丰泉古井社区的书店因为疫情受到了一些影响，在之后跟社区的交流中了解到社区书房处于无人打理的状态，于是决定跟书房进行联动，也缓解了一些经营压力。店主创办书房的原因是希望建立一个学习、交流和成长的空间。她认为社区可以给创业者提供更多的机会和空间。

2. 共享家社区志愿服务中心

长沙市共享家社区志愿服务中心（HOME 共享家）成立于 2011 年 12 月，是一家以推广可持续生活方式为主的民间公益组织。HOME 共享家书房共有四个，其中一个坐落于湖南大学工商管理学院对面，是与中国银行共建的共享家书房，同时也是一个可用作公益的空间，目前徐波是书房的主要负责人，她认为咖啡厅、高校师生、公益、书房这本身就是一个资源的集合，有利于师生、企业家、社会爱心人士等不同群体的加入，这在未来将是一个可复制可推广的空间。

3. 上海大鱼社区营造发展中心

大鱼营造发展中心是一个以社区的物理空间营造为载体、以人的营造为内核的社会组织，于 2018 年 7 月成立。大鱼营造的 5 位理事中有 3 位是女性。金静在经历了老屋的拆迁，目睹了大拆大建造成人际关系断裂和传统社区消失后，她更加认识到城市更新中需要解决的社会问题；武欣在大鱼营造成立后，发起了"故事农场"的活动，与社区内的年轻妈妈一起给孩子讲故事、读绘本；尤扬在 2017 年发起城事设计节，大鱼将其作为自主的项目实践并就此正式注册成立。这 3 位理事让我们看到了女性的智慧与力量，也让我们看到了她们身上的人文关怀。

以社区营造作为连接点开启的创业也是女性创业的一种新型方式，虽然前期社会组织的组建需要部分建筑规划等专业人员的加入，但是将社会组织运营起来的热情更难得可贵。

4. 上海四叶草堂青少年自然体验服务中心

上海四叶草堂青少年自然体验服务中心是以服务青少年为主的创业形式，以自然体验为切入点的社区营造为社区内创业提供了新的思路和较为成功的示范，这种贴近自然与儿童的内容可以为妇女在社区内创业提供一种新的思路。

三 支援女性在社区层面创业的建议与策略

（一）空间载体：结合城市空间使用情况，制定相关计划支援

目前，逐渐出现商品房空置现象，为缓解这一现象，需要抓住消费主体，提高对于青年及亲子家庭的重视程度，积极引入可以吸引青年以及亲子家庭的商业业态，带动城市收缩较为严重的区域的发展。此外，要结合妇女创业空间需求，积极引导其参与老人与育儿相关的服务，打造复合多样的空间类型，促进空间的多功能转型，持续完善多功能的社区公共空间营造，可以提供空间以激活整个区域。

（二）共建共营制度：集约行政、商业、公共服务等城市功能，吸引人与产业的聚集

城市可以从硬件到软件打造共建共营的制度环境，支援妇女创业，重塑城市的活力，集约发展城市的商业、公服、行政功能。

（三）资金基础：结合公共服务需求，通过政府补助和鼓励自筹资金

妇女创业前期需要资金的保障，启动金是最大的困扰之一。政府通过申请补助、提供自筹资金的环境营造，能极大程度解决资金困难带来的阻碍。针对城市老龄化带来的街区问题，鼓励居民自发组成团体并改造空店铺。

（四）人才培育机制：发展更多儿童友好、养老服务等相关职业，鼓励专业技能培训

妇女创业需要专业的知识培训和引导，减小对创业方向的迷茫，鼓励开

拓创业领域。在育儿人员配备方面，提供专门的服务人员培训和奖励制度。设置保育师修学资金贷款制度、潜在保育师研修制度。为育儿人员提供了学习机会，保育师的出现使这一服务领域发展成为长期稳定的职业。

参考文献

穆光宗：《中国传统养老方式的变革和展望》，《中国人民大学学报》2000 年第 5 期。

刘公博：《智能社区养老服务模式研究》，《经济研究导刊》2019 年第 9 期。

许婷、宋昆：《社区居家养老模式与社区老人设施指标研究》，《城市规划》2016 年第 8 期。

裴昱、姚晓白、党安荣：《健康城市视角下波士顿社区空间儿童友好性循证》，《城市发展研究》2019 年第 4 期。

沈瑶、刘晓艳、刘赛：《基于儿童友好城市理论的公共空间规划策略——以长沙与岳阳的民意调查与案例研究为例》，《城市规划》2018 年第 11 期。

李昕阳、洪再生、袁逸倩、赵立志、徐敏杰：《城市老人、儿童适宜性社区公共空间研究》，《城市发展研究》2015 年第 5 期。

肖莎、石东岳：《职业女性：如何平衡就业与育儿》，《江南论坛》2020 年第 3 期。

唐海妮、吴楠、朱泽婷：《基于性别就业歧视视角下女性就业发展》，《山东人力资源和社会保障》2020 年第 11 期。

独萍、孙文超：《陕西：鼓励高校毕业生到社区就业创业》，《人才资源开发》2020 年第 17 期。

任远：《社区就业的性别特征与防止妇女地位边缘化的思考》，《妇女研究论丛》2003 年第 6 期。

专 题 篇

Special Reports

·社会治理创新·

B.22

基层组织建设关键在
带头人建设

曹炯芳*

摘　要：　本文阐述了基层党组织带头人的重要作用，分析了湘潭市基
层党组织带头人建设中存在的十大问题：带不了、跟不上、
合不来、喊不拢、说不清、靠不住、治不安、走不进、政不
廉、众不服，提出了加强基层党组织带头人建设的六项措
施：突出政治功能、突出用人导向、突出群众公认、突出实
绩成效、突出激励关怀、突出约束管理。

关键词：　基层党组织　带头人建设　政治功能　用人导向　湖南

---

* 曹炯芳，中共湘潭市委书记、市人大常委会主任。

火车跑得快，全靠车头带；基层强不强，就看领头羊。习近平总书记反复强调，做好抓基层打基础工作，夯实党执政的组织基础，关键是要建设一支高素质基层党组织带头人队伍。抓好新时代基层组织建设，关键是扭住带头人这个"牛鼻子"，以带头人队伍建设带动基层组织建设，以带头人先锋模范作用巩固基层组织战斗堡垒作用，更好地推动基层党组织全面进步、全面过硬。

一 湘潭广大基层党组织带头人建设的总体现状

近年来，湘潭市深入贯彻习近平新时代中国特色社会主义思想，认真落实新时代党的建设总要求和党的组织路线，坚决把基层组织带头人建设作为一项重大战略任务来抓，大力实施"领头雁"工程、"十百千"计划，将大批优秀人才充实到基层党组织书记岗位，"两个作用"发挥得越来越明显，基层党群干群关系越来越紧密，目前这支队伍已经成为巩固党的执政根基、推动各项事业发展、紧密联系群众的不可或缺的中坚力量。

一是在理论传播上是名副其实的"播种机"。在湘潭基层党组织带头人中，学理论、用理论、宣传宣讲理论，已经成为一种政治自觉，更加主动、更加普遍、更加经常。韶山村党委第一书记毛雨时，哪怕已75岁高龄，每年仍奔波在宣讲的第一线，被群众称为"退休不褪色的宣讲员"。通过手抄党的十九大报告、送党课上门、一对一宣讲等方式，基层党组织"播种机"作用进一步凸显，有效打通了理论传播的"最后一公里"。

二是在干事创业上是名副其实的"领头雁"。一大批有思路、善经营、会管理的优秀人才走上基层党组织书记岗位，在脱贫攻坚、乡村振兴、基层治理中发挥了重要作用。茶花村村支书侯建荣原本在城里有公司、当老板，为了带领乡亲们脱贫致富，将生意交给妻子打理，回乡当起村支书，短短2年时间，就摘掉了"省定贫困村""治安落后村""集体经济零收入村"的帽子，他搭建的9个农村合作社每年为村里带来10多万元的收入。乌石峰村党总支书记贺师是个"90后"的小伙子，带领全村依托彭德怀元帅故里这张名片，大力发展研学旅行，新建乡村三十六坊，2019年接待游客3万多人，营业收入达80多万元。

三是在攻坚克难上是名副其实的"突击队"。面对征地拆迁、抗洪抢险、除冰抗灾、疫情防控等急难险重任务，广大基层党组织带头人敢于担当、主动作为，用行动诠释了越是艰险越向前的政治担当。湘乡市新塘村党总支书记肖雨林2020年68岁了，但在征地拆迁上是出了名的"铁娘子"，为了项目顺利推进，几乎"白加黑""五加二"泡在村民家里做思想工作，既推进了项目，也无一例上访。2017年的特大洪灾，雨湖区窑湾街道唐兴寺社区书记王红连续9天奋战在抗洪一线，一度晕倒在湘江大堤上。面对突如其来的新冠肺炎疫情，永霏公司发挥"两新"党组织"战斗堡垒"作用，4天建好一个净化车间，3天办好湖南省首张医疗器械生产许可证，为全国、全省疫情防控做出突出贡献。

四是在服务群众上是名副其实的"贴心人"。创新意识、宗旨意识、服务意识不断增强，服务群众更加便利、更加贴心。湘潭县柳桥村党委书记曹铁光在村上苦干实干34年，以加快土地流转、发展特色农业为途径带富群众，并响亮地喊出"让乡亲们都富起来是我人生最大的成就"。雨湖区唐兴寺社区书记粟娜创新性推行"一网到底"服务模式，建立"居民零距离点单、社区议事厅制单、服务直通车买单"三张清单，获得群众、个体户、企业纷纷点赞。

二　当前基层党组织带头人建设存在的主要问题

对照全面从严治党要求，基层党组织带头人建设还存在一些问题，具体表现在十个方面。

一是带不了。有的"领头羊"作用发挥不明显，既不想带头干事，也带动不了党员群众干事，甚至有些还存在失控症，带不动、讲不听，各说各的、各干各的。群众看党员，党员看干部，遇到事情、碰到难题，习惯说"给我上"，而不是"跟我上"，不能以身作则、率先垂范，不能冲在前、干在前，自然就带不了班子、带不动群众。

二是跟不上。有的思想认识、理论水平、工作能力跟不上形势要求、时代变化和工作要求，碰到急难险重任务无所适从，甚至会腿发软、"打摆子"。深究其中的原因，"根子"还是理论学习抓得不深入、不经常、不具体，不善于学习、不分析形势，学思用没有贯通，知信行难以统一，身子迈入了新时代，思想还停留在过去时。

三是合不来。有的不讲团结，心里有"疙瘩"，当面不说背后说，会上不说会后说，面合心不合，不能发挥党组织的领导核心作用。班子之间合不来、不团结，往往是带头人执行民主集中制出了问题，习惯当"家长"，不善当"班长"，讲集中就"真刀真枪"，讲民主就"流于形式"，会前"个人定调"，会中"个人定音"，以表面的"风平浪静"粉饰背后的"波涛汹涌"。

四是喊不拢。有的与班子成员坐不到一条板凳上，没有向心力、凝聚力，开个会、干个事，喊人不拢、不跟着走，党员不服气，群众不满意。基层党组织带头人之所以喊不拢党员群众，最突出的原因还是能力本领有差距，为群众干不了实事、办不了好事、解不了难事，从而与党员干部、人民群众产生了隔阂、拉开了距离，得不到支持和拥护便在情理之中了。

五是说不清。有的讲不透政策、辨不明道理、说不清问题，群众问起事来支支吾吾、敷衍应对甚至一问三不知。面对群众之问，说不清更多还是源自没学透，对上级的新政策、新文件、新规定不清楚或者知其然却不知其所以然，遇到普遍问题尚可应对，碰到"急难杂症"便不知所措，这种情况必定影响党员干部在群众中的威望、影响惠民政策在基层的落实。

六是靠不住。有的政治上不过硬，在落实上级决策部署时思想狭隘、观念模糊，总考虑自己的"一亩三分地"，做"选择题"，拨"小算盘"，合意的就执行，不合意的就不执行，导致上级有些政策落不下去、执行不了。这类问题虽少，但影响极坏，主要还是个别带头人忘记了初心使命、忘记了为民宗旨。

七是治不安。有的对一些苗头性、倾向性问题重视不够，导致苗头性倾向性问题演变成现实问题，有的对群众间矛盾纠纷调处政策把握不准、处理也不公，导致小纠纷发展成大矛盾，有的对比较复杂、比较棘手的矛盾处理缺乏耐心、缺少办法，甚至还躲着走、绕着走、听之任之，没有坚持用心用力、久久为功，以致因个别问题积重难返而影响一个地方的社会稳定。

八是走不进。有的不愿做群众工作、不会做群众工作，与群众日益疏远、距离拉大，干部不认识群众，群众不理会干部，出现干群"两张皮"的情况，对群众"急难愁盼"的烦心事操心事揪心事，办理不实在、解决不上心，一些突出问题长期得不到解决，甚至一拖就是好几年，说到底还是在群众立场、群众观点、群众路线上坚守不到位、践行不彻底。

九是政不廉。有的利用职务之便，优亲厚友、不公不正，甚至用公权、谋私利，在惠民补贴、征地拆迁、工程建设等领域，一些违纪违规现象仍然时有发生。在全面从严治党向纵深推进、向基层延伸的大背景下，基层腐败问题查而不绝、禁而不止，除了极少数基层党组织在扎紧廉政建设"铁笼子"上仍然有漏洞、落实全面从严治党不到位外，主要还是一些人对公权力的行使存在模糊认识、对纪律规矩缺乏敬畏之心。

十是众不服。有的所作所为无法让班子信服、让党员信服、让群众信服、让乡贤信服，干工作理不直、气不壮。这主要是由于这些干部在政治品质、能力作风、责任担当上存在差距，心里有私心，办事不公道，能力难服众，碰到利益争着抢，遇到矛盾往上交，见到困难绕道走，担不起保一方稳定、促一方发展、富一方百姓的担子。

三　加强基层党组织带头人建设的对策建议

选好一个带头人，就能带出一个好班子；配强一群带头人，就能闯出一片新天地。严格对照"有干劲、会干事、作风正派、办事公道"要求，坚持目标导向、问题导向、结果导向相统一，精心下好"选、育、管、用"四步棋，打造一支高素质基层党组织带头人队伍。

一是突出政治功能。政治功能是基层党组织最基础、最核心、最本质的功能。把政治功能摆在首位，强化宣传党的主张、贯彻党的决定、领导基层治理、团结动员群众、推动改革创新的政治责任。深化政治建设考察，在基层组织探索"以政治建设提升政治功能、以政治功能巩固政治建设"的制度机制、评估机制、督查机制、问责机制，真正把政治功能体现到增强"四个意识"、做到"两个维护"、发挥"两个作用"上来。在全面推行村（社区）书记主任"一肩挑"基础上，不断扩大企业、机关、学校、科研院所、社会组织"一肩挑"的覆盖面，更好地发挥基层党组织的政治引领作用、领导核心作用、战斗堡垒作用。

二是突出用人导向。坚决贯彻落实习近平总书记选人用人重要论述，建立基层党组织带头人联审机制，制定选人负面清单、用人需求清单、联审事项清单，严把政治关、品行关、能力关、作风关、廉洁关，严防"带病提名""带病当选""带病上岗"。打破地域、身份、单位、行业和职业等限制，采取"两推一选"、组织选派、公开招聘、交叉任职等方式，注重从企事业单位优秀人才、本土大学毕业生、外出务工成功人士、当地致富能手中选人用人，把德才兼备的贤士、能人、干将充实到基层组织带头人队伍。

三是突出群众公认。把群众满不满意、答不答应、公不公认作为"度量衡"，贯穿到选用、测评、监督、考核的全过程，引导基层党组织带头人树立"以人民为中心、对群众有感情、为基层办实事"的工作导向、价值导向。探索组织考与群众评相结合的考核评价体系，建立"易于理解、便于掌握"的考核标准，健全"为谁服务、由谁打分"的评价机制，进一步将考核的"指挥棒"、评价的"话语权"交给群众，倒逼基层党组织带头人带头服务群众、带领服务群众、带动服务群众。

四是突出实绩成效。坚持实践标准、实绩依据、实干导向相统一，全面推行基层党组织带头人实绩管理制度，既看主观努力，也看客观条件，既看定性内容，也看定量指标，既看工作显绩，也看发展潜绩，完善"亮、审、晒、述、评、核、议、定"实绩考评体系，引导基层党组织带头人树牢正确政绩观。将"零非访""零事故""零纠纷"纳入考评重点内容，特别是对群众"急难愁盼"的问题，能立即解决的第一时间解决，对因自身职权或其他因素影响不能解决的问题，以"派单制"、跟踪回访等方式协调解决。

五是突出激励关怀。落实中央对基层的各项激励关怀政策，从"明职权、畅通道、提待遇、用人才、减负担"上持续用劲，构建政治上激励、思想上关怀、生活上关心、发展上支持、待遇上保障的全方位激励关怀体系，让基层党组带头人在基层一线安心、安身、安业。聚焦基层负担重、待遇低、关怀少等突出问题，进一步将基层负担"减下来"、收入水平"提起来"、关心关怀"跟上来"，不断增强基层干部事业荣誉感、工作积极性。构建防错、审错、容错、纠错的全过程保护机制，为担当者担当，为负责者负责，为敢闯敢创敢干者"兜底线"，不让基层干部成为问责的"专业户"。

六是突出约束管理。坚持"严"的主基调，抓早抓小、抓长抓常，既加强党性教育、严格纪律规矩，又注重机制建设、加强日常监督，形成自律与他律相结合的约束管理模式。按照"一人一档、一年一评"，对带头人工作实绩、群众评价、教育培训、廉洁自律等建立综合档案，健全全领域、全流程管理链条。在全面推行村（社区）书记主任"一肩挑"的同时，创新党务、政务、财务公开形式，健全任职回避、离任审计、权力清单等工作机制，落实岗位承诺制、双述双评制、考核奖惩制、末位淘汰制等制度约束，防止"一肩挑"演变成"一言堂"，确保基层党组织带头人在制度范畴、法纪轨道上发挥领导核心作用。

参考文献

《全面提高新时代基层党组织选举质量——中央组织部负责人就制定颁布〈中国共产党基层组织选举工作条例〉答记者问》，新华社，2020 年 7 月 21 日。

齐中平：《奋进新征程 建功"十四五"》，《旗帜》2021 年第 1 期。

何平：《坚持守正创新 担当使命任务》，《中国记者》2021 年第 1 期。

B.23
新时代法治乡村建设的战略
任务与发展路径研究*

刘丹 彭澎**

摘　要： 随着国家市场化发展和改革开放持续不断的推进，乡村治理
体系和模式开始呈现从传统到现代变革与转换的鲜明特征，
法治乡村建设成为顺应时代趋势的根本价值追求和适应时代
发展背景的重要建构目标。新时代法治乡村建设不只是一个
乡村基层治理模式改善的过程，更是涉及乡村基层治理价值
观念、体制机制、模式方法等的结构性治理转型。新时代建
设法治乡村有着深厚的战略背景，同时存在深层次的现实问
题和困境，应当从乡村治理的体制、结构和力度出发探索和
形成新时代法治乡村建设的发展路径。

关键词： 法治　乡村　治理体制　湖南

在国家经济社会发展体系中，农村基层基于面积大、人口多及农业生产
覆盖范围广等特征而成为重要的一部分，对于实现国家治理现代化具有重要

---

* 本报告为 2016 年度湖南省社科基金重大招标项目"加快推进我省社会治理现代化的战略思
路与发展对策研究"（项目编号：16ZDA10）阶段成果，湖南省社科基金项目"乡村振兴进
程中法治乡村建设模式与路径研究"（项目编号：19YBA338）阶段成果，湖南省法学会 2020
年法学研究重大课题"湖南法治乡村建设的实施路径研究"阶段成果。

** 刘丹，中共湖南省委党校（湖南行政学院）一级巡视员、教授；彭澎，中共湖南省委党校
（湖南行政学院）法学部教授、法学博士。

的价值。在全面依法治国进入新时代、乡村振兴进入新阶段、国家治理现代化进入新时期的历史机遇期，法治乡村建设备受党中央和国务院重视，成为一项重点工作和基本任务。近年以来，加强社会治理、实现基层治理现代化的根本途径就是加强法治乡村建设。2012年召开的党的十八大郑重提出在国家治理和社会管理中更加注重发挥法治的作用，2014年召开的十八届四中全会明确强调提高社会治理法治化水平，2015年召开的十八届五中全会重点突出建立"共建共享的社会治理格局"，2017年党的十九大首次提出建立"自治、法治、德治相结合"的乡村治理体系，2018年《关于实施乡村振兴战略的意见》和《乡村振兴战略规划（2018～2022年）》第一次正式提出"建设法治乡村"，2019年法治乡村建设的具体要求在《关于加强和改进乡村治理的指导意见》中被着重强调，2020年法治乡村建设的内容和任务在《关于加强法治乡村建设的意见》中正式形成。由此可见，在党中央制定的一系列基层治理的制度体系和政策部署中，乡村基层始终居于核心地位，是基层治理的重心所在，体现了法治在国家和社会治理体系中价值内涵的不断深化。对于国家治理现代化来说，法治乡村建设是基本途径和重点内容，促进乡村社会转型、实现农村现代化发展是法治乡村建设的根本目标。特别是在加快基层治理体制改革、推进乡村民主政治建设、实现基层政治现代化发展过程中，法治乡村建设肩负着重要的责任和使命，是现代政治文明发展的显著标志。

一　全面认识新时代推进法治乡村建设的战略背景

1.法治治理方式更能适应乡村社会新的社会主要矛盾变化

党的十九大报告对我国社会主要矛盾做了新的描述和确认，人民日益增长的美好生活需要和发展之间的不平衡不充分成为应当重视的新矛盾。这是对新社会矛盾的新阐述，表明在经济社会发展的过程中，社会矛盾的内容发生了新的转变。一方面是人民对美好生活的需要在逐步增长；另一方面不平衡不充分的发展成为经济社会发展的现实状况，两方面之间的距离明显，这成为制约经济社会持续发展的新的社会主要矛盾,成为应当重点关注的问题。基层治理是推进经济社会发展的重要基础保障,新的社会主要矛盾同样在基层治理发展中存在并有着深刻的表现。第一,不同地区的基层公共服务发展不平衡不充分,与经济社会快速发展的现实存在反差,一方面经济社会发展的速度较快,另一方面基层公共服务和基层治理还存在缺陷和能力差距,以致一些影响基层治理的问题不断出现;第二,不同地区的基层社会建设不平衡不充分,导致社会结构出现了不均衡发展的状态,矛盾和问题在有的地区不断出现,特别是有的地区社会矛盾加剧演化,深深影响社会的稳定;第三,经济社会发展没有与社会建设之间有效协同,推进经济社会发展所需的基层社会环境还没有完全形成,因此加强基层治理、创设和改善社会治理环境是重点工作。"在社会体系中长期存在并在社会运行中发挥作用的政治系统,会随着社会发展去吸收那些有利于社会政治发展的趋势并发挥这些趋势的作用,这是社会发展潜在的合理化的机制,可以很好地把握。"基层社会问题产生于特定的经济社会发展过程之中,形成于特定的基层治理框架之下,也必须通过完善基层治理结构、优化基层治理体制才能得到充分的解决。因而,在新的社会形势下,有效解决基层社会发展中存在的不平衡不充分问题,应当抓住完善基层治理体制这个关键,一方面运用法治的治理方式来解决基层存在的一系列社会矛盾和问题,另一方面在基层治理体制构筑中来完善法治的治理结构、优化法治的治理体系。

2. 法治治理体系更能坚定全面依法治国的社会发展定位

在农村经济社会发展过程中,基层治理领域一直以来存在以下问题:第一,治理观念参差不齐制约着基层治理的整体进程推进;第二,治理制度不够健全影响着基层治理的整体体系运行;第三,治理方法千差万别阻碍着基层治理的整体水平提高;第四,治理效果相差甚远困扰着基层治理的整体目标实现。当前,基层社会伴随着国家经济社会的发展进入现代社会,农村社会的治理结构和治理体系悄然发生了变化。因而,"从某种程度上来讲,现代化发展的使命不仅仅是促进社会生产力的提高,更重要的任务是推动社会的深刻变革,从而实现整个社会的现代化"。乡村社会治理模式的优化必须在策略选择上有所改变，应当坚持一方面最大化地维持村民现有的利益结构，另一方面最有效地逐步增加现有利益体系中所没有的新的利益成分，也就是坚持在对现有治理体系不进行大的深度调整的背景下，通过完善治理体制和优化治理模式，来改善基层治理的效果，这是符合新时代乡村社会发展实际、能够有效推进基层治理发展的基本思路。全面依法治国是国家治理的重大战略设计，包括乡村社会在内的整体社会发展都应当坚持全面依法治国的发展定位和前进方向，在全面依法治国的体系框架中，法治乡村建设是重要内容和重点任务。党的十九大首次提出建立"自治、法治、德治相结合"的乡村治理体系，党的十九届四中全会对"加强依法治理"再次强调。这些都充分说明法治在基层治理中的基础地位和重要作用，法治是完善和优化基层治理体系的基本方式，突出了法治在乡村治理中的价值和功能。因而，推进法治乡村建设是在农村基层构筑和夯实法治的治理体系，确立和坚定法治的治理理念，建立和完善法治的治理制度，以此为基础来实现基层的法治治理。

3. 法治治理模式更能顺应全面推进乡村振兴的发展要求

2020年12月28日举行了中央农村工作会议，习近平总书记做了重要讲话，在全面取得脱贫攻坚伟大胜利之后，我国正式进入了全面推进乡村振兴的新阶段，这标志着"三农"工作重心发生了历史性转变。实施乡村振兴战略的要义是全面振兴，要全方位共同发力。《中共中央国务院关于全面推进乡村振兴加快农业农村现代化的意见》作为2021年中央一号文件，于2021年2月21日公布，对全面推进乡村振兴作出总体部署，选择重点领域和切入点，由点及面，由表及里，正式开启了我国全面推进乡村振兴的新的伟大进程。2021年2月25日习近平总书记在全国脱贫攻坚总结表彰大会上做了重要讲话，这次会议的召开深刻表明在实现中华民族伟大复兴的历史进程中，乡村振兴是重大历史任务，推进乡村振兴的深度、广度、强度和力度将会空前加大，将以更完善的体系、更有效的举措、更强大的力量来全面推进乡村振兴，加快实现我国农业农村现代化。法治乡村建设是全面推进乡村振兴战略的内在要求。近年来，在推进乡村振兴战略实施过程中，党和国家围绕法治乡村建设制定和出台了一系列政策和文件。2018 年"建设法治乡村"在《关于实施乡村振兴战略的意见》和《乡村振兴战略规划（2018～2022 年)》中第一次正式提出，2019 年法治乡村建设的具体要求在《关于加强和改进乡村治理的指导意见》中被着重强调，2020 年法治乡村建设的内容和任务在《关于加强法治乡村建设的意见》中正式形成。全面推进乡村振兴的新背景对乡村治理体系建设提出了新要求新任务。乡村不仅是全面推进乡村振兴的根基，也是乡村治理的重点和难点。法治乡村建设不仅是全面推进乡村振兴的重要内容，也必定为全面推进乡村振兴提供强有力的治理保障。"构建乡村基层治理的法治化模式能够发挥法治治理的优势特征，有利于创建稳定和谐的持续性社会环境，有利于创建安宁有序的高效化社会发展空间，以更利于实现新的奋斗目标。"法治乡村建设"能够在农村基层治理体制构建中导入现代社会的基本价值观念，彰显现代政治文明的发展要求，成为实现国家与社会治理现代化的重要形式"。

二 深入把握新时代推进法治乡村建设的现实问题与现状困境

1. 乡村治理的传统因素影响了法治乡村的建设速度

乡村治理的体制构架、制度设计和机制运行成为影响乡村治理的关键因素，同时也与乡土社会文化、治理习惯、民间习俗和群众认识等有着密切的联系。尽管这些年来乡村经济和社会发展速度很快，但乡村的地理位置对于村落社会文化、发展视野的影响还是很大，传统形成的治理思维、习俗、文化还不同程度地存在并影响着现实乡村治理的制度效果与运行成效，这是在推进法治乡村建设过程中不可忽视的现实问题。

2. 乡村治理水平的不均衡现状阻碍了法治乡村的发展进度

乡村治理在具体的实践运行过程中，由于受多种多样因素的影响和困扰，乡村治理的水平呈现不平衡发展的趋势，突出体现在经济发展加快的地区与经济发展较慢的地区之间乡村治理的发展不平衡上。乡村治理水平的不平衡现状直接影响到法治乡村建设的整体效果和发展进程。

3. 乡村治理现实问题的存在限制了法治乡村的成效

乡村治理体制、模式等关键性的因素深刻影响了乡村治理的效果，同时乡村社会现实环境、社会意识以及管理体系、法治建设等多种因素也会深度影响到乡村治理的成效。当前，与乡村治理紧密相关的一些重要问题和现实不足还没有从根本上得到解决，一定程度上影响了乡村治理的发展进度，如贫困问题还没有完全解决、乡村基层负担过重等问题还需要下大力气去解决，有效地解决乡村治理中存在的问题，才能体现乡村治理的现实效果。

三　努力探索新时代推进法治乡村建设的发展路径

随着农村经济社会的发展，推进法治乡村建设具备较好的实践根基，当然也面临部分问题和困境，但是法治乡村建设是农村社会发展的必然趋势，应当牢牢抓住构筑乡村治理的法治体制、完善乡村治理法治结构和加大乡村治理法治力度等核心关键，全力推进法治乡村建设。

1. 健全法治乡村的治理体制，构筑法治乡村的治理体系

乡村法治治理体制机制是推进法治乡村建设的基本结构，在法治乡村建设中，法治治理体系是基本骨架。从一定程度上说，法治化的乡村治理呼唤法治化的乡村治理体制，而法治化的乡村治理体制需要打破传统的乡村治理体系，构筑法治化的乡村治理体系。我们认为，法治乡村的治理体系应当包含如下三个方面的要素。

一是明确法治乡村的治理立场。这应当是制度存在并发挥作用的基本立场。法治乡村的治理立场不是简单的、固定不变、因循守旧的治理观念，而是一种与时俱进、不断发展的乡村社会治理价值观念和认识取向，容纳和包含了乡村社会发展中的很多优秀治理基因，可以深刻地影响乡村社会治理的结构和体系，实现乡村社会发展与基层社会治理的和谐共进，整体上推进乡村社会治理的发展进步。

二是确立法治乡村的治理原则。法治乡村的治理原则存在于基层治理体系建立、制度设立、体制构建和机制运行的全过程之中，贯穿基层治理始终，是治理从模式形成、到制度运行、再到产生效果全过程的根本遵循，应当能体现乡村社会法治的价值认知和人类社会生活的理念追求，是指导乡村治理理论形成、乡村治理模式构筑和乡村治理实践的原理性根本主张。

三是构筑法治乡村的治理模式。法治乡村的治理模式的基本特征是能有序融合各类乡村社会治理的主体、明晰框定责任任务，它能体现乡村社会治理的各类主体地位，是整合和有效利用乡村社会治理力量的高度结构化的运行体系，能够体现乡村社会治理的制度本色，引领乡村社会发展的现代化方向。

2. 完善法治乡村的运行结构，提升法治乡村的治理能力

习近平总书记指出，社会治理是一门科学，强调"要坚持问题导向，把专项治理和系统治理、综合治理、依法治理、源头治理结合起来"。可以看出，推进乡村治理法治化的外在形式是乡村治理方式，实现乡村治理法治化的关键核心是社会治理能力。在推进法治乡村建设的进程中，必须不断完善乡村治理结构，以提高法治乡村的治理能力。我们认为，法治乡村的治理结构应当包含如下三个方面的要素。

一是形塑法治乡村的治理思维。在完善法治乡村治理体制过程中，法治乡村的治理思维可以科学分析和认真判定不同主体力量运行的特征和路径，遵循法治社会运行的思路，合理设置乡村治理运行的场域空间和运行环境，突出和强化法治在现代乡村治理中的功能与作用，从根本上杜绝出现乡村治理主体权力的越位和缺位，从制度上保障各种乡村治理力量的优化配置和良性运行。在法治乡村治理的标准体系中，法治化的乡村治理思维是重要因素，是实现乡村治理法治化状态的关键要素。

二是形成法治乡村的治理方法。法治乡村建设的重要内容和核心元素是法治化的乡村治理方法，它是可以让乡村治理法治化体制发挥作用功能的基本载体。它要求在具体的乡村治理行为中糅合现代法治的工作方法、理念和操作规程。法治化的乡村治理方法是具体的、具有可操作性的行为设计，能

够体现法治化的乡村治理运行机理。

三是构建法治乡村的治理秩序。法治乡村的治理秩序是乡村治理主体、组织、力量遵循体制结构和制度设计而形成的稳定化的结构状态，乡村法治治理秩序体现的应当是既充满活力，又井然有序的治理实践，从而使法治乡村的基层治理体系不会流于形式，体现为生动活泼的基层社会现实，使得乡村治理的法治目标能够得到实现。

3. 加大法治乡村的治理力度，夯实法治乡村的治理基础

党的十九大指出："加强社区治理体系建设，推动社会治理重心向基层下移。"在社会治理体系结构中，基层所具有的基础地位决定了在推进社会治理现代化过程中必须紧紧抓住乡村治理这个关键和重点，夯实基层社会基础，激发乡村治理活力，破解乡村社会治理难题，创新乡村治理思维。基层是一切工作落实落细的关键点，推进法治乡村建设必须下沉到基层，落实到具体的乡村社会生活之中。我们认为，法治乡村的治理基础应当包含如下三个方面的要素。

一是培养法治乡村的治理主体。法治乡村的治理主体是推进法治乡村建设的主导力量，因此，从一定程度上说，治理主体的法治化才能实现乡村治理的法治化，推进法治乡村建设的关键就是要培养符合法治化要求的乡村治理主体，它具有法治化的特性、多元化的品格、体系化的特征。首先，法治乡村建设的治理主体是多元的，是各种乡村基层社会力量的有序组合；其次，法治乡村建设的治理主体的要求应当是多元的，要具有推进乡村基层社会发展的高度认知和责任认同，具有法治社会的精神、品格和胸怀；最后，法治乡村建设的治理主体要具有法治的知识、技术和能力储备以及法治信仰。

二是健全法治乡村的治理组织。推进法治乡村建设的核心力量是法治化的乡村治理组织，它在这一过程中发挥着不可忽视的作用，从某种程度上说，乡村基层社会组织健不健全、完不完善、有不有力成为衡量法治乡村建设的重要指标。乡村基层社会组织是各类基层社会利益的代表，是主张和平衡乡村基层社会利益的有效载体，是乡村社会成熟的表现。健全完善的法治化乡村基层社会治理组织能够为推进法治乡村建设提供一种稳定、稳健、有

序的实现方式。

三是培育法治乡村的治理文化。法治乡村建设需要发展的社会环境和运行背景，法治乡村文化是其重要内容。在健康有序的乡村社会文化环境中，基层治理体系能够更有效地发挥作用和功能。在乡村治理体制运行中，培育和建立乡村法治文化需要一个过程，需要积累乡土文化内涵和提炼法治文化精神。

四　结语

在国家治理体制和运行结构中，乡村基层治理是重要内容和重点领域；在检验国家治理体系和治理能力现代化的指标体系中，乡村治理现代化是根本内容和基本标准；在国家治理体系和治理能力现代化的结构框架中，乡村治理现代化的水平和层次是其基本标志，因而，要实现国家治理体系和治理能力的现代化必须全面推进乡村治理现代化。经济社会发展进入新时代，对于国家制度体制发展而言，推进国家治理体系和治理能力现代化是根本目标，更是当前我国经济社会发展的难得机遇，我们应当紧紧抓住治理现代化这一关键，将现代化的理念和机制植根于乡村治理领域，实现乡村治理现代化向更深入、更广泛、更精细、更智能的方向推进，努力实现乡村治理现代化发展的任务目标。法治乡村建设是实现乡村治理现代化的重要内容。当前，应当深刻认知法治乡村建设战略设计的宏观背景，以精准细微的态度来深入把握推进法治乡村建设的现实基础和现状问题，以系统科学的方法去深度探寻推进法治乡村建设的完善路径，以全力以赴的精神来加快推进法治乡村建设的发展进程。

参考文献

〔德〕哈贝马斯：《在事实与规范之间》，童世骏译，三联书店，2003，第212页。

彭澎：《农村基层治理体系和治理能力现代化发展的价值理念与建构目标》，《湖湘论坛》2015 年第 1 期。

彭澎：《乡村基层治理法治化的价值内涵与路径选择研究》，《黑龙江政法管理干部学院学报》2020 年第 5 期。

彭澎：《农村基层治理法治化的制度内涵与发展目标研究》，《湖北社会科学》2016年第 12 期。

B.24
湖南政府采购营商环境现状及优化[*]

肖北庚[**]

摘　要：　从营商环境视角看，湖南政府采购基本没有设立各种不合理政府采购资格准入门槛，采购执行基本不存在不合理情形，采购透明度较高及采购监管到位，等等；政府采购服务营商环境优化的本质在于平等对待各方当事人成为普遍共识，营商环境整体良好。但尚存在采购人员法律素养和专业能力欠高、影响公平竞争的政府采购市场准入门槛条件依然存在、采购执行中任意裁量和"隐性采购"及监管效力欠佳与电子化平台建设参差不齐等影响政府采购公平竞争的突出问题。为此，应着力采取营造良好政府采购法治环境、编制政府采购执行管理负面清单、规制隐性歧视、搭建全流程电子化平台等措施全面优化政府采购营商环境。

关键词：　政府采购　营商环境　法治环境　负面清单　隐性歧视　电子化平台　湖南

　　营商环境是指市场主体在市场经济活动中所涉及的体制机制性因素和条件，其优劣直接影响社会生产力的释放与活力，影响一国经济发展动力。国

---

　　*　本文为湖南省政府采购协会委托项目"湖南省政府采购服务营商环境优化"成果，作者为执笔人，课题组成员钟厚基、汤静等参与了调研和数据整理等基础工作。
　　**　肖北庚，湖南师范大学法学院院长、教授，博士生导师，湖南省"芙蓉学者"特聘教授，享受国务院政府特殊津贴专家，湖南省法学会行政法研究会会长。

际社会高度关注营商环境，世界银行每年定期发布《全球营商环境报告》，对 190 个国家以及区域内所选城市的营商法规及其执行进行了客观的度量。我国高度重视营商环境优化，2018 年以来，国务院开展了以服务市场主体为核心的新一轮优化营商环境系列改革，2019 年出台了行政法规《优化营商环境条例》，着力构建市场化、法治化、国际化营商环境。政府采购作为运用财政资金之市场购买行为是市场的重要组成部分，与营商环境存在内在关联，顺应国家改革发展和深化政府采购制度改革新趋势之需要，发挥政府采购服务营商环境优化之功能，2019 年 7 月，财政部下发财库〔2019〕38号文《关于促进政府采购公平竞争优化营商环境的通知》（以下简称《通知》），直面政府采购中的问题与短板，提出构建统一开放、竞争有序的政府采购市场体系，以促进政府采购服务营商环境优化。依据《通知》的精神要求，通过问卷调查等方式摸清湖南政府采购服务营商环境优化之现状，反思和检讨湖南政府采购服务营商环境存在的突出问题，探讨解决问题的方式方法，提出优化措施，是湖南落实《通知》精神要求和服务国家优化营商环境大局的客观要求。为此，湖南省政府采购协会委托湖南师范大学法学院成立课题组开展实证调研工作，课题组设置问卷对相关状况进行了问卷调查和实地调研，完成了样本分析工作并提出了相应对策。

一 基本共识："平等对待"是政府采购服务营商环境优化之本质

调查问卷的设计以"财库〔2019〕38 号"文件提出的"全面清理政府采购领域妨碍公平竞争的规定和做法、严格执行公平竞争审查制度、加强政府采购执行管理、加快推进电子化政府采购"等具体要求为观察要素，以政府采购流程为主线，以采购主体为对象分别制定了以"采购人""采购代理机构""供应商"为答题主体的调查问卷。采购人主题问卷主要围绕供应商是否存在不诚信和采购代理机构有碍营商环境的具体行为与情形而设计，共 34 题；供应商主题问卷则主要围绕采购人和采购代理机构是否通过"显性"或者"隐性"歧视限制供应商参与政府采购公平竞争等方面而设计，共36题；采购代理机构主题问卷围绕在政府采购活动中面临的有碍公平竞争和营商环境的问题而设计，共23题。每一问卷均在开头设计了被调查者基本信息问题，在最后设计了调查者对政府采购监管过程中存在的问题及其建议的概括性问题。在问卷调查的同时，还通过召开"政府采购服务营商环境"主题座谈会和实地访谈的形式向不同类型政府采购法主体了解政府采购服务营商环境现实情况。

本次调研共发放350份问卷，收回有效问卷313份，包括采购人问卷81份、供应商问卷74份，采购代理机构问卷158份，受访者普遍对最后一题做了回答，表明被调查者普遍关注营商环境和采购监管问题。实地调研为期三个月，举行了三次座谈会，全面听取了政府采购不同主体代表的意见和建议。从调研的整体情况看，公平竞争的本质在于平等对待供应商和各方当事人，这是政府采购活动不同主体的基本共识。

实地调研中发现不同采购主体对公平竞争优化营商环境有不同的认识，具体体现为：供应商方面，有些认为应当提高采购门槛，以保证采购质量，有些认为应当降低基础门槛，甚至不需要基础门槛，营商环境优化就是给中小企业优惠待遇；有些认为应当建立供应商库，有些则反对；代理机构中，有些认为代理机构不需要资质，有些认为应当具有一定代理资质和代理能力；不少采购人抱怨供应商不诚信，提供虚假材料和滥用质疑投诉权，供应商则抱怨采购人通过设置供应商库和各种门槛排斥供应商，等等；甚至在具体问题的回答上也呈现较大差距。采购人认为以直接方式指定采购代理机构的仅占选择采购代理机构的11.1%，而采购代理机构则认为高达49.37%；87.84%的供应商认为政府采购监管部门依法公开了监管处罚信息，而96.3%的采购人认为监管部门公开了相应信息。

不同主体的不同诉求甚至同一类主体的不同诉求一定程度上是基于自身的立场和利益而做的判断与衡量。不过整体地看，上述不同立场反映的是一种平等对待和要求：供应商应当诚信，平等对待诚信供应商是采购人的认识；采购人应当不以各种不正当不合理的条件排斥供应商，平等对待有能力提供采购产品和服务的供应商是供应商对采购人的期待；采购代理机构期望以与采购项目相匹配的能力和素质为条件平等获得代理机会。同时从问卷调查来看，无论是供应商、采购代理机构还是采购人认为公平竞争是指供应商在政府采购中机会平等与权利平等的达90%左右，其中，98.77%的采购人持这种观点，为最高；90.54%的供应商有此认识，居中；只有采购代理机构中有10.76%的被调查者认为公平竞争就是供应商参与政府采购不受任何限制，认为权利平等和机会平等是公平竞争本质的降为86.68%。同时，《通知》规定应清理和纠正的妨碍公平竞争的十种做法、公平竞争审查和规范采购执行与监管，本质上都是对供应商平等机会的保障，而《通知》的透明度与电子化要求则在一定程度上也是为保障供应商获得机会平等与权利平等提供技术支撑。

上述客观事实所折射的正是规则制定者、采购人、供应商与采购代理机构等主体的基本共识——政府采购服务营商环境优化的本质在于平等对待各方当事人。

二 湖南省政府采购服务营商环境的现状及其问题

整体看湖南省政府采购服务营商环境建设是有一定成效的，这些成效主要体现在：90%左右的被调查者认为湖南政府采购领域妨碍公平竞争的规定与做法基本上已消除，86.42%的采购人认为湖南出台涉及市场主体权益的政府采购办法或规定是执行了公平审查制度、经过了公平审查程序的，等等（详见专栏）。尤其是在采购活动中，政府采购各类主体均认为不存在除《政府采购货物与服务招标投标管理办法》第六十条所规定的法定情形外的采取随机方式确立中标成交供应商的情形；没有法律法规依据设立行政审批和具有审批性质的备案规定情形也几乎不存在，政府采购监管部门监管处罚信息公开接近100%。这表明湖南政府采购实践中，具体采购规则和采购过程中基本没有设立各种不合理政府采购资格准入门槛、采购执行基本不存在不合理情形、采购透明度较高及采购监管到位等。

专栏　湖南省政府采购服务营商环境问卷调查结果

　　83.95%的采购人认为供应商没有在投标文件或响应文件中提供虚假材料或虚假承诺；82.72%的采购人认为不存在供应商通过不正当手段诋毁、排挤其他供应商的情形；95.06%的采购人认为不存在供应商采取不正当手段获取其他供应商情况以及修改自身投标文件或响应文件的行为；81.48%的采购人认为不存在供应商之间通过协商一致压低或抬高报价，谋求使某一供应商获得中标或成交，或事先商定由某一供应商中标、成交，再由该中标、成交供应商给予未中标、成交供应商利益的情形；93.83%的采购人认为不存在供应商违反开标现场纪律、扰乱评审现场的情况；在政府采购合同履行过程中，92.59%的采购人认为不存在供应商擅自变更、解除合同的情况；87.65%的采购人认为不存在供应商将中标、成交项目转让给他人，或者违反招标文件或采购文件规定，将中标、成交项目分包给他人的情况；86.42%的采购人不存在供应商未能及时维护产品型号和目录、维护信息不准确、导致不良影响，或控价、控货、限制协议供货供应商合法竞争的情况；等等。在采购代理机构立场上，82.91%的采购代理机构认为不存在供应商向采购人、采购代理机构及评标委员会、竞争性谈判小组或询价小组成员行贿或提供其他不正当利益的情形；93.04%的采购代理机构认为不存在供应商在有效期内擅自撤销投标文件或响应文件，影响采购活动继续进行的情况；等等。在供应商立场上，90.54%的供应商认为不存在采购主体因所有制形式、组织形式或者股权结构对其实施差别待遇或者歧视待遇；89.19%的供应商认为不存在采购主体以备选库、名录库、资格库作为参与政府采购活动的资格条件妨碍其进入政府采购市场；85.14%的供应商认为不存在采购主体通过本地登记、备案、注册或者设立分支机构等形式设置或者变相设置限制供应商进入政府采购市场的情形；89.19%的供应商认为不存在采购人以供应商的规模、成立年限、所在地等限制其参与政府采购活动的情形；87.84%的供应商认为在招标文件或者公告中采购主体不存在以供应商必须购买指定品牌产品、软件为要求；90.54%的供应商认为在湖南省政府采购市场中，不存在设置歧视性的准入条件排斥潜在供应商参与政府采购活动的规定；94.59%的供应商认为不存在违规给予特定供应商优惠待遇的相关做法和规定；85.14%的供应商表示不存在采购人、采购代理机构限制供应商自主选择以支票、汇票、本票、保函等非现金形式缴纳或提交保证金；93.24%的供应商认为不存在采购人违规收取履约保证金或者没有法律法规依据的保证金的情形；89.19%的供应商认为不存在采购代理机构依据采购文件向其收取中标代理服务费之外还收取场地费、评审劳务费的情形；93.24%的供应商认为湖南省设置了电子化采购平台；82.43%的供应商认为政府采购监管部门施行了电话、微信、网络会议等信息化方式受理投诉举报的制度。

尽管有良好的政府采购营商环境，但也存在一些有碍营商环境优化的情形，具体体现如下。

（一）政府采购各当事人法律意识、采购能力和专业素质均有待提升

事关公平竞争营商环境营造的采购当事人的法律意识与素养、采购能力和专业素养则有待提升。实证调研显示：非常熟悉政府采购基本法律法规的采购人占17.28%，比例较低；供应商占36.49%，居中；而采购代理机构最高也只有54.43%，整个采购队伍法律素养普遍不高且参差不齐，影响依法办事能力。采购当事人从事政府采购工作的年限也不太长，采购人中从事采购活动年限2年以上的只有30.86%，10年以上的仅有8.64%，多数采购人的采购能力和专业素养都处于形成过程中，影响采购效率与形象。实地访谈与座谈会反映的情况也印证了这一点，部分访谈与座谈会中普遍反映：部分采购人仅对政府采购法的采购流程有所了解，对政府采购相关法律法规不熟悉，对与政府采购密切关联的预算法则陌生，进而少报、漏报、报而不采

等行为常有发生，人为地减少了供应商的采购机会，损害了营商环境。有的采购人预算编制不规范，没有对项目进行科学的论证及充分的市场调研；有些采购项目计划性预见性不够，以部门工作时限要求批准自行采购，使采购监管部门左右为难。部分招标代理机构在项目实施中过分迎合采购人意愿，如化整为零，暗中为采购人规避招标、暗定确定中标成交供应商等，招标代理机构无原则迁就采购人的不正当要求，将一些不符合法律、法规的条款写入招标文件。

政府采购各方当事人法律意识淡薄具体体现在采购活动中各采购当事人的行为违法性等方面。就供应商而言，串通投标的情形依然高达25%左右；在确立为中标或者成交候选供应商后，无正当理由放弃中标成标资格的接近15%；在中标成交后，无正当理由放弃签订合同的依然接近10%；不依招标文件等法律文件依约签订政府采购合同的也达到10%左右；少数供应商还通过向采购人"公关"以谋取采购机会或以低质量通过验收；少数未中标供应商故意提供虚假不实材料或者以主观认为的情形甚至胡搅蛮缠进行质疑、投诉；上述诸情形形式上看是不诚实实则是缺乏法律意识。

（二）"隐性歧视"现象未引起重视

"隐性歧视"是相对明显违背政府采购平等对待准则的显性歧视而言的，是基于隐性态度或惯性思维而产生的、通过形式上或者程序上合法合规而实质上以偏离公平公正的方式谋求特定中标成交结果的歧视性行为，可存在于采购预算与需求、采购文件、评标标准及中标成交供应商确定等各环节。具体体现为：在预算编制上，将相关采购整体包装为一个大项目，如涉及城市各方面信息化建设甚至各部门信息化建设的智慧城市项目，无形中提高供应商的技术能力和技术标准要求，排斥了中小供应商。在信息发布上，采购人公布有效信息不充分，进而使与采购人联络较多的供应商通过内部方式获取信息，获得采购机会。调查数据显示：50.05%的供应商认为采购人存在不及时发布或者提供采购信息项目、51.35%的供应商认为采购人不发布或提供有效的采购信息项目、63.51%的供应商认为采购人不完整发布或提供采购信息项目。在评标规则确立方面，仍存在23.42%的采购人为"意中人"量身定做评分规则和评分标准、采购人要求代理机构在采购文件中设置排他性条款的情况也高达25.32%等现象。在确立中标成交供应商上，个别受访者反映采购人意中的供应商如果未中标，采购人通过鼓励其质疑投诉，然后以质疑投诉为由拒绝与经过法定采购程序确立的中标成交供应商签订采购合同，进而谋求与意中供应商签订合同，等等。

（三）采购执行不规范问题突出

从这次调研的情况看，采购执行不规范问题较为突出。50%左右的供应商认为：在法定代表人已经出具委托书后仍要求法定代表人亲自领取采购文件或者到场参加开标谈判；在电子化采购中，仍要求供应商提供各种声明函、承诺函后，还要求提供有关部门出具的相关证明文件；对可以在线提供材料的仍要求供应商提供必要原件等其他纸质材料；要求供应商提供可以通过互联网或者其他信息渠道能查询到的信息；等等①。甚至通过装订纸张、文件、排序等非实质性的格式或形式问题限制和影响供应商投标的也高达21.62%。采购人或者采购代理机构这些执行限制行为，与政府采购各方当事人均认为采购制度过于宏观需要细化达20%左右构成了呼应。实地调研与访谈中还发现执行管理诸多不规范情形：竞争性谈判中资格审查重叠、个别区县一级的政府采购政策与省市的要求不统一甚至矛盾冲突，湖南省公共资源交易中心电子招标范本格式与省政府采购监管部门发布的范本不一致、发布公告的媒介也不统一；某些专家数量小的特定行业供应商与专家抱团谋取中标机会，采购代理机构异地挂靠执业和异地执业难同时并存，评标专家

---

① 对供应商所做的调研显示：对于供应商法人代表已经出具委托书仍要求供应商法人代表亲自领购采购文件或者到场参加开标、谈判的情形占50%；54.05%的供应商表示存在采购人、采购代理机构要求其提供可以通过互联网或者相关系统查询的信息；43.24%的供应商表示在电子化政府采购中存在要求其在提交各类声明函、承诺函后还必须提供有关部门出具的相关证明文件；43.24%的供应商表示除必要原件外，对于可以在线提供的材料，采购人、采购代理机构仍要求其必须提供纸质材料。

不专业不敬业等问题。上述诸情形或影响采购效率或扰乱采购市场秩序，妨碍公平竞争。

（四）现代信息技术运用不规范不充分

湖南省早在2015年就建立了公共资源交易中心，2019年下半年开始上线运行政府采购电子卖场，调查显示93.24%的供应商、95.06%的采购人认为本地区设置了电子化政府采购信息平台，政府采购运用现代信息技术已成趋势。但调查结果显示：政府采购电子卖场平台上供应商信息少、不透明，且存在个别主体具有事业单位和供应商双重身份，不愿入驻参与电子卖场平台的情况。尤其是现有系统尚未实现全流程电子化：从财政业务全流程看，省本级在财政系统内网运行部分的功能较为齐全，形成了完整的预算——采购——支付的业务闭环，但市县级仅实现了政府采购业务的一体化，尚未实现上联预算、下接国库的财政业务一体化，有的地方还处于手工录入、导出数据"半自动"状态。从政府采购业务来看，在互联网（外网）运行部分的功能较为简单，大部分地方没有电子招标投标功能，缺乏保证金收取退付管理、供应商投诉在线处理等功能，数据统计、分析预警等功能薄弱。同时，网上商城（电子卖场）没有形成全省"一张网"，省级和个别市县独立运营网上商城（电子卖场），大部分地方没有与省级网上商城（电子卖场）连接，集中批量采购的规模优势未充分发挥，供应商库、商品库等资源未能实现共享。分散建设运营网上商城（电子卖场或网上超市）成本较高，影响政府采购效率。

三 促进政府采购公平竞争、优化营商环境的具体对策

湖南政府采购影响公平竞争的主要问题为采购人员法律素养和专业能力欠高、影响公平竞争的政府采购市场准入门槛条件依然存在、采购执行中任意裁量和"隐性采购"问题突出，及监管效力欠佳与电子化平台建设参差不齐等，解决这些问题有赖于以下措施的有效推行。

（一）营造良好政府采购法治环境，为政府采购服务营商环境优化提供根本保障

历史看，营商环境已从过往的"待遇优惠"走向了"法治环境"，国际营商环境评估也经历了"从全要素评估"到"制度要素评估"再到"法治要素评估"之转变，法治环境已成为营商环境优化的根本标志。法治环境是包括立法执法司法在内的整体环境，就政府采购来看，主要是前两者及其相应主体的法治意识，针对湖南各类政府采购当事人的法治意识和采购过程的现实状况应着力采取以下措施营造优良法治环境：一是采取有效措施，提升政府采购各类主体法律水平。依托湖南省政府采购协会定期开展法律专业培训，及时宣传与政府采购关联的法律法规章与政策；必要时还可以与省内甚至国内高校定向培养政府采购法治人才；采取必要措施稳定政府采购监管队伍；通过湖南省政府采购"两微一端"平台推送政府采购典型案例，及时发布和解读政府采购新法律法规和政策。二是建立合法性审查机制。健全新出台政府采购法规规章，严格执行公平审查的机制；定期清理政府采购法规规章与政策中的妨碍公平竞争、影响营商环境的规则和规定。三是对接国家征信平台，构建守信激励和失信惩戒的高效执行程序。财政部门可与市场监督管理部门、住房和城乡建设部门等相关管理部门联动建立统一的供应商信用评价体系，共享政府采购中弄虚作假、恶意低价中标、不诚信履约等违法行为信息，形成"一次失信，处处受限"的惩戒手段，同时对诚信履约的供应商给予鼓励和适当奖励，建立良好的诚信履约导向。四是强化依法监管，一体推进政府采购纠纷化解和有效防范供应商滥诉行为。健全电话、微信等信息化方式受理和处理投诉的机制，使信息化方式处理投诉达百分之百；紧跟国家行政裁决制度改革步伐，适时推出与"互联网＋政府采购"相适应的快速裁决机制；依托大数据区分滥投诉与正常投诉行为，有效防范和制止供应商滥诉行为。五是顺应"放管服"改革要求，强化监管部门对采购当事人的服务意识，为采购代理机构及时有效提供备案登记和异地代理服务等。

（二）编制政府采购执行管理负面清单，为政府采购服务营商环境优化提供可操作性规范

负面清单本是西方的一种管理模式和制度，我国"放管服"改革过程中，将负面清单方式推行至行政管理领域，近年来负面清单也延展到政府采购领域。目前省级层面推出政府采购负面清单的省份主要有福建、青海、湖北、黑龙江、陕西、四川、山西和宁夏等；负面清单内容涉及法律法规和规章中禁止的行为、国务院"放管服"改革中取消和调整的行政审批项目及政府采购实践中反映的需要禁止的突出行为等，有的负面清单十分详尽，禁止条款多达142项。客观地说，法律法规所禁止的行为可通过营造法治环境和严格执行政府采购规范予以禁止，政府采购负面清单仅有明示价值；尤其是政府采购法制推行20余年，政府采购法制普遍为政府采购各方当事人重视，若非特别利益诱惑轻易不会触碰法律禁止之红线。取消的行政审批项目相对较少，政府采购当事人容易把握。而政府采购执行管理实践中容易出现的需要禁止的妨碍公平竞争行为则呈复杂性和隐蔽性，将其纳入负面清单更有意义。此次实证调研发现，湖南政府采购影响公平竞争的突出问题在于政府采购执行管理不规范和隐性歧视，专门就政府采购执行管理制定负面清单更有意义和价值。湖南政府采购执行负面清单的内容可包括政府采购活动办事程序中影响公平竞争的行为、以非实质性格式等形式要求妨碍供应商获取采购机会的行为，保证金收取和退还不符合规定的行为、延迟支付保证金的行为，评分标准和招标文件中妨碍公平竞争的行为、无正当理由甚至故意寻找理由不与中标成交供应商签订采购合同的行为、任意编制大规模的系统集成采购项目等。

（三）规制隐性歧视，全面优化政府采购服务营商环境

隐性歧视主要是采购人基于对国有企业和大型企业的信任感而在具体采购过程中通过隐性方式将采购机会赋予后者的行为，不利于政府采购对中小企业、科技创新型初创企业的政府采购公共政策落实，妨碍中小及初创企业

参与政府采购公平竞争，影响营商环境。在显性歧视得到有效治理的情况下，隐性歧视的治理更是打造一流政府采购营商环境所必需的。隐性歧视通常以合法形式出现，需要采取行政规制方式对其进行治理：一是规范政府采购预算和采购需求，在源头防止隐性歧视。设立政府采购预算和需求公平竞争审查制度，对预算规模过大且采购需求模糊的政府采购项目进行专项公平竞争审查，对不适当的集成式采购项目提出分解建议，以保障具有相应能力和技术水平的一般中小企业能够获得相应采购机会。二是构建不定期专项检查制度，开展政府采购服务营商环境优化专项检查。强化对政府采购公共政策功能执行的专项监管，对政府采购中中小企业份额保留和价格优惠等政府采购公共政策功能是否得到有效实现进行专项检查，督促政府采购主体落实法律法规对中小企业的政策优惠措施和省级以上政府部门对科技创新型初创企业的扶持政策；针对可能影响公平竞争的信息公开行为、改变中标成交结果行为等进行专项检查，对检查中发现的隐性歧视问题提出整改方案和措施。三是设置采购人政府采购信用制度，利用信用约束隐形采购。将采购主体参与政府采购全流程的各类信息纳入监管范畴，对其采购流程中采用不适当方式限制中小企业和科技初创型竞争企业的信息进行甄别，尤其对采购人废标、改变中标成交结果行为进行大数据处理，进而综合运用经济和行政手段对其奖惩。

（四）搭建全流程电子化平台，为政府采购服务营商环境优化提供现代信息技术支撑

以政府采购本身的政府采购预算编制——招标投标——合同履行和验收再到采购资金预算支付全流程为基础，针对涉及不同层级主体和不同性质当事人，以现行平台建设为依托，进行组织与流程再造，促成全程电子采购。一是依据采购管理流程，将政府采购审批、执行、监管等活动全程电子化，促成网上审批、网上招标投标、网上合同签订与验收及政府采购监管一体化；依托现代信息技术健全评标方式，将现行的网上评审拓展到异地远程网上评审，解决专家不足且本地专家易囿于感情等不当因素影响评标之公正问

题。二是搭建覆盖省市县三级联动的政府采购电子平台。既要建好市县不同层级的电子化采购平台，也要推进湖南省政府采购网上商城（电子卖场）面向全省各地开放，与各市县联网对接、共用共享，优化升级湖南省政府采购信息网站，实现系统自动判断、自动推送信息至市县政府采购信息公开平台及相关网站、移动终端。三是促使政府采购监管部门的预算监管与采购监管一体化。落实财政部印发《预算管理一体化规范（试行）》的通知（财办〔2020〕13号）要求，优化省内网络平台的监管功能，进一步细化监管流程、规则和要素，实现监管角色分配、监管功能设置前台化，增强大数据分析、模糊查询、数据统计、分析预测等功能。

本次调研在采购当事人上未涉及外商投资企业，随着《中国（湖南）自由贸易试验区总体方案》的公布，公平竞争的主体将延伸到外商投资企业，湖南政府采购公平竞争、优化营商环境还应当在内外资企业平等对待方面有具体举措。同时，信息公开方面，调研也未触及采购意向公开问题，由于采购意向公开涉及采购预算、采购需求编制、采购客观情况的变化等问题，较为复杂，本调研组主张湖南应当在条件成熟的基础上逐步推行采购意向公开。

参考文献

付大学、秦思楠：《优化营商环境　消除政府采购隐性歧视》，《中国政府采购》2019年第12期。

张志铭、王美舒：《中国语境下的营商环境评估》，《中国应用法学》2018年第5期。

肖北庚：《政府采购法原理》，世界图书出版公司，2016年。

B.25
湖南省公安机关开展扫黑除恶专项斗争的显著成效和常态化开展思路

摘　要： 本文全面总结了湖南省公安机关开展扫黑除恶专项斗争取得的成效，深入分析了当前湖南省黑恶犯罪的新特点、新动向及扫黑除恶工作面临的问题和困难，厘清了下一步推进扫黑除恶常态化的思路举措。

关键词： 黑恶犯罪　扫黑除恶　湖南

中央部署开展扫黑除恶专项斗争以来，湖南省各级公安机关认真贯彻落实习近平总书记系列重要指示精神，按照公安部和湖南省委、省政府的部署要求，提高政治站位，强化政治担当，充分发挥扫黑除恶主力军作用，勇于挑最重的担子、敢于啃最硬的骨头，围绕打击遏制、深挖根治、长效常治的三个阶段性任务，以"六大"专项行动为牵引，以大要案件侦破为龙头，全力攻坚克难，取得明显成效。

一　湖南省扫黑除恶专项斗争成效显著

一是黑恶犯罪明显遏制。共打掉涉黑组织170个，恶势力团伙1523个，

---

* 课题组成员：毛志兵，湖南省公安厅刑侦总队副总队长；唐敏，湖南省公安厅刑侦总队支队长；吴光远，湖南省公安厅刑侦总队副支队长；徐敏，湖南省公安厅刑侦总队副支队长；潘长春，湖南省公安厅刑侦总队三级警长。

破获各类刑事案件 12513 起，刑拘 16176 人，查处涉案资产 222 亿余元。

二是社会治安环境明显改善。全省刑事案件总数同比专项斗争前下降 23%，治安案件下降 29.4%，八类暴力案件下降 38.9%，稳定的社会大局不断巩固。

三是群众安全感、满意度得到明显提升。2400 余起 2015 年前的陈年积案和信访案件得以深挖彻查，群众满意度调查较专项斗争前提高 5.35 个百分点，为历史最高水平。

四是带动党风政风明显好转。查处移交充当黑恶势力"保护伞"的公职人员 643 人，有效净化了政治生态。

五是助推基层政权明显巩固。共打掉把持基层政权、侵吞集体资产、欺压残害群众的"村霸"、宗族恶势力等农村黑恶犯罪组织 490 个，查处涉黑涉恶村支"两委"成员 117 人，配合排查清理问题村干部 300 余名，党的基层政权不断夯实。

六是保障经济社会环境明显优化。共打掉垄断资源项目、欺行霸市、非法放贷讨债、插手企业经济纠纷等破坏市场经济秩序的黑恶犯罪组织 456 个，向行业监管部门发放《公安提示函》2020 份，持续净化营商环境，保障经济社会健康发展。

七是推动全民守法氛围明显浓厚。召开新闻发布会 100 余次，发放举报奖励 375.5 万元，接收群众有效举报 20394 件，1353 名涉黑涉恶违法犯罪分子主动投案自首。

八是队伍自身建设明显加强。公安队伍运用法治思维、法治方式执法办案、攻坚克难的水平能力不断提升，执法规范化建设不断增强；坚持"刀刃向内"，推动深化政治建警、教育整顿，全省公安队伍更加忠诚、更加纯洁、更加可靠。

二 当前湖南省黑恶犯罪的新特点、新动向

在国内打击力度加大、经济活跃、互联网发展迅猛、国际交往频繁等多

重新变量叠加的影响下，黑恶犯罪也呈现了一些新特点、新动向。

1. 侵害领域广，危害性不断增强

一是涉及政治领域。黑恶势力为逃避打击，寻求非法保护，千方百计拉拢、腐蚀国家工作人员充当"保护伞"。全省共查处涉黑涉恶腐败和保护伞3976人。另外，一些黑恶势力利用宗族、家族势力或个人影响力，操纵、破坏基层选举，把持基层政权，并想方设法谋求政治光环。如益阳涉黑头目夏顺安通过不正当方式获选省市人大代表后，要求当地党委、政府将其团伙成员安排为芦苇场管区干部。

二是黄赌毒仍是重灾区。黄赌毒等非法黑产门槛低、投入小、获利高，"拳头"和"胆量"便是通行证，是黑恶势力完成原始资本积累的重要环节。专项斗争中，湖南省共打掉305个操控、经营黄赌毒的黑恶势力团伙，占总数的18%。如娄底曾德洪涉黑组织通过暴力手段和组织影响力，垄断了当地毒品的交易和定价，抓捕现场缴获毒品50公斤。

三是涉及互联网新型领域。黑恶犯罪与野蛮生长的互联网相结合，隐蔽性更强，犯罪行为突破传统地域限制和空间限制，危害后果呈几何级放大，案件快速增长。如新冠肺炎疫情后，湖南网络裸聊敲诈案件急剧增长，全省2018年、2019年两年仅立案47起，而2020年立案267起。诸如陈杰人等网络大V利用网络舆论，敲诈勒索群众、企业甚至党政机关，严重破坏网上网下社会生态，破坏力极强。

2. 组织形式转型升级，隐蔽性不断增强

一是组织结构松散化。组织头目"洗白上岸"，组织成员更替频繁，打手临时招募，组织形式机动灵活，难以打深打透。办案中，往往将"地下出警队"作为"马前卒"打击处理了，却难以查处负责组织、策划、指挥的"高级黑"。

二是运作方式职业化。以合法企业作掩护，用正当经营掩盖非法手段，用公司利润掩盖非法获利，用管理制度代替帮规戒律，并聘请法律、经济人士担任顾问，为逃避打击提供专业指导。如长沙刘立强涉黑案中，聘请资深律师设计借贷合同模板，腐蚀拉拢仲裁、司法人员，为"套路贷"犯罪提供条件、规避风险。

三是暴力手段"软性化"。黑恶势力以心理威慑取代实质暴力,"软暴力""轻暴力"日趋明显,常常逼而不打、打而不伤、伤而不重,既能达到目的,又能有效逃避打击,使得抓捕、取证、处理难度加大。

四是犯罪外衣"合法化"。通过利用"保护伞""关系网"的公权力,为实施犯罪寻求合法外衣。如岳阳"4·30"涉黑专案中,犯罪嫌疑人谢金海等人通过腐蚀政府官员,以市政府名义出台通告,限制外地生猪准入,为该组织暴力打压肉品经营户、垄断肉类市场提供了借口。

3. 跨境活动日益便利,"国际化"趋势明显

随着境内打击收紧,越来越多的黑恶犯罪分子利用国家间执法阻碍逃避打击。

一是犯罪窝点向境外转移。在境外设置犯罪窝点,利用境外网络支持和资金结算方式,组织者异国遥控指挥犯罪活动。长沙"2·12"网络裸聊专案中,组织者黄贤辉长期在越南,通过通联工具联系指挥,在国内招聘人员,在柬埔寨设立多个犯罪窝点,对境内群众实施网络裸聊敲诈勒索。

二是犯罪黑财向境外洗白。通过境外投资、地下钱庄洗钱、跨国多次转汇、赌场代币兑换等方式,将黑财向境外转移,查处难度很大。

三是犯罪分子向境外潜逃。一些局势不稳、发展落后的国家成为逃犯的天堂,湖南省目标逃犯中就有 19 个逃往缅甸等东南亚国家。常德"10·29"涉黑案的骨干成员文强潜逃缅甸佤邦,购买到佤邦军政府官职,获得配枪资格。抓捕组耗时 10 个月,花费大量人力物力才将其抓获。

四是境外"黑帮"文化境内渗透。人员流动、文化作品交流、网络传播等加速"黑帮"文化入侵。如衡阳涉黑头目石峰 20 世纪 70 年代逃到我国香港,加入香港"湖南帮",后以"港商"名义回内地投资,在内地发展涉黑组织,以"湖南帮"模式进行管理。郴州曹智等人受香港"古惑仔"等影视剧影响,吸收未成年学生,烧香结拜,成立"学生帮"。

4. 犯罪主体总体层次不高,"低龄化"现象突出

一是犯罪前科比例较大。一些人员被打击处理后,思想改造和技能教育

力度欠缺，继续帮扶和教育引导没有到位，从而继续重操旧业，成为黑恶势力的核心力量。如湘潭打处的 479 名黑恶团伙成员中，158 人有犯罪前科，占比 33.0%。

二是未成年人违法犯罪比例较高。黑恶势力前科劣迹人员把被打击处理经历作为行恶资本，到处招揽、鼓动、教唆未成年人。加之，部分未成年人追求奢靡享乐、崇尚"江湖义气"、想出人头地，极易被引诱和利用，成为黑恶犯罪的新生力量。专项斗争以来，全省共打掉涉及未成年人的涉黑组织 6 个、恶势力团伙 49 个。

三是无业人员参与犯罪。涉黑恶犯罪人员文化素质普遍较低，法律观念淡薄，谋生技能差，大多有打架斗殴、好吃懒做的恶习，长期在社会主流文化之外。

三　当前扫黑除恶工作面临的问题和困难

1. 思想认识有偏差

普遍担心扫黑除恶专项斗争结束后，党委政府对扫黑除恶重视程度会下降，对扫黑除恶常态化的必要性存在认识偏差。有的领导干部没有站在全局的战略高度来把握扫黑除恶，存在将扫黑除恶常态化当作刑侦部门日常业务的思想。有的地方对黑恶犯罪复杂性、反复性认识不足，存在一劳永逸的想法，有的缺乏斗争精神，深入开展专项斗争的自觉性、主动性不足。有的地方工作韧劲不足，部分民警存在松劲心态、畏难情绪，存在"过关交卷"、见好就收的想法，甚至不愿再参与扫黑除恶常态化工作。

2. 线索核查有短板

涉黑涉恶举报线索来源广、数量大、诉求多，专项斗争以来，全省公安机关接收涉黑涉恶举报线索 20394 条，花费了大量警力开展线索核查，但效果不如人意。

一是精准性不高。线索主要依靠群众举报，但许多群众举报是贴牌举报，与黑恶犯罪并无关系，线索质量不高。通过滚动排查、警情分析研判、重点人员预警研判等方式主动摸排的线索不多，有价值的线索上不来。

二是核查反馈不及时。部分地方顾虑线索核查风险，担心倒查追责，不敢以"四种结论"定性，导致线索迟迟不能办结。

三是核查质量有待提升。部分地方线索核查质量不高，核查时就事论事，未能开展关联性核查、整体性核查，部分线索未能做到案清事结、不留疑问。有些核查结论经不起复核检验。

3. 打击处理有难度

应对专业化、新型化黑恶犯罪能力不足。

一是调查取证到位难。黑恶犯罪组织案件大多时间久远，大量物证缺失，需要海量的证人证言支撑，但许多受害人因为害怕打击报复，或被金钱收买，不愿意出面作证。犯罪组织成员对抗打击经验丰富，一有风吹草动，迅速毁证、串供、转移财产。

二是执法思想统一难。公检法在网络涉黑犯罪非法控制特征的认定、"套路贷"的认定等新型黑恶犯罪认识上存在一定的分歧。

三是审讯突破工作难。一些黑恶犯罪分子自知罪恶深重，拒不交代犯罪事实，即使交代了的，或受不良律师诱导，或受同监人员影响而翻供，审讯难度大。采取指定居所监视居住办案成本高，执法风险大，且面临证据合法性问题。

4. 协助配合有差距

一是同步办案不主动。部分公安机关仅将发现的"保护伞"线索移送纪委监委查处，查处公职人员包纵犯罪的主动性不强，不利于案件的彻底打击、顺利诉讼。

二是提示函作用不明显。公安机关以办案发现问题为导向，共下发《公安提示函》2020 份，但推动行业治理效果不佳。一方面，部分公安机关的提示函重数量轻质量，针对性、指导性不强；另一方面，一些行业部门对公安所提问题的整改，存在就事论事、敷衍应付的现象。

三是公安机关内部合成作战不顺畅。公安机关内部各警种合成作战、多打联动工作机制不完善，打击效能不高。如部分地方异地用警、指定管辖程序多、办理周期长；个别地方扫黑民警被诬告、陷害，多部门轮番询问调查，让专案侦办束手束脚、扫黑民警身心疲惫。

四 推进扫黑除恶常态化的思路

1. 强化持续推进的组织领导

坚强的组织领导是开展扫黑除恶常态化的重要保障。

一要将扫黑除恶作为长期的政治任务。习近平总书记在中央全面依法治国工作会议上指出，要推动扫黑除恶常态化，持之以恒、坚定不移打击黑恶势力及其"保护伞"，让城乡更安宁、群众更安乐。中共中央、国务院关于扫黑除恶斗争常态化的意见正在调研起草，《反有组织犯罪法》草案已提全国人大常委会审议。扫黑除恶斗争在较长时期内都将是巩固执政根基、维护社会稳定的主要抓手。

二要切实强化对扫黑除恶的组织领导。各级公安机关要长远谋划，统筹推进扫黑除恶常态化工作，各级公安机关"一把手"要牢牢扛起第一责任，定期专题听取情况、部署工作，及时研究解决重点难点问题，勇于担当，敢于碰硬，为推进扫黑除恶斗争提供坚强的组织保障。

三要继续加强公安机关扫黑办的作用。要重视、发挥各级公安机关扫黑办牵头抓总的作用，保持精干力量，更好地推动扫黑除恶常态化工作。

2. 保持对黑恶犯罪的严打高压

黑恶犯罪具有较强的再生性、趋利性、反复性，必须始终保持严打高压态势。

一要坚持打早打小。建好扫黑除恶工作平台，建立涉黑涉恶警情分析研判工作机制，及时发现掌握乱生恶的动向、恶变黑的信号，打早打小、露头就打，进一步压缩涉黑恶犯罪空间。

二要突出打击重点。结合实际情况，突出互联网、"毒黄赌"、金融等重点领域部署专项打击整治行动。对潜藏蛰伏、变色变异的黑恶势力穷追猛打，决不让其死灰复燃、卷土重来。

三要强化大要案合成作战机制。实战部门具体负责专案目标、搭建专案力量、组织专案侦破的工作，支撑部门做好支撑保障工作，各参战警种加强沟通、密切配合、相互支持、形成合力。

四要强化配合协助。建立健全与纪检监察部门的"同立案、同督导、同公告"工作机制，与检法机关的提前介入、会商工作机制，统一执法思想，形成工作合力。

3. 坚持对举报线索的高质效核查

一要强化线索核查常态化机构。各级公安机关要保留涉黑恶情报线索处置中心，配备充足力量，做好常态化线索摸排核查工作。

二要完善线索核查工作闭环。以扫黑除恶工作平台为依托，强化涉黑涉恶线索全流程管理，规范线索的采集、录入、流转、上报及研判分析工作，形成工作闭环。

三要加大重点线索的核查力度。对群众举报的线索实行统一分流、分级核查、上级复核办结，对发现线索核查问题的严肃追责，对核查进展不大的采取异地用警等方式推动查深查透，对构成立案标准的及时立案、迅速查处。

4. 推动社会治理的长效常治

充分发挥扫黑除恶在治理突出社会治安问题中的牵引作用，努力铲除黑恶势力滋生土壤。

一要推进基层治理。严厉打击整治黑恶势力渗透基层政权，为2021年村居"两委"集中换届创造良好社会环境，落实村"两委"成员资格县级联审，助推夯实农村基层组织。

二要推进治安治理。坚持滚动排查和滚动整治，重点对工程建设、交通运输、矿产开采等高利润行业领域存在的突出问题开展专项整治，切实防范传统行业粗放管理、资源行业非法垄断、娱乐行业藏污纳垢、新兴行业非法野蛮生长。

三要推进行业治理。提升《公安提示函》质量，强化跟踪问效、督办问责，堵塞监管漏洞，开展联合执法，密切行政执法与刑事司法的衔接，形成行业治理联动格局。

5. 建强能征善战的扫黑专业队

保持、激发扫黑除恶队伍的干劲活力,为扫黑除恶常态化发展提供不竭动力。

一要加强扫黑力量建设。建好"专业队",培养"突击队",建强"王牌队",切实做专做强扫黑除恶专业队伍。缺什么、补什么,用什么、练什么,组织开展实战大练兵,带动办案水平整体提升。

二要关爱扫黑民警。认真落实《中共湖南省公安厅委员会关于激励扫黑除恶民警担当作为的意见》精神,健全落实扫黑民警容错纠错、执法权益保障、人身保护等制度,消除扫黑民警的后顾之忧。

三要强化专家引领。全面选拔侦查办案能手,充实扫黑除恶专家人才库,为重大案件攻坚提供支撑,为扫黑民警做好示范。

参考文献

习近平:《坚定不移走中国特色社会主义法治道路,为全面建设社会主义现代化国家提供有力法治保障》,《求是》2021 年第 5 期。

陈一新:《加强和创新社会治理》,《人民日报》2021 年 1 月 22 日。

B.26
善抓民法典实施契机　推进湖南省
地方立法高质量发展

彭澎　黄婷*

摘　要：　《中华人民共和国民法典》已于2021年1月1日起实施。湖南省
　　　　　应坚决贯彻落实习近平总书记关于切实实施民法典要求，高
　　　　　质高效推进民法典涉湖南省地方性法规专项清理，做到"全
　　　　　面清理、系统清理、精准清理、长效清理"，精致精细推动
　　　　　湖南省民事地方立法衔接配套，紧紧围绕"一个坚持、四个
　　　　　紧扣"，实现湖南省重点立法、惠民立法、绿色立法、科学
　　　　　立法，善抓民法典实施契机推进湖南省地方立法高质量
　　　　　发展。

关键词：　民法典　地方立法　高质量发展　湖南

　　习近平总书记在2020年5月29日召开的中共中央政治局以"切实实施
民法典"为主题的第二十次集体学习会议上指出："全党要切实推动民法典
实施，以更好推进全面依法治国、建设社会主义法治国家，更好保障人民权
益。加强同民法典相关联、相配套的法律法规制度建设，不断总结实践经
验，修改完善相关法律法规和司法解释。推动民法典实施要加强民事立法相
关工作"，这就要求在民法典实施过程中有一个重要任务就是要加强与民法

---

* 彭澎，中共湖南省委党校（湖南行政学院）法学教研部教授、法学博士；黄婷，中共湖南省
委党校（湖南行政学院）法学教研部副教授、法学博士。

典相关联、相配套的法律法规制度建设，着重强化涉民法典相关法律法规的制定、修改、完善等工作，对照民法典的立法原则和法律条文对法律法规进行逐部修改，不符合民法典要求的应当分门别类地进行修改或废止。湖南省委常委会在 2020 年 6 月 5 日上午召开会议，对习近平总书记在中共中央政治局第二十次集体学习时的重要讲话精神进行了传达学习，会议特别强调："要认真抓好民法典的宣传教育和学习培训，完善同民法典相关联、相配套的地方性法规，提高依法履职、依法治理能力。"地方立法是国家立法体制的重要组成部分，因此，加强地方民事立法、推进地方性法规与民法典相关联、相配套是当前实施民法典的重要环节，也是包括湖南省在内的全国各省地方立法的重要工作。

《中华人民共和国民法典》已于 2021 年 1 月 1 日起实施。当前，推进法律法规与民法典相关联相配套是民法典实施的紧要任务，地方立法承担着地方性法规清理和民事地方立法的重任，在推进民法典实施中可大有作为、应大有作为。湖南省应坚决贯彻落实习近平总书记要求，根据湖南省委常委会会议上的传达学习要求，高度重视民法典涉湖南省地方性法规专项清理工作的重要价值、精准把握专项清理基本原则和标准，高质高效完成专项清理，做到"全面清理、系统清理、精准清理、长效清理"，同时做好湖南省地方民事立法相关衔接配套工作。并以民法典实施为契机，紧紧围绕"一个坚持""四个紧扣"，即湖南地方立法紧紧围绕坚持人大主导、完善地方立法体制，紧扣经济高质量发展要求、推进"高质量"立法，紧扣回应民生关切、突出"惠民"立法，紧扣生态环境保护、强化"绿色"立法，紧扣地方立法需求、实现"科学"立法，推进湖南省地方立法工作再上新台阶。

一　民法典实施对湖南省地方立法工作提出新要求

1. 阶段性要求：高质高效推进民法典涉湖南省地方性法规专项清理

加快民法典涉湖南省地方性法规专项清理是民法典实施对地方立法的现实要求之一，是民法典实施对地方立法工作的阶段性要求，旨在保障地方立法与上位法有效衔接。根据中央部署，全国人大常委会于 2020 年 6 月 29 日发函各省、自治区、直辖市级人大常委会及深圳、珠海、汕头、厦门市人大常委会加快开展民法典涉法规专项清理工作。湖南省严格按照中央要求，于 2020 年 8 月 7 日向设区的市、自治州人大常委会发函，传达了专项清理基本要求并作了相应部署。为确保高质高效完成民法典涉地方性法规专项清理任务，在完成专项清理常规部署基础上，仍需要进一步强化认识，全面掌握民法典涉湖南省地方性法规专项清理的基本情况，结合湖南经济社会发展的实际情形，科学制定民法典涉湖南省地方性法规专项清理的工作原则、标准及方法。

一要摸清家底，全面清理。民法典涉湖南省地方性法规专项清理范围包含省本级、设区的市（含湘西自治州）两个层级，涵盖地方性法规、地方自治条例、单行条例三个类型。具体而言，当前需要清理的民法典涉湖南省省本级地方性法规 195 件，涉设区市（含湘西自治州）地方性法规 121 件，其中包含自治条例 8 件、单行条例 34 件。此次专项清理，要摸清家底，准确把握法规总量，全面清理，确保专项清理全覆盖。

二要明确任务，系统清理。民法典涉湖南省地方性法规专项清理要发挥湖南省人大与政府的重要作用，既要分工负责、各司其职，又要加强合作、协同推进，注重专项清理工作的系统性。应当区分不同主体，分类推进，实现系统清理。第一，省本级地方性法规由湖南省人大常委会法制委员会及各专门委员会来进行梳理和清理，针对不同的地方性法规，提出不同的清理意见或修改建议；第二，省政府各部门对本部门执行或者与本部门有关的地方性法规由湖南省司法厅来组织进行梳理和清理，针对不同部门执行的不同地方性法规，提出不同的清理意见或修改建议；第三，对涉及省政府多个部门职责或者与多个部门工作密切相关的地方性法规由湖南省司法厅来牵头抓总、各部门协调配合，在研究基础上共同提出清理意见或修改建议；第四，设区的市、自治州的地方性法规由湖南省各市州的人大法制委员会及各专门委员会来进行梳理和清理，针对不同的地方性法规，提出不同的清理意见或修改建议。

三要确定标准，精准清理。民法典涉湖南省地方性法规专项清理须秉持与民法典"不抵触、相一致"的基本原则，以补充、细化为主。从以下五个方面针对不同问题对照民法典进行仔细识别，精准清理：首先，从立法精神上识别，对与民法典立法原则和立法精神及民事活动应当遵循的一般性规则不一致甚至相抵触的必须清理；其次，从立法条文上识别，对与民法典七编的具体条文和规范内容不一致甚至相抵触的必须清理；再次，从立法依据上识别，制定地方性法规所依据的国家法律因为民法典的制定而废止的，且按照湖南经济社会发展实际情况也无相关立法必要的必须清理；复次，从立法源头上来识别，制定地方性法规所针对或调整的对象和事务已经不存在，地方性法规没有存在基础的必须清理；最后，从立法发展上识别，地方性法规主要内容已经不符合湖南经济社会发展的要求或者已经明显过时的可以一并清理。针对上述五个方面的情形，按照分门别类、具体法规具体分析的原则，分别采用修改或者废止的方式来实现对涉民法典相关地方性法规的清理。

四要完善机制，长效清理。民法典涉地方性法规专项清理尽管是现阶段必须完成的任务，但应当树立长远眼光，构建湖南省地方性法规清理的长效机制，使湖南省地方性法规清理机制常态化，有效防止地方立法与实际脱节、防止地方立法条文互相不协调以及地方立法不符合法制统一要求的情况，促使湖南省地方立法从更加重视制定新法向建立与修改废止并重转变。

2. 中长期要求：精致精细推动湖南省地方民事立法衔接配套

推动民事地方立法衔接配套是民法典实施对地方立法提出的中长期要求，旨在确保法律效力一致性、稳定性。

一是推动湖南省地方民事立法衔接配套，要求湖南省民事地方立法工作本身与民法典精神相一致。湖南省民事地方立法应以民法典惠民、弘德、绿色、保护市场经济精神为指引，具体要将民法典精神在湖南省近两年列入立法计划的9件地方性法规、6件预备审议项目中及时体现，如在涉及市场环境的3件［湖南省实施《中华人民共和国中小企业促进法》办法（修改）、湖南省实施《中华人民共和国广告法》办法（修改）、湖南省社会信用信息管理办法］和涉及绿色环境的3件（《湖南省河道采砂管理条例》《湖南省东江湖水环境保护条例》《湖南省绿色建筑发展条例》）中贯彻民法典基本原理，与民法典精神保持一致。

二是推动湖南省地方民事立法衔接配套，要求湖南省相关联相配套法规制度建设与民法典精神一致。在省人大及其常委会主导下，充分协调政府各部门，抓好地方协同立法，推动民法典相关联相配套制度落地。具体要将民法典精神在湖南省近两年列入立法计划的4件政府规章中有所体现，如省人大及其常委会主导、省发展和改革委起草的、省委2020年重要立法事项《湖南省社会信用管理办法》应与民法典最新修订的自然人信息权等内容相关联、相配套的法规制度建设问题。

二　紧抓民法典实施新契机，推进湖南省地方立法再上新台阶的建议

民法典实施在给地方立法提出新要求的同时也为地方立法带来了重要的发展契机，湖南省应紧抓民法典实施新契机，重点在坚持人大立法主导作用、完善地方立法体制机制，适应经济发展新阶段、回应民生关切、关注生态环境保护等方面做好新时代地方立法工作，在阶段性任务、中长期任务完成过程中及后续工作中，围绕"一个坚持、四个紧扣"全面发力，推进湖南省地方立法高质量发展。

1. 坚持人大主导作用，完善地方立法体制

一是优化立法职权配置，充分发挥湖南省人大及其常委会在地方立法中的主导作用。在湖南地方立法中，省级、设区的市、自治州人大及其常委会应在地方法规的立项、起草、审议、表决、修改等五个方面发挥主导作用。明确发挥人大及其常委会在立法中的主导作用，不代表着人大独揽立法起草工作，对涉及综合性的地方性法规由省级人大相关专门委员会、常委会工作机构组织有关部门或委托"第三方"机构起草。

二是构建湖南省地方性法规长效机制清理。民法典涉法规专项清理是对现行有效的地方性法规开展的一次系统清理工作，及时修改、废止与民法典

不相适应的地方性法规，确保法律适用一致性。湖南省应以此为契机，构建地方法规清理长效机制，使湖南省地方性法规清理机制常态化，有效防止地方立法与实际脱节、防止地方立法条文互相不协调以及地方立法违反统一法制的情况，促使湖南省地方立法从更加重视制定新法向立法与修改、废止并重转变。

2. 紧扣经济高质量发展要求，推进"高质量"立法

一是始终围绕湖南省经济发展数量增长和质量提升的需求，实现湖南省地方立法助推经济高质量发展。湖南省在 2020 年实现地区生产总值突破 4 万亿元，在 2019 年实现地方税收突破 2000 亿元、地方一般公共预算收入突破 3000 亿元、全口径税收突破 4000 亿元、全口径财政总收入突破 5000 亿元，经济发展主要指标增速在全国位列前茅，财税收入结构持续改善、质量持续提升，经济发展迈上新台阶。湖南省地方立法应以民法典保护市场经济精神为指引，重点在优化营商环境、完善政府融资担保体系、规范市场监管、保障市场主体权利等领域抓好民事相关地方立法，助力经济高质量发展。如民法典对担保制度进行了规范，湖南省可在国家保障政府资金支持、常规融资平台保障基础之上，大力探索湖南省地方构建更加有利于盘活中小企业资产的金融保障地方立法，构建知识产权质押融资法律制度，切实解决知识产权质押融资中评估和转让等疑难法律问题，盘活新兴科技型中小企业无形资产，并通过地方立法来予以保障。

二是定位"一带一部"区位优势，紧扣护航"三高四新"专项行动，推动湖南省地方立法助力经济高质量发展。湖南地处中国东部沿海地区和中西部地区过渡带、长江开放经济带和沿海开放经济带结合部，具有较好的区位优势，湖南省在与"一带一路"沿线国家贸易交往过程中，贸易额在 2019 年增长 54%，高新技术和机电产品出口在 2019 年分别增长 71.1% 和 52.9%。湖南省 2019 年进出口额过亿元和过十亿元企业分别新增 277 家和 9 家。湖南省 2019 年引进"三类 500 强"企业 112 家，其总投资项目达到 201 个，到位内资和实际使用外资分别增长 18.8% 和 11.8%。湖南省航空客运航线已经覆盖世界五大洲，目前国际全货机航线已达 8 条，湘欧快线在

全国中欧班列体系中位于第一方阵。湖南省地方立法应紧扣护航"三高四新"专项行动需求,依托湖南省委"三高四新"战略,秉持"立得住、行得通、真管理"原则,以民法典保护市场经济精神为指引,在高新技术发展、技术市场等领域,加快制定一批推动地方经济高质量发展的地方性法规。如民法典对于法人制度有最新规定,可通过地方立法进一步强化企业完善法人治理结构,进一步营造公平竞争的法治环境,更好地保障湖南省新型市场主体在公平市场环境中增强核心竞争力,清理废除妨碍统一市场和公平竞争的各种规定和做法,通过地方立法来确保各类新型市场主体平等获取资源要素的权利。

3. 紧扣回应民生关切,突出"惠民"立法

一是紧扣回应民生关切,突出湖南省地方立法惠民特色。早在民法典颁布实施前,2018 年,湖南就制定了省本级地方性法规《湖南省物业管理条例》,对"小区车位优先满足业主要求""业主建筑物区分所有权的相关规定"内容做了惠民规定。这些意见、建议被吸收体现在民法典第 277、278、281、286 条中,凸显了湖南省地方立法惠民特色。后续湖南省地方立法更应秉持"不抵触、可操作、有特色"原则,以民法典保障人民权利精神为指引,坚持问题为导向,突出湖南地方立法惠民特色。

二是紧扣着力保障和改善民生,突出湖南省地方立法惠民特色。湖南省 2020 年城乡居民人均可支配收入持续增长,分别达到 4.7% 和 7.7%,居民消费价格涨幅为 2.3%,新增城镇就业 72.42 万人。后续湖南省地方立法更应紧扣更充分更高质量促进就业、提高社会保障水平、加快健康湖南建设等保障和改善民生重点领域,以民法典保障人民权益精神为指引,突出湖南地方立法为民特色。

4. 紧扣生态环境保护,强化"绿色"立法

一是紧扣解决湖南省突出环保问题,强化湖南省生态环境保护地方立法。针对湖南省部分地区重金属和矿山污染以及枯水期饮用水安全风险等问题,应摒弃照搬照抄上位法、缺乏可操作性等被动立法方式,带动立法者发现问题、研究问题和解决问题,开展一场生态领域环境保护地方立法的

"自我革命"，就湖南省突出的环保问题提出具体的可操作性的处理措施，以民法典绿色原则为指引，解决湖南省突出的环境保护问题，强化湖南省生态领域地方立法。

二是紧扣确保污染防治攻坚战阶段性目标实现，强化湖南省生态环境保护地方立法。湖南省对中央交办、督办的突出生态环境问题持续不断地加大整改力度，坚持不懈地打好蓝天、碧水、净土保卫战，持续开展污染防治攻坚战"夏季攻势"，分别在大气治理领域、土壤污染治理领域、水治理领域开展污染防治攻坚。后续湖南省地方立法应秉持"上位法与下位法相一致"原则，以民法典绿色原则为指引，坚持问题导向，强化湖南省生态领域地方立法。

5. 紧扣地方立法需求，实现"科学"立法

要紧紧围绕民法典实施的突出重点、提高民法典实施的整体效能、扩大民事立法受益面做文章。

一是紧扣地方立法目的，加强涉民法典实施的地方性法规制定和民事地方立法的宣传引导和信息发布，及时发送和传播地方立法的相关信息，主动适应社会发展，让民众更多了解湖南省涉民法典实施的地方性法规制定和民事地方立法的进展及其成效，不断提高对湖南省涉民法典实施的地方性法规制定和民事地方立法的支持度和认同感。

二是紧扣地方立法需求，丰富公众参与地方立法的形式和渠道，扩大涉民法典实施的地方性法规制定和民事地方立法的空间，加大社会监督的力度，充分发挥民众推动湖南省涉民法典实施的地方性法规制定和民事地方立法工作的积极作用。

参考文献

习近平：《充分认识颁布实施民法典重大意义，依法更好保障人民合法权益》，《求是》2020 年第 12 期。

B.27
探索乡村"郴州之治"的新路子

——对乡村治理专题调研首批 16 个样本点的观察思考

郴州市政府研究室课题组*

摘　要：　乡村治理是国家治理的重要组成部分。本文基于郴州市的实践探索，围绕"人怎么管""心怎么聚""业怎么兴""钱怎么筹""事怎么干""难怎么了"等突出问题，提出坚持因时因地制宜，强化精准、综合施策，夯实基层基础，加快构建自治、法治、德治相结合的乡村治理体系等建议。

关键词：　国家治理　乡村治理　郴州市　湖南

实现乡村振兴，必须首先把"治理有效"这个基础打牢。党的十九大报告提出，要加强农村基层基础工作，健全自治、法治、德治相结合的乡村治理体系。为积极探索乡村"郴州之治"的新路子，郴州市政府研究室通过基层推荐、部门会商，在全市选定 16 个乡村治理样本点，开展乡村治理专题定点跟踪调研，推进乡村治理现代化的理论研究和实践创新。

一　初探：郴州市乡村治理的一些有效做法

一直以来，特别是党的十八大以来，郴州市紧紧围绕党中央提出的治理

---

* 课题组成员：胡志华，郴州市人民政府研究室主任；邓志才、伍庚，郴州市人民政府研究室副主任；祝鹏翔、黄锋林、欧阳江帆、严文科、刘参军、刘国标、刘涛，郴州市人民政府研究室干部；胡润泽，湖南师范大学硕士研究生。

能力和治理体系现代化这一战略目标，不断完善党组织领导的自治法治德治相结合的乡村治理体系，着力构建共建共治共享的社会治理格局，创造了一批好的模式与典型，拓展了一些好的路径和载体，乡村治理总体有效，乡村面貌明显改善，乡村振兴基础不断夯实。

一是强化"政治"引领，治理更有方向。将政治建设覆盖到全领域最基层。永兴县湘阴渡街道松柏村在村里设立了"讲习所"，让新思想新理念新要求直达最基层广大群众。宜章县关溪乡东源村挖掘红色文化与"雄关渠"精神，打造了村里的红色纪念馆，让红色基因代代相传。一个村发展得好不好、快不快、优不优，党支部和支部书记至关重要。临武县汾市镇龙归坪村，"六个支书一台戏"，一代接着一代传，一任接着一任干，支部凝聚力得到充分体现，荣获全国民主法治示范村等"国字号"荣誉 5 个、"省字号"荣誉 6 个。汝城县土桥镇龙潭桥村支书欧永存，不当老板当支书，用管理企业的办法经营村庄，抓住土地增减挂钩机遇，利用拆除村中的老旧房屋、整合翻新废弃地块，完成土地增减挂钩 43 亩，筹集资金 200 余万元，"不拿财政资金搞建设"，村庄建设精打细算、就地取材，利用拆危拆旧中的青砖当地砖、木头当围栏，建好了村中小广场、小游园，实现效益最大化。资兴市蓼江镇秧田村支书段红锋，年富力强，自己到深圳开办了企业，受老支书父亲的影响，回家带领乡亲发家致富，他视野开阔，在空心村改造中，通过与资兴农商行合作，到村里开展试点，为村民建房优惠贷款 10 万~20 万元，既规范了建房，又解决了村民资金周转问题，获得广泛好评。

二是强化"自治"主体，治理更聚人心。尊重及发挥村民"主人翁"作用，全面参与乡村治理，做到民事民议、民事民办、民事民管。嘉禾县晋屏镇下车村组建了红白理事会、道德评议会、建房理事会、卫生评议会、教育基金会等 5 个群众自治组织，着力解决红白喜事大操大办、建房无序攀比、大肆燃放烟花爆竹等问题，构建了以"说、议、办、评"为主要内容的自治体系。

2019 年，晋屏镇被评为全国乡村治理示范乡镇。建立健全村规民约等自治制度，填补了"法律管不了、政府管不好"的死角、空白地带。汝城县土桥镇龙潭桥村广泛收集村民集中反映、普遍认可的事情并纳入村规民约，由村"两委"、理事会整理，再经过村民代表大会讨论通过形成《村规民约九条》，语言简单朴实，村民听得懂、能接受、做得到，管用、实用、好用。宜章县关溪乡东源村开展十星级文明户评比和积分管理，不断激发村民的内生动力。

三是强化"法治"权威，治理更有保障。广泛开展平安创建和民主法治示范创建，不断完善农村社会治安防控体系，健全农村矛盾有效化解机制，优化法律服务供给，加强法制宣传教育，引导广大村民尊法学法守法用法，严格约束和监督基层干部小微权力，不断增强基层群众的安全感。北湖区保和乡大律村、安和街道下凤村原来村情社情复杂，通过利用好法律援助顾问，积极开展法律下乡宣传，及时将矛盾纠纷化解在基层，成功摘掉软弱涣散党支部的帽子。临武县龙归坪村依法律、按规矩建房，1979 年就制定了村里第一期建房规划，40 多年来没有发生一例违规建房问题，入选"第五批中国传统古村落名录"。

四是强化"德治"传统，治理更有温度。注重发挥好德治的融合、引导等功能，大力弘扬社会主义核心价值观，在更宽的范围、更深的层次推进群众性精神文明创建，广泛开展"易旧俗、树新风"主题活动，举办"身边好人""和睦邻里""最孝媳妇"等体现传统美德和淳朴民风的评选，弘扬正能量，引导形成崇德向善的良好氛围。嘉禾县晋屏镇实行"红黑榜"制度，红榜对孝亲敬老、文明守法、勤俭卫生的事例和个人进行表扬宣传；黑榜对违法违规、作风不正的行为进行通报批评，更好地发挥道德的教化作用，大力弘扬中华优秀传统文化和社会正能量。

五是创新"智治"方式，治理更有效率。根据新时代乡村特点，各村结合实际，积极转变治理思路，切实提升治理成效。桂东县沤江镇羊社村组建了村级微信群，及时发布相关信息，解答群众疑问，成为有效的宣传、办事窗口；村干部郭少敏成立"羊社益农便民服务中心"，村民微信或电话下单，生产物资、生活用品即可免费送货上门，解决了村民购物不便的问题。

嘉禾县晋屏镇，在各村主干道、路口和重点部位安装视频监控，引导具备条件的村民安装家庭监控，形成遍布全镇的安全监控网络，让群众更有安全感。

二 聚焦：乡村治理需重点解决的急难愁盼问题

新时代乡村，出现新的变化，对治理方式提出新挑战新要求。在调研中我们感觉到，当前郴州市乡村治理理念、治理方式、治理手段还存在不适应的地方，特别是"人怎么管""心怎么聚""业怎么兴""钱怎么筹""事怎么干""难怎么了"，既是乡村治理成效明显的地方干部群众着力突破的问题，也是乡村治理步伐缓慢的地方干部群众的急难愁盼问题。

一是"人怎么管"的问题。人是乡村治理中最关键的因素、最重要的基础性资源。随着社会生产力的提高、城镇化工业化进程的加快，农村人口特别是青壮年人口绝大部分流入城镇。"在外的人管不着，留村的人管不好，管事的人不好找"现象在乡村较为普遍。由于城市的吸附效应及教育资源的不均等，农村空心化现象加剧，一大批农村小学因生源不足关闭，父母及老人到城里租房"陪读"现象较为普遍，多数地方留村人员十不足三，且大多为老、弱、病、残、孕等特殊群体。因男女比例失调，"讨老婆"成为农村最大的难题和村民关注的焦点，"光棍村""光棍组"现象增多，一些单身汉无牵无挂、游手好闲，甚至寻衅滋事、违法犯罪，给社会管控带来极大不稳定因素。一些村党组织基础薄弱，村干部年龄普遍偏大，受文化水平、眼界格局等限制，治理理念滞后，治理方式较为传统和单一；村干部政治地位与经济待遇吸引不了有能力的人才扎根农村，"老化""断代"问题凸显。

二是"心怎么聚"的问题。人心齐，泰山移。乡村治理事关每家每户每一个人。没有村民的齐心协力，乡村治理将一事无成。现阶段的现实是，农村青壮年常年在外，农村党组织对如何团结凝聚这部分骨干力量办法不多，号召力、影响力弱化；留守人员"自身难保"，对村组事务大多有心无力。有的村"靠""要"思想严重，对政府的期望值和依赖性过高，存在

"政府在办、干部在干、群众在看"的情况。利己主义、金钱至上等思想，对农村千百年来传承的勤劳、节俭、忠孝、诚恳、互助等美德造成冲击，厚葬薄养、炫富攀比等现象仍然存在，农村建房攀比现象突出，新建房三层以上的居多，但基本处于空置状态；文体活动单一，留守人员平常很少有文体活动，逢年过节回乡人员往往沉溺牌局、酒桌，乡风文明建设任重道远。

三是"业怎么兴"的问题。业不兴，人难留，心难安。推进产业振兴，是实现乡村善治的核心。部分群众对土地、宅基地等要素流转仍心存担忧，要素收益率较低。小农户经营与规模化经营主体抢资源、抢市场的现象仍然存在，二者协调发展机制有待进一步健全。北湖区安和街道下凤村，村民一直有种菜卖菜的传统，即使价格比其他地方高不少，土地流转遇到的阻力仍然较大。传统农业转型困难，规模小，散户多，初级农产品多，加工农产品少，收益率低，靠天吃饭，抗风险能力差。农民的职业吸引力低。例如，烟草是郴州市的支柱农业、品牌农业，相当部分烟农是60岁以上的，新生代烟农几乎"断档"，烟草产业的可持续性面临挑战。

四是"钱怎么筹"的问题。虽然乡村治理不是有"钱"就能解决的问题，但"钱"是乡村治理怎么都绕不开的话题。从集体经济发展，到公共设施建设；从公益事业发展，到公共服务提供，没有不需要钱的。但这些钱，不可能完全依靠财政来解决，更多地要依靠村民和村集体。但目前大多数村级集体经济较弱，村"财政"主要依赖上级拨款，没钱干事，大大降低村级组织的号召力、凝聚力。近几年，由于县级财政趋紧，在农村道路基础设施建设、人居环境整治等方面的投入减少，甚至一些已上马动工的项目陷入停滞。引导社会资本支持乡村振兴发展在政策、机制等方面还存在一些现实困难，"手中没把米，叫鸡都不来"，投资能不能有稳定的回报、能不能切实带动农民增收致富？充满不确定性，风险较大，各方投资意愿低。支农信贷方面，由于农村信用环境差，农户信用意识淡薄，农业科技含量低，农民收入不稳定，扶农支农贷款风险高，银行机构普遍存在"惧贷""惜贷"心理，农民贷款较为困难。

五是"事怎么干"的问题。在调研中，多位村支部书记反映，村干部工作任务重、要求高，还要全天候坐班，浪费较多精力和时间。为基层减负的相关措施落实不够彻底，一些"先进村""样板村"一年迎接各级检查调研多达几十次，仅资料打印费就要几万块钱。一些部门填表报数，多头重复、随意性大，村干部成了"表叔""表姐"，而且资料几乎要求电子化、平台化，一些年纪大的村干部应付得较为吃力。一些政策在基层落实上出现了偏差、打了折扣。调研过程中，北湖区、苏仙区部分村反映，为落实"一村一辅警"，同时节省财政开支，两区的村辅警基本由村治保主任兼任，工资待遇、工作业务由派出所管理，村里的事基本管不上，反而削弱了村级组织的力量。北湖区郴江街道梨树山村，处于城乡接合部，大部分土地被征收，"大事"基本上都被区里、市里管了，村里自主能动性较差。

六是"难怎么了"的问题。农村法治宣传不到位，村民法律知识缺乏，法律意识淡薄，一些村民信访不信法、霸蛮不讲法、选择性信法。一些村干部在化解村民矛盾、信访问题、山林纠纷时，政策掌握不够清，办法措施不够多，习惯运用"家长式"手段管理村级事务而忽视运用法治手段解决问题，方式方法简单粗暴，讲人情不讲法律，讲面子不讲道理，把小问题拖成了大问题。一些群众自治组织，管理松散，不管事、不履职、不尽责，形同虚设，没有为群众解决实际困难。

三　前行：探索乡村"郴州之治"的方法路径

乡村治理主体多元、内容多变、方式多样，规范性与乡土性交融，传统性与现代性共生，稳定性与流动性并存。透过个案看整体，透过表面看本质，透过一般看规律。我们清醒地认识到：乡村之治，自治是基础，法治是前提，德治是支撑。推进"三治"融合实践，是新时代乡村治理创新的发展方向和根本路径。

（一）重要准则：坚持实事求是，因时因地制宜，强化精准施策，实现乡村治理有方

乡村治理的关键一招是因村制宜，既不能揠苗助长、急于求成；也不能

刻舟求剑，因循守旧。16个乡村治理样本村在具体工作实践中，各有各的短板和弱项，也各有各的特色和经验。最根本、最关键、最具共识的是，乡村之治，要坚持全市"一盘棋"，坚持稳中向好的"基本盘"，根据各村的村情、农情和民情，因村制宜，因人而异，因势利导，切不可搞"一刀切"和过分强调"齐步走"。

一是抓规划。统筹一个地方、一个村内在优势和外部动力，坚持保护、治理和建设一体化推进，对村庄规划布局进行系统深入研究，推进"多规合一"，坚持因村制宜、分类指导，禁止大拆大建，避免千村一面。特别是要因地制宜发展多样性特色农业，倡导"一村一品""一乡一业"。

二是抓示范。结合"千村百乡"乡村治理示范村镇创建活动，组织开展乡村治理试点示范和乡村治理示范村镇创建行动，按照清洁整洁村（约占70%，重点开展村庄清洁行动和改厕工作）、生态宜居村（约占25%，重点实施"五化"工程和发展农业产业）、特色精品村（约占5%，重点发展特色产业和乡村旅游）三类村庄，区别对待，统筹推进。

三是抓宣传。认真总结、提炼、宣传一批成熟的可复制的农村治理模式，加快在全市推广，形成适合郴州农村实际的乡村治理机制、治理体系和工作品牌。

（二）重要力量：锻强村支部这个核心，坚持党建引领，夯实基层基础，实现乡村治理有魂

实现基层善治，需要加快构建和完善党委领导、政府负责、社会协同、公众参与、法治保障的社会治理体制，推动基层治理实现三个转变：治理理念由"大包大揽"向"协商共治"转变，治理方式由"以上推下"向"上下互动"转变，治理格局由"单打独斗"向"协同联动"转变。

一要强化村党组织的领导地位。以2021年村支"两委"换届为契机，推行村党支部书记通过合法程序兼任村委会、集体经济组织主要负责人，非职务党员担任村务监督委员会、红白理事会等村级自治组织的主要负责人，进一步加强党对基层组织的全面领导。

二要将管理末梢延伸到村组。全面加强村组级党小组建设，完善院落、屋场网格化管理，增强群众对党的领导和乡村治理的切身感受。

三要细化党员考核激励。建立健全党员评比考核制度，引导和督促全体党员在严守村规民约、倡导移风易俗等方面发挥模范引领作用，推动乡村治理各项具体措施落地落实。

四要强化乡村党员基础教育。根据乡村特点丰富和创新党建活动方式，常态化开展党员意识教育，深入推进习近平新时代中国特色社会主义思想学习，提升乡村党员树牢"四个意识"、坚定"四个自信"、做到"两个维护"的自觉性。

（三）关键做法：坚持以村民自治为主体，突出自治基础，实现基层治理有力

把"群众答应不答应、高兴不高兴、满意不满意"作为衡量标准，是新时代践行党的群众路线的认识论和方法论。

一要坚持人民至上。要突出以人为本、以民为先，突出群众需求导向、满意导向，更好地发挥基层党组织、自治组织、群团组织、社会组织和村规民约的作用，做到治理为村民、治理靠村民、治理成果由村民共享、治理得失由村民评判。围绕充满活力、和谐有序目标，综合运用，协同发力，引导和支持基层社会自我管理、自我教育、自我服务、自我监督，在构建共建共治共享格局中真正发挥基层自身的主体作用。

二要弘扬社会美德。坚持教育引导、实践养成、制度保障三管齐下，寓教于乐、寓教于行、寓教于事，采取符合农村特点、农民喜闻乐见的方式，广泛开展针对性强的宣传教育，推动社会主义核心价值观转化为农民的情感认同和行为习惯，全面清除邪教、低俗文化、不良风气等在农村的生存空间和生长土壤，特别要加强对农村留守"老、妇、幼"的关注关爱。通过新乡贤会、红白理事会等自治组织，充分发挥"五老"等在乡风文明方面的突出引领作用；培育和弘扬新乡贤文化，积极开展"最美新乡贤"评选活动，为乡村文化振兴注入新的动力。

三要加强文明创建。广泛开展文明村镇、文明家庭等创建活动，弘扬尊老爱幼、耕读传家、勤劳节俭等良好家风，推进移风易俗，倡导文明新风尚，提高村民文明素养；整合村文化室、活动中心、公开栏等农村基层阵地，突出实用、节俭、有效原则，因地制宜打造规范化的新时代文明实践站所。

（四）有效抓手：坚持以信法守法为准绳，加强法治保障，实现基层治理有序

法治是加强和创新乡村治理、维护社会和谐稳定的根本之举，自治和德治都必须坚持以法治为前提，通过法治加以引导、规范和保障。要结合常态化开展扫黑除恶专项斗争，按照"有黑扫黑、无黑除恶、无恶治乱、无乱强基"要求，坚决扫除"村霸"、宗族恶势力，严肃查处群众身边的腐败问题，全面净化、优化农村社会环境。加强对乡村治理的法治指导，确保乡村事务依法得到妥善处理，自治章程、议事规则、村规民约等在法律框架内依法运行。深入推进"谁执法，谁普法"责任制的落实，通过以案说法、法治宣讲、法律援助进农村等多种有效形式，加大《村民委员会组织法》《农村土地承包法》等涉农法律法规的学习宣传和贯彻执行，引导群众自觉遵法、严格守法、遇事找法、维权靠法。

（五）管用办法：坚持以综合治理为补充，注重综合施策，实现基层治理有度

一要注重挖掘文化元素。要把文化建设嵌入美丽乡村建设之中，深层次、全方位挖掘村庄文化元素，丰富村庄文化内涵、提升村庄文化品位。充分利用旧建筑、古民居、老祠堂等，搞好优秀历史文化的保护、传承与开发；注意挖掘和整合文化资源，利用好村里既有文化阵地，促进文化传承、文化宣传、文化交流，弘扬主旋律、传播正能量。

二要注重突出生态治理。要把农村垃圾分类处理、生活污水处理、"四边"绿化作为美丽乡村建设的重点内容抓实抓好，努力提升农村的净化、

序化、绿化、美化水平，真正打造宜居、宜业、宜游的美丽乡村。

三要注重加强产业支撑。要抓住美丽乡村建设的机遇，因地制宜发展生态农业、乡村旅游、休闲养老、文化创意、文明公益等新型业态，促进农民收入持续稳定增加。通过开展美丽乡村建设，发展"美丽经济"，逐渐引导美丽村庄变"输血"为"造血"，实现可持续发展。

（六）有力支撑：坚持智慧治理为支撑，用好现代技术，实现基层治理有效

加大信息化、大数据等现代技术手段利用力度，积极探索建立"互联网＋"治理模式，提高信息服务覆盖率、精准度、时效性，推进乡村信息统一采集、资源互联共享、功能融合叠加，为干部群众交流搭建网上平台，实现"农民少跑腿、数据多跑路"，提升乡村治理效率和效果。

一是完善电子信息平台，建立健全人力资源和人口信息基础台账，准确全面地录入农村人口基本信息，突出矛盾纠纷问题化解以及惠民政策项目落实等情况，实现全方位、动态式社会服务进村入户。

二是加快农村集体资产监管平台和机制建设，全面彻底推进清产核资，堵塞管理漏洞，推动农村集体资产财务管理精细化、规范化、信息化，防止村干部权力寻租，解决"苍蝇式"腐败问题。

三是加强农民信息技术学习。通过智能手机、村村通等方式开设农技知识、致富榜样以及农事农情等频道，同时充分利用农村淘宝、物流配送下乡等方式提高农民农产品销售理念，拓宽销售渠道，增加农民收入，为农村社会稳定发展服务好。

总体而言，郴州近些年不断提升乡村治理社会化、法治化、智能化、专业化水平，人民群众的获得感、幸福感、安全感进一步增强。我们更要注重以自治实现"内消矛盾"、以法治实现"定分止争"、以德治实现"春风化雨"，真正促进自治、法治、德治"三治"融合发展，全力打造乡村治理郴州样板。

参考文献

袁延文、刘益平、唐瑛、史锋、陈苏宁、邹达成：《如何破解乡村治理低效难题——湖南乡村治理建设情况调研报告》，《农村工作通讯》2020 年第 1 期。

陈金彪：《创新基层治理体系　走乡村善治之路》，《浙江日报》2018 年 6 月 28 日。

何莉、黄伟、王鑫云、毛昭倩：《乡村基层治理工作体系创新思考》，《人才资源开发》2021 年第 2 期。

B.28
新经济背景下湖南省高质量就业研究

湖南省人民政府发展研究中心课题组 *

摘　要： 新经济背景下，就业呈现机会巨变、结构调整、方式灵活等新特点，湖南省就业面临劳动力供需矛盾突出、就业结构滞后、创新创业带动就业能力不强、劳动力技能与市场需求不匹配、相关制度建设滞后等问题。促进湖南省更加充分更高质量就业，要深度挖掘新基建、新业态、新产业、新消费、新服务、新动能、新名片潜力，创造更加充分的就业机会；厚植创新创造优质土壤，发挥创业带动就业的倍增效应；加强教育和技能培训，提升可持续的就业能力；优化高质量就业政策制度，营造公平稳定的就业环境。

关键词： 高质量就业　新经济　就业机会　就业环境　湖南

实现更加充分、更高质量就业已成为党和国家的长期战略和政策目标。近年来，随着新产业、新业态、新模式的不断涌现，新经济正成为经济社会创新发展的重要驱动力量。新经济背景下，准确把握就业的新特点、新趋势

---

* 课题组组长：谈文胜，湖南省人民政府发展研究中心党组书记、主任。副组长：唐宇文，湖南省人民政府发展研究中心副主任、研究员。成员：彭蔓玲，湖南省人民政府发展研究中心二级巡视员、副研究员；文必正，湖南省人民政府发展研究中心社会部副部长；彭丽、黄晶，湖南省人民政府发展研究中心社会部主任科员。

和新挑战，努力创造充分的就业机会，营造公平的就业环境，培养良好的就业能力，建立合理的就业结构，构建和谐的劳动关系，实现湖南省就业高质量发展，是当前急需研究的重大课题。

一　新经济背景下就业发展的新特点和新趋势

1. 就业机会发生巨大变化

新经济对就业同时具有"冲击"和"促进"双重作用。一方面，新技术、新业态、新模式的兴起，对传统产业和原有的就业岗位造成冲击。如，网约车对传统出租车行业形成冲击，电子商务对传统零售业造成影响，从而引发传统就业岗位的缩减。

另一方面，新经济也创造大量的新岗位和新职业。如湖南电子商务直接从业人员超过40万人，间接从业人员过200万人。据有关分析报告预测，2020～2025年我国因5G将新增就业岗位300万个；人工智能行业目前人才缺口超过500万人，2025年将突破1000万人；2020年大数据行业人才需求210万人，2025年将达2000万人；未来5年，物联网行业人才需求缺口总量超过1600万人，云计算行业人才需求近150万人。此外，近两年国家公布了38个新职业，像外卖骑手、快递小哥、网络主播等新职业因时间自由、成长进步空间大吸引着大量年轻人的涌入。据人社部《新职业在线学习平台发展报告》，未来5年我国新职业人才需求规模将超过3000万人，其中数字化管理师的市场需求量和从业数量将呈现井喷式增长，从业人员已超过200万人，人才缺口近千万。

2. 就业结构产生重大调整

一是第三产业就业比重逐步提高。随着机器人、新一代人工智能等技术的普及，更多的一、二产业劳动力因自动化而释放出来，而在第三产业，由于云计算、大数据、人工智能等技术向生活性服务业的全面渗透，养老医疗、体育健康、旅游文化、教育培训等高端生活性服务业随之兴起，服务需求的大幅上升拉动了就业需求的显著增加。2010～2019年，我国三次产业就业比重从 36.7 : 28.7 : 34.6 调整为 25.1 : 27.5 : 47.4，第三产业就业比重越来越大，就业"服务化"倾向继续加深。

二是新动能成为新增就业的主渠道。据国家统计局"三新"（新产业、新业态、新商业模式）调查估算，新动能贡献的新增就业达到总体的 70% 左右，仅快递业一个行业，2019 年从业人员超 300 万人，新增社会就业 20 万人以上。

3. 就业方式更加灵活弹性

新经济打破了传统的稳定捆绑式的雇佣关系，人力资源市场的供求关系更加富有弹性，劳动者的工作时间、工作地点、工作内容、雇佣期限等也变得更加弹性化，择业更加灵活自主，创业备受青睐。阿里研究院《数字经济 2.0 报告》预测，在未来的 20 年之内，8 小时工作制将会被打破，4 亿劳动力将通过网络自我雇佣和自由就业。

二 新经济背景下湖南省高质量就业面临的问题和挑战

1. 劳动力供需矛盾突出

一方面，新经济发展所需的技能型人才供不应求。目前湖南技能人才总数 484 万人，占就业人员总量的 13%，其中高技能人才 148.6 万人，占技能劳动者的 30.7%。2019 年，湖南人力资源市场高级工程师、高级技师、高级技工的求人倍率为 2.54、2.19、1.54，新经济发展所需的技能型、高层次、创新性人才非常稀缺。特别是长沙市，近几年加速布局"三智一芯"产业，引进大批相关企业，新经济人才需求旺盛，调研中企业普遍反映人才短缺，部分企业用工缺口大，如长沙惠科光电需招 500 人，目前仍有 200 多人的缺口。

另一方面，充分就业的压力将较长时期存在。目前，湖南经济总量排全国第 9，但人口总数排全国第 7，户籍人口比常住人口多 400 余万人。2019 年湖南省农民工总量 1778.7 万人，排全国第 5，其中出省农民工达 771.2 万人。2020年湖南高校毕业生约40万人，排全国第7，有约50%的省外就业。湖南不仅是劳动力输出大省，也是高学历人才输出大省。同时，随着经济发展方式逐步由劳动投入转向资本积累、由要素投入转向创新驱动，经济增长拉动就业的效果持续下降，湖南经济相对不发达和人口基数较大的就业需求之间的矛盾将较长时期存在。加上2020年全球新冠肺炎疫情大流行、中美贸易摩擦升级等不利影响，就业压力进一步凸显。截至2020年6月，全省农民工回流人数达到38万，远高于上年同期；截至2020年7月10日，全省高校毕业生就业率为57.29%，远低于上年同期。

2. 就业结构滞后

从产业看，2018年，湖南三次产业结构为8.5∶39.7∶51.8，二、三产业比重分别比全国平均水平仅低1个和0.4个百分点；而就业结构为39.1∶22.4∶38.5，二、三产业就业比重分别比全国平均水平低了5.2个和7.8个百分点，就业结构明显滞后于产业结构，服务业和工业对劳动力的吸纳能力总体偏低。

具体从行业来看，在与新经济密切相关的几个行业中，湖南只有信息传输、软件和信息技术服务业，文娱业和批发零售业就业比重居中部前三，金融业、科学研究和技术服务业就业比重不高，新经济吸纳就业的"海绵效应"有待进一步发挥（见表1）。

表1　2018年中部六省部分行业从业人员比重情况

单位：%

行业	湖北	安徽	河南	山西	江西	湖南	湖南位次
批发和零售业	9.04	9.32	10.73	9.79	15.38	9.98	3
信息传输、软件和信息技术服务业	1.61	1.93	1.32	1.32	1.48	2.15	1
金融业	1.87	2.42	0.50	3.62	0.61	1.37	4
科学研究和技术服务业	1.73	1.88	0.44	1.87	0.60	0.61	4
文化、体育和娱乐业	0.96	0.76	0.45	1.14	0.70	1.03	2

数据来源：根据各省份统计年鉴计算。

3. 创新创业带动就业能力相对不强

一是创业活力相对不足。2019 年，湖南市场主体实有数近 435 万户，落后于河南、湖北和安徽；新增市场主体 78 万余户，落后于河南和安徽；每千人市场主体 63 户，为中部倒数第 2 位，略高于江西。

二是创新竞争能力相对不强。2018 年，湖南 R&D 经费投入强度 1.81%，比全国平均水平低 0.38 个百分点，比安徽低 0.35 个百分点；专利申请量 94503 件，为中部第 4，落后于安徽、河南和湖北；高新企业数量 4660 个，为中部第 3 位，落后于湖北和安徽（见表2）。

三是创新创业环境相对不优。从与企业座谈情况来看，湖南创新创业的氛围还不够浓厚，政策制度、监管方式有待进一步完善，相关部门的服务意识和担当精神需进一步提升。

表 2　中部六省市场主体和创新竞争力情况

省份	中部六省市场主体情况（2019 年）			中部六省创新竞争力情况（2018 年）		
	总数（万户）	新增（万户）	每千人户数（户）	R&D 经费投入强度（%）	专利申请量（个）	高新企业数量（个）
湖南	434.38	78.13	63	1.81	94503	4660
湖北	541.96	43.43	92	2.09	124535	6597
安徽	514.45	98.97	81	2.16	207428	5403
河南	697.9	159.1	72	1.4	154381	3322
山西	256.55	69.4	77	1.05	27106	1630
江西	288.98	62.97	62	1.41	86001	3497

数据来源：根据各省份统计年鉴整理。

4. 劳动力技能与市场需求不相匹配

一是湖南高职院校人才培养与市场联结不紧密。近年来，湖南高校毕业生人数最多的专业集中在工商管理类、护理类、文学类、计算机类、财会类、土木类、机械类等领域。根据智联招聘大数据，2020 年二季度，视频主播需求量增长迅猛，同比增加 204.53%，市场就业形势较好的行业主要是中介服务、娱乐/体育/休闲、教育/培训/院校、保险、专业服务/咨询、互联网/电子商务等新兴行业。据《2020年中国本科生就业报告》，就业率、薪资和就业满意度综合较高的专业，本科主要集中在信息安全、软件工程、信息工程、网络工程、计算机科学与技术、数字媒体艺术、电气工程及其自动化等新经济领域，且连续三年如此。据《新职业在线学习平台发展报告》，用户最想学习的新职业是数字化管理师、无人机驾驶员、人工智能工程技术人员、农业经理人、物联网工程技术人员。湖南高校人才培养滞后于经济社会发展和劳动者职业发展的需求变化（见图3）。

表3 湖南省高校毕业生专业及就业形势较好行业情况

湖南省2019届高校毕业人数专业排名				2020年二季度就业形势较好行业排名	
毕业生人数排名	专业（本科）	专业（高职专科）	专业（研究生）	排名	就业形势较好的行业
1	工商管理类	护理类	工程	1	中介服务
2	外国语言文学类	计算机类	临床医学	2	娱乐/体育/休闲
3	设计学类	财务会计类	教育	3	教育/培训/院校
4	计算机类	教育类	土木工程	4	保险
5	机械类	自动化类	机械工程	5	专业服务/咨询
6	电子信息类	铁道运输类	化学	6	互联网/电子商务
7	土木类	艺术设计类	工商管理	7	电子技术/半导体/集成电路
8	中国语言文学类	机械设计制造类	会计	8	房地产/建筑/建材/工程
9	音乐与舞蹈学类	电子商务类	生物学	9	酒店/餐饮
10	临床医学类	语言类	中医学	10	外包服务

资料来源：根据湖南省2019届高校毕业生与智联招聘相关资料整理。

二是农村劳动力技能水平难以满足发展需求。湖南农村劳动力平均受教育年限不到10年，低于服务业12.6年、工业部门11.2年以及制造业10.4年的平均受教育水平。湖南86.5%的农民工只有高中（中职）及以下学历，知识储备和技能水平难以适应转型升级发展，在新经济发展中存在更大的潜在失业风险。

三是"高出低进"的劳动人口流动态势进一步加剧技能匹配矛盾。根据湖南高校毕业生就业去向数据，省内就业比例从2016届的56.49%下降至 2019 届的 53.23%，呈平缓下降趋势，高学历人才流失严重。但同时，湖南外出农民工省内就业占比由 2014 年的 29.4% 上升为 2019 年的 37.5%，2020 年农民工回流规模较上年同期增加了 2.8 倍。"高出低进"的态势将进一步加剧湖南劳动力市场技能匹配矛盾。

5. 劳动力市场制度建设滞后

2018 年，湖南私营和个体经营从业人员达 1506 万人，占就业总人数的 40.3%，2014~2018 届高校毕业生灵活就业占比达 67.32%。大量的灵活就业对传统用工方式、劳动关系和劳动力市场制度带来了重大挑战。

一是劳动者身份界定模糊。目前有大量的灵活就业，尤其是非雇佣关系用工和隐蔽性雇佣等新形式，由于劳动者身份界定困难而处于现行劳动力市场制度框架之外。

二是社保缺失问题非常突出。有关调查显示，灵活就业群体在基本养老保险、基本医疗保险、失业保险、工伤保险和生育保险方面的参保率依次比标准就业群体低 54.32%、55.27%、58.07%、57.21% 和 53.50%。

三是和谐劳动关系维护面临新的挑战。新就业形态缺少法律规制，更容易引发劳动纠纷，已成为劳动力市场中影响劳动者就业质量的突出问题。从调研情况看，2020 年上半年，劳动工资不能按时足额发放、劳动合同存在纠纷等情况有所抬头，据湖南省调查总队专项调查结果，15.6% 的受访者表示工资未能足额发放。

三 新经济背景下促进湖南高质量就业的对策建议

新经济背景下，推动湖南实现更高质量就业，要深度挖掘新基建、新产业、新业态、新商业模式等蕴含的巨大就业潜力，创造更多高质量就业机会；完善多渠道灵活就业机制，进一步激发大众创业、万众创新活力，促进创业、带动就业；健全终身职业技能培训制度，大规模开展职业技能培训，提升就业能力和市场匹配度，缓解结构性就业矛盾；实施就业优先政策，营造公平就业制度环境，健全劳动关系协调机制，构建和谐劳动关系，全方位提升就业服务水平。

1. 发展新经济、新业态，创造更加充分的就业机会

一是发力新基建，创造更多岗位。抢抓"两新一重"重大利好政策机遇，聚焦5G基站、高铁和轨道交通、新能源汽车充电桩、人工智能、工业互联网等新基建领域，加紧谋划和实施一大批重大项目、重大工程，不断发掘5G技术在智慧城市、智能制造、智能交通、超清视频、智能家居、在线医疗等领域的新应用场景，推动互联网、大数据、人工智能与实体经济深度融合，创造出更多适应湖南的智能型、技术型、应用型就业岗位。

二是激活新业态，扩大新职业群体。打响电商品牌，打造全国领先电商平台龙头企业，培育3家以上千亿级电商产业园，创造数百万级直接、间接就业岗位。实施新业态成长计划，建立新业态成长型企业名录，及时跟踪推动解决企业的政策堵点，主动培育数字化管理师、直播带货达人、网约配送员、在线学习服务师、信息安全测试员、区块链应用操作员等新职业人员，拓宽就业新渠道。

三是培育新消费，带动更多就业。大力发展个性化旅游、教育、医疗、文娱等定制服务、定制消费，运用新技术、新模式、新业态改造提升传统商圈，支持新零售企业在中心城区开店设点，支持有条件的街道开展夜间特定时段外摆位试点，带动更多群体就业。

四是升级新服务，扩展就业空间。大力发展研发设计、金融服务、知识产权服务、现代物流、节能环保服务等生产性服务业，近期重点培养报关报检员、AI数据科学家等目前湖南稀缺人才。深度挖掘城乡基层社区服务、养老、康养服务等潜力，以社区、党群服务中心、服务站等为载体，大力发展社区生活性服务业，引导和帮助更多劳动者通过临时性、非全日制、季节性、弹性工作等灵活多样形式实现就业，增加收入。

五是转换新动能，引导转岗就业。着力提升新技术服务传统经济的能力，推动智能化与工业产业链深度融合，充分利用先进技术和工艺改造传统产业，加快制造业生产方式、组织方式、管理方式和商业模式创新变革，不断延伸产业链条，开发更多研发、维保、控制等服务型就业机会，对传统岗

位进行再造，对现有工作人员进行升级。

六是承接新产业，促进就近就业。充分发挥湘南湘西承接产业转移示范区作用，大力招引就业吸纳能力强的新产业，比如高密度劳动力、低技术门槛的数据标注工作，引导产业梯度转移，加快推进县域新型城镇化，把吸纳农民工作为增加城镇建设用地的重要条件，促进农村劳动力就近就地就业。

七是打造长沙新经济名片，增强就业聚合能力。借鉴成都经验，打造长沙"国际机会城市"，认真梳理长沙在双创基础设施建设、要素供给、产业发展、公共服务等方面的需求，定期发布"城市机会清单"，通过应用场景项目化、指标化、清单化的表达形式，将新经济与城市发展需求有机链接，为全球投资者、企业和人才提供在湘发展的入口和机会，做大做强"三智一芯"产业，打造湖南新经济发展高地，增强创新创业就业聚合能力。

2. 厚植创新创造优质土壤，发挥创业带动就业的倍增效应

一是支持自主就业，积极培育新个体。引导互联网平台企业降低个体经营者使用互联网平台交易涉及的服务费，进一步降低个人线上创业就业成本，吸引更多个体经营者线上经营创业。着力激发各类主体的创新动力和创造活力，支持微商电商、网络直播等多样化的自主就业、分时就业，利用各类平台，实现个人兼职就业、副业创业、多点执业等多形式创业就业，增加收入。

二是鼓励开放共享，打造创新创业新平台。扩大长株潭自主创新示范区、湘江新区影响力，打造一批高水平众创空间，支持线上多样化社交、短视频平台有序发展。结合双创示范基地建设，支持建立灵活就业、"共享用工"服务平台，提供线上职业培训、灵活就业供需对接等就业服务。依托政府、高校、企业、园区，打造开放式的政产学研用协同创新平台，促进各类创新创业要素在三湘大地融通发展。

三是优化创业环境，催生市场新主体。深化"放管服"改革，促进"互联网＋"等信息技术与政府治理深度融合，全面推进电子政务和信息公开，切实降低企业的信息成本和交易成本。对处于发展初期的新业态采取优化包容审慎的监管方式，更加突出事中划线、事后监管和政策引导，努力营

造催生、留住、壮大更多市场主体的优良环境。

3. 加强教育和技能培训，提升可持续的就业能力

一是优化技能培训，提升职业技能契合度。分别针对青年、农民工及重点产业和新业态开展职业技能培训行动。充分结合湖南产业发展、企业用工需求及农民工就业意愿，依托技工院校、职业院校、职业培训机构、企业培训中心等平台，组织开展有针对性的定向、定岗培训和专项技能培训，提升农民工、下岗转岗等劳动力技能。围绕市场急需紧缺职业，大力开展建筑、机械、维修、家政、养老、餐饮、保安、物流等适合农民工就业的技能培训和快递员、网约配送员、直播销售员、汽车代驾员等新职业新业态培训。实施公共实训基地、高技能人才培训基地和技能大师工作室等建设项目，打造全球智能制造职业技能大赛品牌，培养造就一大批符合湖南高质量发展需要的高技能人才。

二是布局学科建设，提升人才培养市场匹配度。加快新兴学科布局，加强前沿数字技术等相关学科建设，在高校增设信息技术、机器人、创业基础等公共课，将产业发展中涉及的热门学科扩展成为其他专业的选修课。探索以新经济为导向的"大学生后教育体系"，实施高校毕业生专业转换及技能提升培训计划，深化产教融合、校企合作，依托符合条件的职业院校等各类培训机构，面向毕业3年内离校未就业往届生以及应届毕业生、一年后的毕业生，大规模开展人工智能、智能制造、工业互联网、物联网、云计算、大数据、网络安全等新技术新技能培训和创业创新培训。

三是倡导终身学习，提升工作能力适应度。鼓励新经济龙头企业发挥辐射带动作用，共享在线培训项目和开放学习平台，与在湘高校、科研机构共建智力资源池，为待业群体和欠发达地区提供更多学习机会。大力引进得到大学、混沌大学、腾讯大学、华为大学等互联网大学的总部或教学总部，率先在湖南人才市场上承认互联网大学教育经历，引导树立终身学习理念，不断提升就业能力。

4. 优化高质量就业的政策制度，营造公平、稳定的就业环境

一是完善政策储备体系，强化就业公平。在落实好现有政策的基础上，

根据不同类型建立一整套高质量就业促进政策储备，不断提高政策的精准度和有效性。对淘汰产能退出群体，充分利用就业援助和岗位补贴、公共投资和公共就业岗位、技能培训和再教育、创业就业基金和失业风险储备金、社会救助和社会托底等多种政策工具，进一步降低失业风险。针对"机器换人"等新技术冲击弱势劳动力群体的情况，有专家提出可考虑把"机器人税"作为新的社保筹资来源，通过分享技术变革的收益维持社保体系可持续运行，从而补偿对劳动者的损失。

二是探索新型劳动关系，强化社会保障。继续加强劳动合同法等相关法律法规实施，规范灵活用工适用领域和适用岗位，指导用工需求方与灵活就业人员协商签订协议，合理确定劳动报酬、休息休假、安全保护等基本权益。进一步放宽灵活就业群体参保条件，在长沙、株洲、湘潭等地开展新形态就业人员职业伤害保障试点。充分发挥人民调解组织、工会组织和行业协会的积极作用，加强社会矛盾多元化解机制建设，依法受理并解决劳动纠纷，妥善处理劳动争议，切实保护新业态从业人员的合法权益。

三是建立就业监测平台，强化风险预警。继续完善以调查失业率为基础指标的信息系统和预警体系，加强新业态新模式就业统计监测研究，探索建立就业质量指标体系，及时、定期发布相关信息。发挥平台数据汇聚、资源调度、数据分析等优势，监测追踪就业市场供需双方动态，强化失业预警和风险防范。根据生产、市场及物流等工业数据预判企业用人需求，及时掌握各岗位用工需求，科学调度人力资源，有序将劳动力过剩行业就业人员向劳动力短缺行业转移。

参考文献

国家发展改革委、中央网信办、国家工业和信息化部等：《关于支持新业态新模式健康发展　激活消费市场带动扩大就业的意见》，2020 年 7 月 14 日。

张车伟主编《中国人口与劳动问题报告（No. 20）——面向更高质量的就业："十四五"时期中国就业形势分析与展望》，社会科学文献出版社，2019。

张车伟、赵文、王博雅：《数字经济带来就业市场新变化》，《社会科学报》2019 年 2 月 21 日。

李婕：《"解锁"新职业，谁在快充电？［新个体·新就业（下）］》，《人民日报（海外版）》2020 年 7 月 29 日。

王俊岭：《"新个体"开辟"新空间"》，《人民日报（海外版）》2020 年 7 月 17 日。

李维平：《构建工业互联网新型就业体系》，《人民邮电》2020 年 5 月 20 日。

B.29
推进湖南巩固脱贫成果与乡村
振兴有效衔接对策研究

湖南省人民政府发展研究中心课题组*

摘　要： 湖南脱贫攻坚取得伟大胜利和巨大成就，创造了十八洞村精准脱贫的全国样板。巩固脱贫成果与乡村振兴有效衔接面临四大问题：疫情汛情加重防止返贫难度，脱贫过渡期延续保障财政压力大，部分群众内生动力尚未充分激发出来，政策和工作体系过渡、机制和模式创新等需深入研究探索。需从四方面着力：把握乡村振兴方向、聚力推进五个衔接，建立基于大数据的防止返贫监测帮扶机制，加强"志智双扶"、提升内生发展动力，保障好农村低收入人群基本生活。

关键词： 巩固脱贫成果　五个衔接　志智双扶　兜底保障　湖南

2020年9月，习近平总书记考察湖南时强调，"要建立健全防止返贫长效机制，深入研究接续推进全面脱贫与乡村振兴有效衔接"。党的十九届五中全会提出，全面推进乡村振兴，实现巩固拓展脱贫攻坚成果同乡村振兴有

* 课题组组长：谈文胜，湖南省人民政府发展研究中心党组书记、主任。副组长：唐宇文，湖南省人民政府发展研究中心副主任、研究员。成员：彭蔓玲，湖南省人民政府发展研究中心二级巡视员、副研究员；文必正，湖南省人民政府发展研究中心社会部副部长；王灵芝、彭丽、黄晶，湖南省人民政府发展研究中心社会部主任科员。

效衔接。为此，我们在深入省内多地调研的基础上，提出推进湖南巩固脱贫成果与乡村振兴有效衔接的建议。

一　湖南脱贫攻坚取得丰硕成果和巨大成就

湖南省是精准扶贫的首倡之地，2013 年以来，紧紧围绕精准做文章，形成了精准扶贫的"湖南样本"，探索出了一系列全国各地争相效仿的"湖南经验"。十八洞村、菖蒲塘村、沙洲村成为全国村级精准扶贫样板，摸索出的产业扶贫、扶贫小额信贷、就业扶贫、易地扶贫搬迁、消费扶贫、社会扶贫等一批"湖南经验"在全国推广。

在帮扶举措上追求精准。产业发展上，首创"四跟四走"产业扶贫模式，7 年累计带动 356 万贫困人口稳定增收；扶贫小额信贷上，推出扶贫小额信贷新模式，截至 2020 年 10 月底累计放贷 277.84 亿元，同时将逾期率始终控制在 1% 以内，解决了贫困地区和贫困农户致富路上的资金难题；就业扶贫上，率先开展劳务协作脱贫试点，探索形成劳务协作脱贫工作模式，2020 年转移就业贫困劳动力 230.25 万人；易地扶贫搬迁上，探索出系列后续扶持模式，全面完成"十三五"69.4 万人的搬建任务；社会扶贫上，率先在全国开展社会扶贫线上试点工作，搭建爱心人士与扶贫需求的有效对接平台，综合指标长期位居全国前列；消费扶贫上，创新开发省消费扶贫公共服务平台，创建湖南（长沙）消费扶贫示范中心，成立湖南消费扶贫联盟，通过"芒果扶贫云超市""湘农荟"等平台，为解决扶贫产品滞销卖难问题找到了好路子。

在脱贫质量上强调精准。2018 年、2019 年湖南连续两年在国家脱贫成效考核中被评为"好"的等次，2020 年国务院办公厅督查激励通报认定湖南省 2019 年完成年度计划、减贫成效显著、综合评价好。严把"退出关"，坚持时间服从质量，2017 年根据实际将 11 个贫困县脱贫摘帽时间推迟一年，充分发挥考核督查指挥棒的作用，将贫困退出质量纳入市县党委、政府脱贫攻坚成效考核范围；紧盯问题的排查整改，2020 年 3 月，全省组织 30

多万名党员干部进村入户开展脱贫质量"回头看",分门别类对标对表整改,全部整改到位。2020年9月初,国家脱贫攻坚普查工作抽查组充分肯定湖南脱贫成效。

在民生保障上体现精准。义务教育方面,建档立卡家庭经济困难学生资助率100%;100所芙蓉学校项目已竣工40所,2020年秋季招收建档立卡贫困生2.13万人。基本医疗方面,全面落实先诊疗后付费和"一站式"结算服务,建档立卡贫困人口参保率达100%,住院综合报销比例达86.21%,1153个卫生室"空白村"全部消除。住房安全方面,对农村危房进行全覆盖鉴定,已全面完成120.3万户农村4类重点对象危房改造。饮水安全方面,建成各类农村供水工程近4万处,全省近4800万农村群众用上了自来水,580万建档立卡贫困人口饮水问题实现了"不落一户、不漏一人"全面解决。

至2020年底,全省51个贫困县、6920个贫困村全面摘帽,682万贫困人口全部脱贫。"十三五"期间,平均每年减贫超过100万人,356万建档立卡贫困人口通过特色产业增收脱贫。贫困地区生产生活条件明显改善,所有贫困县实现通高速,贫困村电网升级改造率、光网通达率和4G网络有效覆盖率均达到100%,73.8万农村"四类对象"的危房问题得到实质性解决,4800万农村群众喝上了放心自来水,69.4万贫困人口通过易地扶贫搬迁挪"穷窝"。建档立卡家庭经济困难学生资助率达100%;建档立卡贫困人口全部参加城乡居民合作医疗,综合报销比例达85.9%,1153个卫生室"空白村"全部消除,建档立卡贫困户人均纯收入由2015年的2299元增至2020年的12206元。

二　当前巩固脱贫成果与乡村振兴有效
衔接存在的突出问题与难点

当前,湖南在建立防止返贫长效机制,推进巩固拓展脱贫攻坚成果同乡村振兴有效衔接上仍面临不少困难和问题。

1. 疫情汛情影响加重了防止返贫难度

2020 年新冠肺炎疫情和部分地区较重的汛情叠加，给湖南巩固拓展脱贫攻坚成果带来新挑战，少数脱贫群众存在因疫因灾返贫风险。产业扶贫方面，疫情影响农业生产，春耕期间农村种子、苗木、化肥、农药、饲料等农资运输受阻，春茶采摘期间难以找到足够的采茶工人及时采摘，造成很多鲜叶枯萎、卖相受损、产品积压，上半年休闲农业和乡村旅游基本处于停摆状态，全面禁食、严厉打击野生动物交易政策导致特种养殖业损失较大。以绥宁县为例，该县有 15 个较大的野生动物养殖场和竹鼠、七彩山鸡、蛇、梅花鹿等散养点，估计损失超 400 万元。2020 年夏汛情影响 33 个国家级贫困县、2204 个贫困村，受灾贫困人口 125271 人。一些贫困户家的鱼塘、农田被洪水冲毁，水产养殖等扶贫产业受到冲击。就业扶贫方面，受疫情影响市场需求减少，出口受阻，外贸订单减少或取消，导致部分企业经营困难，不得已采取调整薪酬、轮岗轮休、缩短工时、减少招工等方式维持企业发展，一些就业扶贫车间因生产订单减少或外贸订单取消，处于放假或停工状态。

2. 脱贫地区过渡期延续保障财政压力较大

2020 年以来，受新冠肺炎疫情等因素影响，大部分企业效益下滑，地方财政收支缺口增大，尤其是脱贫地区县级财政压力更大。国家要求脱贫地区过渡期保持脱贫攻坚政策总体稳定，调研时，有地方政府十分担心易地扶贫搬迁政策在过渡期的延续，表示县级财政将无力负担；有的地方原脱贫政策存在拔高标准的现象，有限财力下维持原有保障水平难度较大。国家医保局已经就"全面取消各地在基本医保政策方面对贫困人口的倾斜政策，取消大病保险倾斜政策"征求意见，乡村振兴阶段扶贫特惠保、医院减免、政府兜底等健康扶贫措施撤退后，贫困人员待遇水平将会下降约 12 个百分点，若要维持贫困人口现有保障水平，每年需增加医疗救助资金 15 亿元左右。但县、市、区普遍反映，在当前经济形势下，增加医疗救助配套资金压力非常大。

3. 部分群众的内生动力尚未充分激发出来

部分群众过于依赖党和政府的帮扶，缺乏自力更生、艰苦创业的劲头。

省医保局反映动员贫困人口参保缴费难度很大，部分贫困户和困难群体在政府补贴50%的情况下，仍不愿缴纳剩余部分。中方县扶贫干部吐槽说，有个贫困户屋后两三筐塌方的土都等着帮扶责任人来处理。少数群众攀比思想重，涉贫信访隐患依然难以根除。如2017年6月以来，绥宁县共收到上级交办信访件289件，仅有14件属实，31件部分属实，有244件不属实。据当地扶贫部门调查走访，大部分涉贫信访对象或多或少存在"等、靠、要"思想，希望通过上访给县、乡两级政府或村支"两委"施压，获得更多实惠。有的贫困户经济条件改善后仍不愿意脱贫，一味装穷叫苦，甚至以装病、装穷等方式主动向乡、村干部、结对帮扶干部开口索要项目、资金，要低保、兜底名额；有的贫困户在产业扶贫上更倾向于直接发钱发物，对产业激励政策兴趣不大，产业扶贫参与意愿低。

4. 政策和工作体系过渡、机制和模式创新等问题需要深入研究探索

脱贫地区接续推进乡村振兴，需要继续巩固"两不愁、三保障"政策，维持住房条件，将医疗、教育等相关的临时性扶持政策上升为制度，同时还面临一个有效衔接与平稳转型如何有机结合的政策接续问题。在过渡期内，需要从湖南省脱贫地区的实际出发，对脱贫攻坚的特惠性政策实行分类处置，促使其向常规性、普惠性、长期性的政策转变。同时，脱贫地区面临财政压力大、年轻干部后备人才少、产业致富带头人少、基层政府部门经办能力不足等现实困难，如何保证政策平稳、安全过渡也是一个难点。在乡村振兴框架内开展相对贫困治理，政策更强调效率优先兼顾公平，现有的政策举措需要作出相应调整，发展模式也需要进行一系列的转变与创新。

三　推进湖南脱贫攻坚与乡村振兴有效衔接的政策建议

实现巩固拓展脱贫攻坚成果与乡村振兴有效衔接，是脱贫攻坚与乡村振兴交汇和过渡时期的一项重大战略任务。湖南脱贫地区从集中力量脱贫攻坚转向全面推进乡村振兴要科学把握过渡，传承发扬"精准"理念，进一

步巩固脱贫成果，全面提升脱贫质量，有效防止返贫，实现由"被动扶"到"主动兴"的转变，推动形成制度化、常态化的长效机制。

1. 把握乡村振兴方向聚力推进五个衔接

一是建立"长短结合、标本兼治"的体制机制，完善政策体系衔接。综合考虑地方财政实际情况，对脱贫政策进行全面梳理，把脱贫攻坚形成的政策、制度和工作体系等一整套行之有效的办法复制到乡村振兴中，进一步完善统筹协调机制、决策议事机制、绩效考核评估机制、事项跟踪办理机制、项目推进机制等，全面推进乡村产业振兴、人才振兴、生态振兴、文化振兴、组织振兴等五大振兴。正确理解"四个不摘"，全面评估核实原建档立卡贫困人口经济状况，对已经明显不符合条件的，要及时终止其继续享受各类优惠政策，将有限的资金精准使用到真正需要帮助的困难人员身上。提高农村低保标准和参保人员基本医疗保险待遇，将农村低保兜底、医疗扶贫等特殊政策纳入统一的城乡社会保障体系中，积极构建"多元参与、通力合作"的乡村振兴大协作、大推进格局。

二是持续推进乡村产业提档升级，促进产业发展衔接。在巩固前期产业扶贫成果的基础上，遵循产业发展规律和市场规律，走农业区域化布局、一体化经营、合作化生产之路，构建具有乡土特色和资源优势的产业体系。因地制宜推进粗加工、精深加工、综合利用加工，开展农产品初加工示范基地建设，加强现代农业产业园建设，引导农副产品加工业聚集发展；推进产业融合发展，积极培育民俗民宿、休闲农业、乡村旅游、康健养老、农村电商等新产业、新业态，延伸产业链、提升价值链；强化农产品产销对接，组织举办优质农产品产销对接活动，推动龙头企业、批发市场、大型超市与脱贫地区精准对接，建立产区与销区"点对点"长期稳定的供销关系；继续深入推进"千企帮村万社联户"行动，重点培育种植大户、家庭农场、农民专业合作社等现代农业经营主体，把小农户引入现代农业轨道，提高农业的组织化程度；着力提升乡村集体经济发展水平，加快建立村级集体经济发展指导机制，创新村级集体经济发展路径，引导每个村重点培育 1~2 个村级集体经济特色项目，因地制宜发展资源开发型集体经济、劳动服务型集体经济和物业建设型集体经济。

三是推动基础设施和公共服务提档升级，做好公共服务体系的衔接。推进人才、资金、技术等要素集聚，完善教育、医疗、养老等公共服务，健全完善产权制度和要素市场化配置改革，改进环境、交通、水电暖、互联网等基础设施，实现农村公共基础设施维护运管专业化、规模化、社会化。加大政策支持力度，加强市场监管、公共服务和法治保障水平，依托新型基础设施建设，促进城乡基本公共服务均等化，完善乡村金融服务体系和技术转移服务网络。大力发展智慧农业和数字乡村，补齐乡村数字化基础设施短板，着力构建多方合作机制，为乡村数字化基础设施建设提供金融支撑，加快建设智慧农业、数字乡村，提升基础设施建设的规模经济和效率。

四是构建乡村人才发展良好生态，强化人才衔接。继续选派驻村第一书记，加强基层党组织建设，做好工作队伍的对接。择优重用一批在脱贫攻坚过程中涌现的关心农村、奉献农村、与农村干部群众结下深厚情谊的机关干部，建立稳定的保障、激励机制。鼓励和支持乡贤返乡回村创业，建设返乡农民工创业园、农村电商创业园等创业孵化基地，搭建创业就业服务平台，吸引一批懂技术、善经营、有资金的在外务工人员返乡创业。推动人才本土化与均衡化同步发展，构建培养以本土人才为主，人才引进、人才支援为辅的人才振兴机制，培育形成一批带动农村经济发展和农民就业增收的乡土企业家。

五是搞好考核衔接。把巩固拓展脱贫攻坚成果纳入市、县党政领导班子和领导干部推进乡村振兴战略实绩考核范围。

2. 建立基于大数据的防止返贫监测帮扶机制

总结推广郴州经验，建立"湖南省防贫大数据监测平台"，对全省脱贫县、脱贫村、脱贫人口，以及建档立卡外的低保户、分散供养特困户、重病户、重残户等开展实时监测。全面采集监测户家庭信息、生产资料、生活状况、产业情况、就业情况等，形成若干项监测指标，据此对监测对象进行测评，找出风险因素，并根据情况进行高、中、低三级风险预警，进而做到对脱贫不稳定户和边缘易致贫户及时发现、及时帮扶。

3. 加强"志智双扶"提升内生发展动力

一是着力提升农户自身产业发展能力。进一步加大对脱贫地区职业教育投入力度,通过政府购买服务等方式,以产业园区、龙头企业、行业协会、专业合作社等为培训主体,将产业发展技术培训与创业扶持结合起来。实施新型职业农民和青年农场主培训、农村电商人才培训等项目,建设一批新型职业农民培训教育基地、田间学校,开展针对性、实用性较强的农村劳动力技能培训,积极推动农村劳动力就业创业,对农户进行技术指导和技能培训,让农户掌握1~2项实用技术,总体提高农户的技能素质。

二是加大脱贫地区教育投入。加大脱贫地区教育资金支持,更大力度向教育短板较重的地区倾斜。动员社会资本参与脱贫地区教育基础设施建设,实施教育精准帮扶行动计划;深入推进教育信息化2.0行动,开展远程教育帮扶,资助脱贫地区教师到教育发达地区接受培训。采取免、减、奖、贷、助、补等多种方式,确保每个孩子都有学上、都上得起学,促进脱贫地区的孩子接受更好的教育,阻断贫根。

三是加强宣传引导,营造全力全面推进乡村振兴的良好舆论氛围。紧贴脱贫群众的实际需求,开展更加有针对性、更加有创造性的宣传引导工作。如通过花鼓戏、山歌、相声、小品等群众喜闻乐见的形式,加大对做出突出贡献的"第一书记"、致富带头人等先进典型人物的表彰和宣传,鼓励群众向标杆看齐,劲往一处使。注重宣传手段创新,运用新技术、新应用,创新媒体传播方式,采用群众乐于参与、便于参与的方式,使用富有时代特色、体现实践要求的方法,增强宣传引导的实际效果。要切实帮助困难群众克服"穷自在"和"等、靠、要"观念,激发他们艰苦奋斗的积极性主动性,激励他们用自己的辛勤劳动实现致富、创造幸福生活。

4. 保障好农村低收入人口基本生活

一是建立大救助体系,着力推进精准救助。开展有针对性的救助,兜底保障对象通过低保、特困供养、临时救助和各类专项救助进行兜底保障;专项保障对象根据实际需要给予相应的医疗、教育、就业、住房等专项社会救助或实施其他必要救助措施;出现暂时性困难的对象,给予临时救助、灾害救助、急难救助，或引导社会力量加强救助帮扶。以基本生活救助、专项社会救助、急难社会救助为主体，社会力量为补充，建立健全分层分类的湖南救助制度体系。

二是建立大救助平台，着力推进智慧救助。完善省级大数据库，全面归集各类数据信息，为社会救助精准核对提供信息数据支撑。打造全省大救助信息平台，借助智慧政务、大数据分析等技术和平台，实现各部门救助数据的互联互通，实施精准救助。建立大核对机制，依托居民家庭经济状况核对信息平台，加强涉及社会救助家庭的财产收入等信息归集，相关部门及金融机构及时提供纳税、社会保险和不动产、市场主体、车船登记，以及银行商业保险、证券、互联网金融等信息，统一开展社会救助业务核对。

三是创新社会救助方式，着力推进"温暖救助"。积极发展服务类社会救助，形成"物质＋服务"的多样化救助方式。探索以政府购买服务等方式，对社会救助家庭中生活不能自理的老年人、未成年人、残疾人等特殊困难对象，提供访视、照料服务。通过乡镇、村工作人员入户走访摸排、统一设置热线电话、建立困难群众大数据库、开发线上预警系统等方式，健全完善社会救助主动发现机制。加强重病重残人员救助，民政、医保、残联等部门建立社会救助重点对象台账，作为兜底保障重点对象，集中各类政策资源加大保障力度。

参考文献

王宏源：《推动脱贫攻坚与乡村振兴有效衔接》，《中国社会科学报》2020 年 11 月 17 日。

唐任伍：《"志智双扶"提升脱贫内生动力（有的放矢）》，《人民日报》2018 年 10 月 21 日。

奉永成：《湖南脱贫攻坚取得决定性成就》，《湖南日报》2021 年 1 月 1 日。

冯丹萌、陈洁：《脱贫之后如何防止返贫——基于三省四县的调查》，《农村工作通讯》2019 年第 21 期。

奉清清：《进入向乡村振兴全面推进的新发展阶段》，《湖南日报》2021年2月23日。

胡学英：《全面实施乡村振兴：理论逻辑与实践路径》，《山东农业工程学院学报》2021年第2期。

秦国文：《促进脱贫攻坚和乡村振兴有机衔接》，《新湘评论》2020年第13期。

李卫东：《我国社会救助的四个重要转变》，《中国国情国力》2021年第1期。

B.30

以新发展理念谋划"十四五"残疾人
康复事业高质量发展

陈毅华*

摘　要： 残疾人康复事业是党的重要民生事业，要服务大局,把握内涵，紧紧围绕"崇尚创新、注重协调、倡导绿色、厚植开放、共建共享"的原则，深入贯彻落实新发展理念，构建更高质量、更有效率、更加公平、更可持续的新发展格局，进一步提升残疾人安全感、幸福感、获得感。

关键词： 残疾人康复　新发展理念　高质量发展　湖南

一　加压奋进，2020年湖南残疾人
康复工作成效显著

2020 年是"十三五"收官之年，也是"十四五"奠基之年，湖南残疾人康复工作注重做到三个结合，即年度工作安排部署及任务计划与"十三五"收官总结有机结合，将抓重点与抓统筹有机结合，抓最紧迫最现实问题解决与抓打基础利长远的机制制度建设有机结合，勇于负重，奋发有为，实现了年度工作的提质增效，湖南残疾人康复事业呈现高质量转型升级发展态势。人才培养、服务模式等方面改革创新较前推进。克服疫情影响，完成

---

* 陈毅华，湖南省残疾人联合会党组成员、副理事长。

15545 名省重点民生实事残疾儿童康复救助，为实事考核任务的 180.7%，总体有效率为 95.1%，残疾儿童家长满意度达 97.6%。通过康复、辅具服务机构、社区康复示范站、家庭医生签约等多维度供给，全省 337160 名残疾人得到基本康复服务，167773 名残疾人得到基本型辅具适配，基本康复服务率和辅具适配率分别达 93% 和 96%，较 2019 年分别上涨 7% 和 2%，圆满完成 2020 年两个服务率应达 80% 的工作目标，康复及辅具适配服务监测满意度持续稳定在 100%。总体来说，残疾人获得感、幸福感、安全感明显增强。

一是聚焦深化改革创新，增强发展新动力、新活力。残疾儿童康复救助制度创新、残疾儿童康复机构和人员保险项目、残疾预防试验区试点、康复服务综合改革、社区康复模式创新、订单式专业型康复人才培养模式等创新性工作有力推进；康复技师辅具咨询师和残疾人健康照护师纳入全省新职业技能工种，举办全国唯一的省级康复技师辅具咨询师健康照护师技能大赛，并产生三类新工种全国唯一的省级岗位技术能手和五一劳动奖章获得者；举办全国唯一的省级康复辅具暨康养产业博览会；打造全国首家数字化省级康复研究中心，康复技术示范指导和智囊参谋作用进一步发挥等特色、亮点工作获得中残联高度肯定。

二是聚焦抓规范建机制，提升治理服务效能。出台《湖南省残疾儿童康复机构星级评定办法》，加强残疾儿童康复救助定点服务机构规范化和标准化管理；面对突如其来的疫情大考，在全国率先制发 8 个关于残疾儿童康复机构、辅具适配服务机构疫情防控文件、指南，并募集疫情防控物资支持民办康复机构疫情防控，确保了机构疫情期间安全；在全国最早探索开展疫情防控下的线上康复模式，制定线上康复评估及指南；指导康复机构争取列入地方市场主体扶持政策范围等，保证了服务主体的正常运转。

三是聚焦服务跟踪，补齐短板增强弱项。建立第三方机构开展精准康复服务与残疾儿童康复救助实施情况，日常监测和年度残疾人康复资金绩效评价机制，从资金执行、服务跟踪、质量评价、社会监督等方面开展全方位、全过程的监测监管，强化政府主导责任，压实机构主体责任，发挥行业自律和社会监督作用。

四是聚焦环境支持，凝聚事业发展合力。克服疫情影响，争取更多资金投入。全年中央、省、市、县康复资金增加近3000万元，争取社会资金增加约1000万元；开展全省民办儿童康复机构运营调研，主动对接协调相关成员单位，凝聚起促进事业发展的共同心愿和更大力量；加强与爱心企业、单位、社会组织、新闻媒体的合作，组织湖南省最美康复教师、十佳康复典型案例和最受残疾人欢迎"康复医疗机构、辅具品牌"评选及策划开展主题宣传；依托基金会"集爱三湘"等公益助残品牌项目，增强残疾人基本康复服务供给，事业发展的社会环境越来越好。省脱贫攻坚案例《轮椅上的花仙子》荣获线上举办的"辅具助力脱贫攻坚案例评选活动"特等奖，影响力、美誉度不断扩大。

二 深入贯彻落实新发展理念，全面谋划"十四五" 残疾人康复事业高质量发展

2021年是"十四五"规划开局之年，也是全面建设社会主义现代化国家新征程的起步之年。2020年11月，习近平总书记在湖南考察时提出"三高四新"战略，为湖南未来发展指明方向，党的十九届五中全会明确提出我国进入新发展阶段，要深入贯彻新发展理念，构建新发展格局。站在"两个一百年"奋斗目标的历史交汇点上，残疾人对美好生活的向往更趋强烈，残疾人康复事业正处于从"量的扩张"到"质的提高"的重要关口，需要解决的矛盾问题越来越多，越来越复杂，康复工作者必须认清形势，勠力同心，发扬新时代"三牛精神"，以只争朝夕的拼劲，不负韶华的闯劲，在新发展阶段中尽快找准自身定位，强化责任、明确任务，在新发展理念指引下尽快寻求自身发展路径，突出重点、细化措施，更加崇尚改革创新激发服务新动能，更加注重统筹协调可持续发展，更加倡导绿色高效服务模式，更加厚植开放融入社会全局，更加重视共建共享发展理念，努力构建残疾人康复事业更高质量、更有效率、更加公平、更可持

续、更为安全的新发展格局，为湖南"十四五"新篇章开好局贡献新作为。

（一）以改革创新夯实发展新动力

新发展阶段湖南残疾人康复事业的主要矛盾依然是残疾人日益增长康复需求与康复事业发展不平衡、不充分之间的矛盾。持续深化残疾人康复服务综合改革是新时代残疾人康复工作者必须肩负的新担当，是体现新时代残疾人康复工作者贯彻落实全面深化改革战略布局的新作为，也是破解康复事业发展瓶颈必须闯出的新路子。

从长远发展目标来看，要按照深化体制改革、坚持保障基本、注重统筹发展和完善市场机制的思路，在健全康复服务体系、引导社会力量参与、创新康复服务供给方式、培育康复服务品牌及产业、强化康复服务队伍建设、规范康复服务管理监督机制等方面逐一寻求突破。

从现实发展基础来讲，要将为残疾儿童康复机构和人员购买意外伤害保险、与长沙民政职业技术学院开展康复人才订单班、多功能残疾人社区康复综合示范站建设等相对成熟的试点工作尽快总结完善，上升为制度层面，建立长效工作机制；要将全省民办残疾儿童康复机构运营调研情况向相关部门及时汇报争取支持，尽快建立全省民办残疾儿童康复机构运营扶持办法，增强康复服务机构抗风险能力，激活民办康复机构参与积极性；要将首届湖南省残疾人康复与辅助器具服务技能大赛的规章制度、赛事设置、赛程安排、报名流程、安全工作、教师守则等内容整理完善，形成一套有效的"湖南经验"；要与高等院校联合开展在职康复人才本科继续教育，做好存量康复人才的质量提升。上述改革创新工作，没有现成的答案，唯有发挥创新发展"拓荒牛"精神，敢闯敢试，才能迎难而上，破局开路，为高质量发展注入新动能。

（二）以统筹协调把握发展新合力

残疾人康复服务属于基本公共服务范畴，具有公共性、普惠性、社会公平性的基本属性。要实现残疾人"人人享有康复服务"总目标，统筹协调是关键。

一是注重加强顶层设计和重点谋划。残疾人基本康复服务纳入残疾人脱贫攻坚、乡村振兴、健康湖南建设等工作大局，做到主动融入、有序衔接、相互促进、良性互动；将残疾儿童抢救性康复持续纳入省政府重点实施项目，着力落实解决好当下群众集中关注和急需解决的民生问题；与民政、卫健、医保、财政等部门共同发力、相互协调、共同推动，落实残疾人家庭医生签约服务，确保有康复需求的残疾人全部得到康复服务，做好学龄期儿童入普入幼情况后续跟踪，加强与社区街道、教育部门的沟通协调，为即将入幼入学的残疾儿童争取学习的机会、残健融合的机会。

二是注重加强区域协调和内部协调。现阶段，全省康复机构和康复人才分布仍面临区域布局不协调，资源配置不合理等问题，应通过政策扶持、资金倾斜等方式强化顶层设计，尽快构建以"康复机构为骨干、社区康复为基础、居家康复为依托"的残疾人康复服务模式，为有康复需求的残疾人提供连续性、全方位、多层次的基本康复服务。

三是推进政府调控与市场运作的协调。目前，民办康复机构是湖南省残疾人康复服务供给主体，政府要进行自身职能转变改革，推动政府"有形手"和市场"无形手"的相互协调，政府主要侧重于公共性领域的主导性作用，重点发挥顶层设计、政策引导、准入退出、监督监管等方面作用，而康复机构的选择权应完全交由家长或监护人，倒逼民办康复机构主动提升康复服务质量和水平，让机构在市场资源配置中起决定性作用，构建良性市场竞争格局。

（三）以倡导绿色提升发展新效力

绿色是人与自然和谐的象征，引领着科技发展、生态环境建设的新方向，打造绿色科技、建设绿色城市、追求绿色生活等已经渗透到人类社会的每一个角落。走申请便捷、评估科学、效果显著的绿色发展模式是高质量残疾人康复服务的应有之义。

一是注重科技创新，提升服务效果。这里所指的科技创新主要是康复治疗技术、辅具产品性能及设计、康复训练设施设备等多方面的创新。通过大力开展科研项目，研发自主品牌，注重成果转化，使康复服务更加科学、更加智能、更具针对性，大大提高康复效力，提升康复有效率。

二是注重科学评估，避免资源浪费。目前，残疾人康复需求的调查评估还不够实、不够准，无效或不匹配的康复服务依然存在，需建立更加科学规范的残疾人康复需求调查、评估、服务机制，精准供需对接，提升康复服务能力和水平，减少资源闲置和浪费。

三是注重信息化管理，提高服务效率。加强残疾儿童康复救助和精准康复服务政策宣传及救助经办人员培训，畅通救助申请渠道，优化救助经办服务，继续用好精准康复服务、残疾儿童康复救助管理等信息平台，并推动建立湖南"互联网＋康复"与残疾人辅助器具产品综合信息服务平台，为残疾儿童家庭申请救助提供一站式便利服务，方便残疾人办事，减轻基层负担，提高服务效率。

（四）以厚植开放激发发展新活力

一是注重学科开放发展。残疾人康复涉及全生命周期，是个复杂的社会问题，涉及医疗、教育、职业等多系统、多学科，还大有发展潜力可挖。比如残疾儿童的康复需要医教结合，成人康复需要医疗、心理、职业康复有效衔接，另外康复相关服务业、产业也有很多发展空间拓展，因此必须厚植开放，实现优势互补，在参差多态的发展中寻找共同发展的密钥。

二是注重引入社会力量。引入社会力量，构建全方位扶残助残服务体系，以残疾人福利基金会为依托，借助"集爱三湘"公益助残平台，联合各家机关单位、企业、社会组织及志愿者，以全国助残日、残疾预防日等节日节点为契机，深入思考，认真策划，多样化开展残疾预防和康复宣传教育、助残帮扶等志愿服务活动，营造全社会扶残助残浓厚氛围。

（五）以共建共享实现发展新格局

以新的理念推动发展，就是要从根本上解决怎样发展和发展为了谁的问题，共享发展是贯穿其中的一条主线。残疾人康复工作的共享发展要坚持以残疾人为本，"十四五"期间，残疾人康复工作的目标是基本康复服务覆盖率和基本型辅具适配率稳定在80%以上，关注点更加聚焦到充实服务内涵，加强标准规范研究和建设，提升服务质量和效果，以提升康复质量为导向，以残疾人满意度作为衡量发展成效的最高标准，以为民服务孺子牛的精神情怀，切实提高残疾人幸福感、获得感、安全感。

一是要完善康复服务保障体系。"十三五"以来，通过实施精准康复服务行动，有康复需求的7岁以上残疾儿童及成年残疾人基本康复服务覆盖率显著提高，康复服务受益面不断扩大，但由于资金投入限制，康复服务标准体系尚未建立，康复机构管理制度尚未完善，仍然无法满足残疾人专业化、个性化、精细化的康复需求。要不断努力扩大康复救助制度、救助年龄和补助标准，补短板、强弱项，着力解决发展中共享性不够、受益不平衡问题。

二是要重视残疾人家长或监护人在康复中的共同参与。康复是一个比较漫长的过程，需要在日常工作中重视帮助家长、家人树立正确的康复理念，提供康复的同时，要让家长、家人参与进来，更加充分调动家长、家庭在残疾人康复方面的积极性、主动性和创造性，使残疾人在自身努力、机构指导、家庭鼓励的氛围下，获得更好康复体验感，提升康复自信心，尽早融入社会，共享社会发展成果。

参考文献

沙兆华：《努力让每一个残疾人生活得更加幸福更有尊严》，《湖南日报》2020年5月14日。

文梅：《残疾人事业的"十四五"：发展任务艰巨，未来可期》，《华夏时报》2020年11月6日。

B.31
湖南农村居家养老社会支持对策研究

李云峰　何鑫　李芷仪　匡立波*

摘　要：　抽样调查结果显示，湖南农村老龄化形势日趋严峻，农村
　　　　　居家养老存在自身力量薄弱、社会支持力量不足、社会保
　　　　　障服务发展不均衡、多元化的养老需求得不到有效满足等
　　　　　问题。因此，要综合发挥家庭、政府、社区、市场等多种力
　　　　　量的作用，建立兼顾老年人家庭照顾、社会照顾及机构照
　　　　　顾，正式支持与非正式支持相结合的居家养老模式，从重
　　　　　视家庭养老功能、强化政府支持、完善社区服务、加大非
　　　　　政府组织支持力度、发挥市场作用等方面推动解决农村养
　　　　　老问题。

关键词：　农村　居家养老　社会支持　湖南

随着我国老龄化社会的来临，农村老年人群体规模越来越大，农村养老环境日趋复杂。湖南作为中部农业发展大省，农村老龄化形势更为严峻。习近平总书记在党的十九大报告中明确指出，要构建老年人关爱服务体系，实施"健康中国"战略，积极应对人口老龄化，构建养老、孝老、敬老的政策体系和社会环境。为此，常德市社科联课题组对湖南省 14 个市州的 500

---

* 本文是 2019 年度湖南省社会科学成果评审委员会课题成果。课题主持人：李云峰，湖南省常德市社科联党组书记、主席。主要参与人：何鑫，湖南文理学院副教授；李芷仪，湖南文理学院助教；匡立波，湖南文理学院副教授。

余个典型样本行政村进行抽样调查，通过对农村老年人养老社会支持现状和需求的分析，探讨整合湖南农村老年人养老资源的有效途径。

一 社会支持湖南农村居家养老的必要性

（一）社会化养老是大势所趋

养老保障从传统的单一家庭保障、宗教慈善济贫救济到现代的社会性救助和养老保险制度的建立与"福利国家"的形成，经历了较为漫长的历史阶段与发展过程。养老保障制度和方式变化的根本，其实就是社会生产力的发展对于人们生活方式和保障依赖所带来的影响和变化。这是传统农业社会向现代化工业社会发展的必然趋势和结果。因此，作为21世纪最大的发展中国家，中国养老制度的改革与创新应该也必须符合社会化的需求，在覆盖范围和保障措施等方面充分体现社会化的功能和作用，体现社会各界广泛参与的精神。

（二）湖南农村养老事关经济社会发展大局

经济基础决定上层建筑，从湖南省情出发，湖南是农业大省，为了提高生活质量，大部分年轻人外出务工，大量文化素质较高的年轻劳动力流向外地，导致本地从事农业生产的劳动力严重不足，降低农业生产效率。随着城镇化、工业化等进程的加快，一方面迫使土地的养老功能被弱化，另一方面空巢老人、留守老人大量增加，湖南农村养老面临前所未有的挑战和压力，在一定程度上直接影响了经济社会发展大局和农村的可持续发展。

（三）传统家庭养老模式受到挑战

农村家庭居家养老原有的经济基础在农村经济转型、工业化、城市化共同作用下被打破，农村劳动力外流导致家庭养老能力下降，社会生产力降低了老人对家庭的可依赖性，社会的不断进步让人们越来越意识到养老已不再是个人的问题，而是整个社会的问题。同时，计划生育的实施导致家庭规模日趋小型化，淡化了传统的家庭伦理道德观念，对目前暂时无法改变的居家养老模式功能逐渐弱化。

二 农村居家养老社会支持的主要内容

（一）经济支持

主要是满足老人安度晚年的物质保障，社会支持下的居家养老其经济支持来源应不仅来源于家庭还应该包括政府、企业、社会组织等。其内容包括：政府养老基金投入、政策扶持、企业投资、村民创业等，村集体可充分利用本土特色和相关资源，引入企业等市场主体进行投资，提升乡镇经济发展水平，为当地农民提供更多的就业机会，尽可能减少农村劳动力流失，减少留守老人数量，通过家庭、政府、社会的力量共同提高农村养老能力。

（二）日常照料

主要是满足老年人日常的生活需求，是最基本的养老需求，也是保证老年生活幸福的基础。内容主要包括：日常的饮食起居、活动区域保洁、健康体检、维修搬运等；对不能自理的高龄老人或病痛老人甚至包括进食、排泄、翻身、肢体活动、皮肤清洁等专业性的服务，需要吸引更多的慈善组织和志愿者队伍关注农村养老，建立专业化的服务队伍和志愿者组织为空巢老人、高龄老人提供更加专业化、多元化、系统化的服务。

（三）精神慰藉

精神慰藉主要是对老人进行心理上的关注和安慰，以实现老人精神生活的满足。包括宽慰理解、鼓励关怀、娱乐休闲、咨询服务、培训交流等。具体以互动如倾诉、表达关怀、表示尊重等形式呈现，达到满足老人面对生活中的事件时可以听取意见、给予信息沟通和指导的需要，丰富老人的精神生活，真正实现"老有所乐"。

三 湖南农村养老现状

（一）调研概况

为了进一步了解社会支持农村居家养老的现状、问题，并找出解决问题的对策。2019 年开始，常德市社科联组织一批专家团队，深入全市各个区、县、市，对农村养老问题进行调查研究，尤其是针对农村老年人的养老需求、农村养老保障、社会支持农村养老情况等，进行了深入细致的了解。调研过程中，专家们分别与当地民政部门领导及乡镇村（居）、养老机构负责人进行了座谈交流，听取情况介绍、查看养老系列资料。并对相关乡镇和村（居）养老机构进行了实地考察，详细了解了常德市武陵区丹州乡、石门县夹山镇、临澧县安福镇、烽火乡等农村地区养老服务、产业发展、机构建设等情况及存在的问题。

2020 年，为了进一步扩大调研覆盖面，了解全省各个地区，各个年龄阶段、各类型人群对农村养老服务的了解、看法及建议，更广泛地收集有效资料，常德市社科联课题组精心制作了《湖南农村养老情况》[老年人版、村（社区）干部版] 电子调查问卷，下发到全省各个市州。其中，针对老年人的电子问卷共发放近 500 套，调查对象分布于湖南各个市州，其中占比最大的人群分布在株洲（18.5%）、娄底（17.6%）、长沙（13.8%）、常德（13.3%）、邵阳（10.8%）、湘西自治州（7.6%）、其他（18.4%）；问卷中，占比最多的人数分布在四个阶段：60~65 岁老年人占比 21.4%，66~70 岁老年人占比 33.2%，71~75 岁老年人占比 25%，76~80 岁老年人占比 14.1%；被调查人的身体状况中，选"很好"的占比 12.25%，选"较好"的占比 30.77%，选"一般"的占比 35.33%，选"不好"的占比 17.38%，选"很不好"的占比 4.27%。

（二）湖南农村老年人养老现状

一是湖南农村老龄化形势日趋严峻。2018 年湖南省第三次农业普查数据显示，湖南老龄化人口呈上升趋势，涉及农村人口数 5218.82 万人，60

岁及以上的常住人口的比例为 21.16%，比第二次农业普查结果高了 4.5 个百分点。以每 10 岁为一个年龄阶段，人口结构大致呈现梯形，除 30~39 岁和 50~59 岁两个年龄段外，其余年龄段人口数占总人口的比重均随着年龄的增加而上升（见图 1）。总体看，婴幼儿童、青少年人口数量最少，60 岁及以上的老年人口数量最多，且随着时间的推移，老年人口数将越来越大，人口老龄化将是不可逆转的趋势。

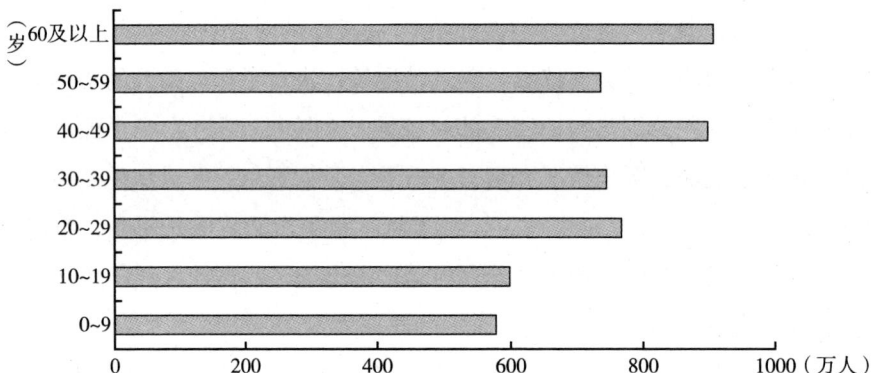

图 1　湖南农村人口年龄结构

资料来源：湖南省统计局《2019 湖南农村人口结构现状和变迁分析》。

二是湖南农村居家养老的老人自身力量薄弱。在收到的近 500 个有效样本中，职业选项一栏中，务农占比最高，为 77.21%，排第 2 位的是打零工，占比 10.26%（见图 2）；在年收入中，60.71% 的湖南农村老人年收入在 1 万元以下。在家庭收入是否稳定选项中，65.24% 的受调查人选择"否"，即并无稳定收入来源。

从农村老年群体的需求度来看，根据"非常需要"的曲线图数据显示，免费体检、义诊的需求度最高，同时老年群体对安装、维修、搬运，慰问探访，情感交流，戏曲歌舞，心理咨询，政策咨询，法律咨询援助等均有较高的需求（见图 3）。

但在日常消费中，认为日常衣食住行开销最大的占 78.92%，认为看病、保健开销最大的占 61.54%，认为休闲、娱乐开销最大的占 6.27%，其

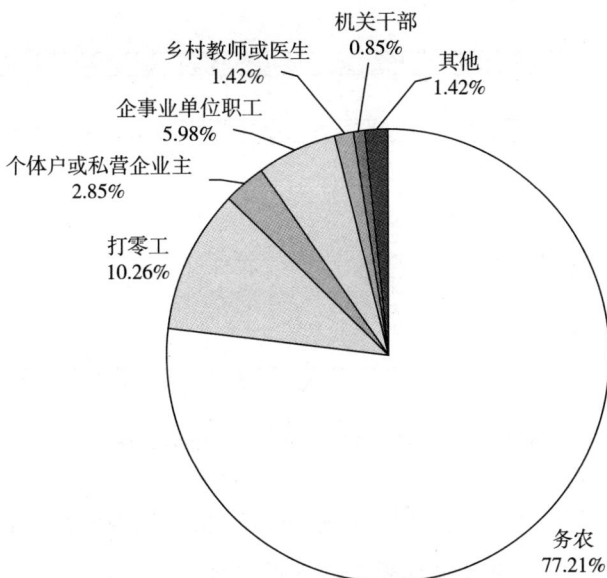

图2　被调查湖南农村老年人职业情况

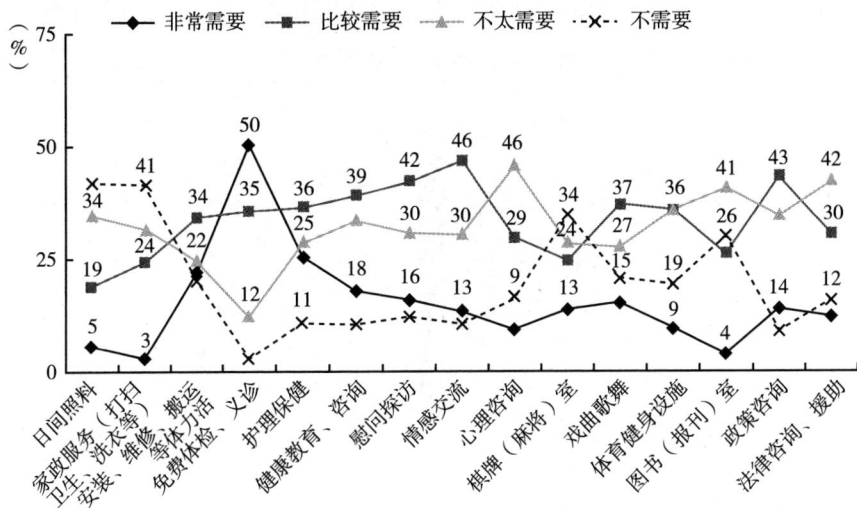

图3　被调查湖南农村老年人服务需求情况

他开销最大的仅占 1.71%，说明湖南农村老人最主要的收入主要用于基本的生活保障，对于精神慰藉、文化娱乐等的养老需求仍无法满足，老年群体依靠个人条件来解决居家养老还存在很多困难（见图4）。

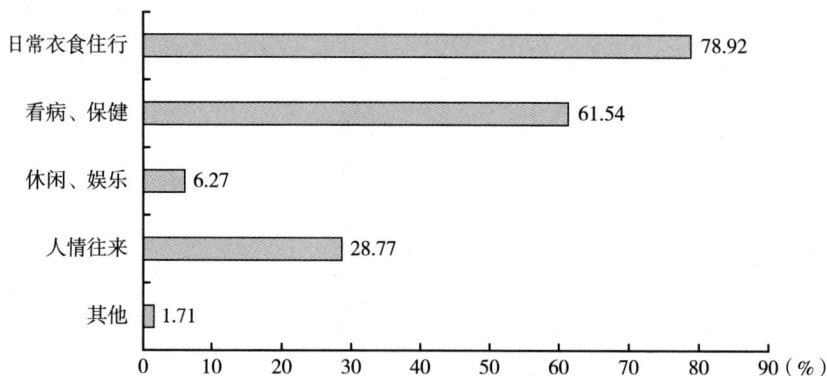

图4　被调查湖南农村老年人主要开销占比情况

三是湖南农村老年人居家养老观念根深蒂固。湖南农村养老群体的养老观念仍比较保守，从老年群体希望养老的居所来看，认为"居家养老"最合适的占比为86.32%，认为"村集体或社区养老"最合适的占比为11.68%，而认为"养老机构养老"最合适的占比仅为1.99%。这说明目前在湖南农村居家养老观念仍然根深蒂固（见图5）。

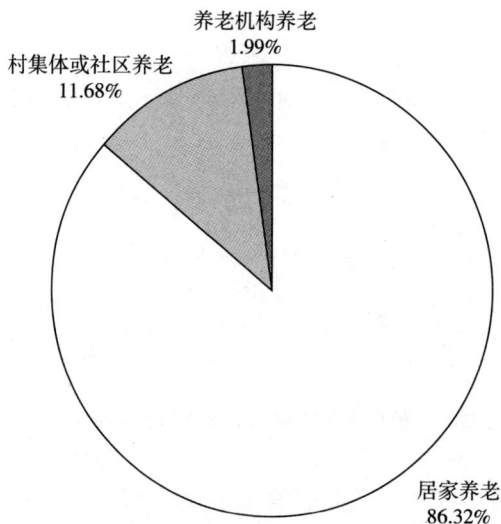

图5　被调查者认为最合适的养老居所情况

从湖南农村养老的承担主体来看，认为应该由"政府、子女、老人共同承担"的占比为49.86%，而认为仅依靠"子女"和"政府"的占比分别为26.21%和13.11%，认为由"村集体或社区"、"老年人自己"和"其他"的占比则均不超过5%。这一数据表明，老年群体对于养老承担主体的观念不再完全依靠子女，而是希望政府介入，"养儿防老"的观念已在逐渐转变，但政府究竟以何种方式、模式介入仍需进一步探讨（见图6）。

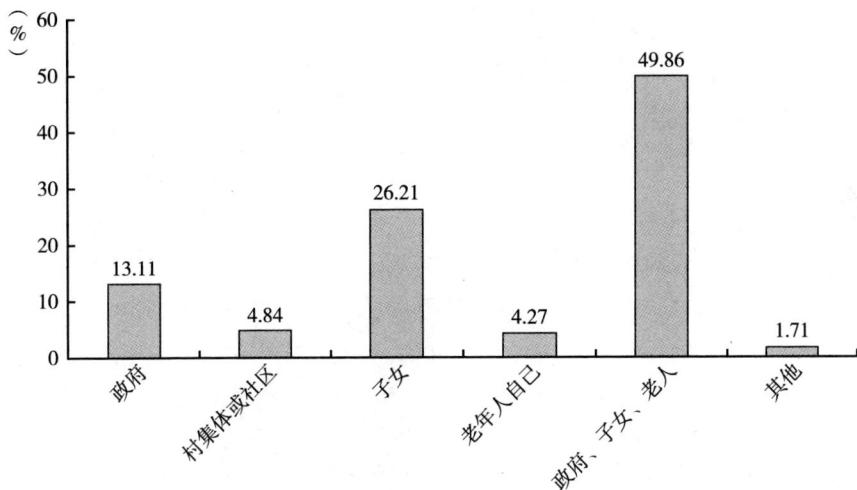

图6 被调查者认为合适的养老承担主体情况

四是湖南社会支持农村居家养老的力量薄弱。农村养老事业作为我国老龄事业和产业发展的重要内容之一，不完全是地方政府的事，而更应该吸引更多方面资金的投入与社会力量的参与。从政府、村（社区）对养老事业资金投入情况来看，在500余份有效样本中，"获得养老事业资金投入"的占比为68.75%，"没有获得养老事业资金投入"的占比为31.25%，表明至少有1/3的养老事业可能面临资金供给不足的问题；从社会力量投入本地养老事业的情况来看，"拥有社会力量投入"的村集体仅占31.25%，而"没有社会力量投入"的村集体高达68.75%，表明养老事业的社会参与度仍不高。上述问题产生的原因可能仍表明我国养老机构保障机制尚未健全，由于养老服务业投入成本大、收益小、社会资本防范风险能力较弱等特点，市场资本与社会力量对进入养老服务业的态度仍不十分明朗（见图7）。

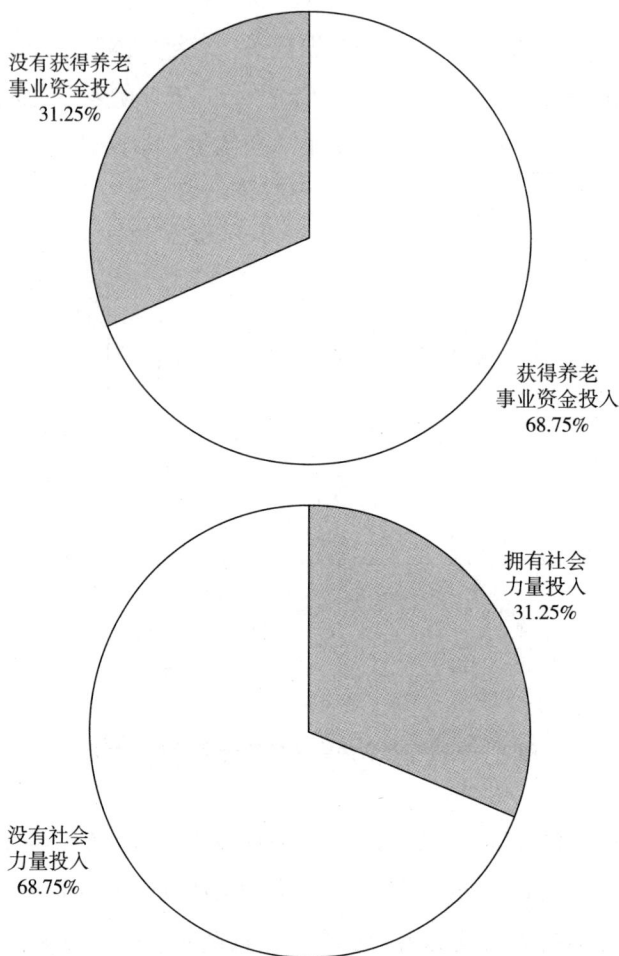

没有获得养老
事业资金投入
31.25%

获得养老
事业资金投入
68.75%

拥有社会
力量投入
31.25%

没有社会
力量投入
68.75%

图7　资本与社会力量参与养老事业情况调查结果

此外，从湖南农村老年群体是否能够接受收费的养老服务项目的调查来看，表示"可以接受，但希望收费不要太高"与"不能接受，经济不允许"所占比例最高，分别为37.89%和36.47%，而表示"能够接受，完全没有经济上的问题"所占比例仅为1.42%。这一调查结果表明，养老服务项目的费用仍是老年群体最关注的焦点问题，农村社会养老的有偿服务项目还应更多兼顾老年群体的经济收入情况（见图8）。

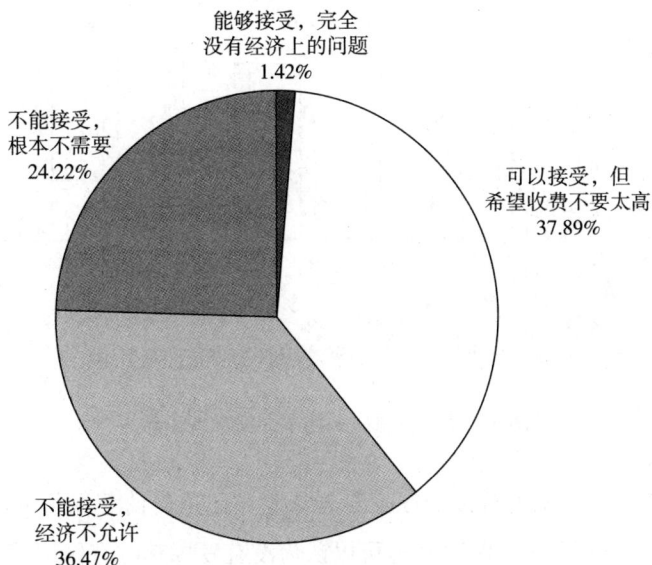

图8　是否能够接受收费的养老服务项目调查结果

五是湖南农村养老社会保障服务发展不均衡。从社会保障服务的享受情况来看，湖南农村老年群体参与"新型农村合作医疗""新型农村养老保险"的比例最高，其占比分别达到了84.33%和63.82%，享受"低保"和"五保"的比例为14.25%和10.26%，说明农村老年群体对于个人的养老、医疗仍然主要依靠传统医疗、保险模式。参加"商业医疗保险"与"商业养老保险"的比例仅为12.82%与9.69%，表明商业保险在农村养老群体中的普及率仍比较低，老年群体对未来的风险防范还没有给予足够的重视（见图9）。

从各类保险满足需求程度来看，认为"新型农村养老保险"和"新型农村合作医疗"完全能满足需求的占比仅为13.11%和13.11%，认为"低保"和"五保"完全能满足需求的占比仅为1.71%和0.85%，此外，认为"商业医疗保险""商业养老保险"完全能满足需求的占比也均不到2%。这

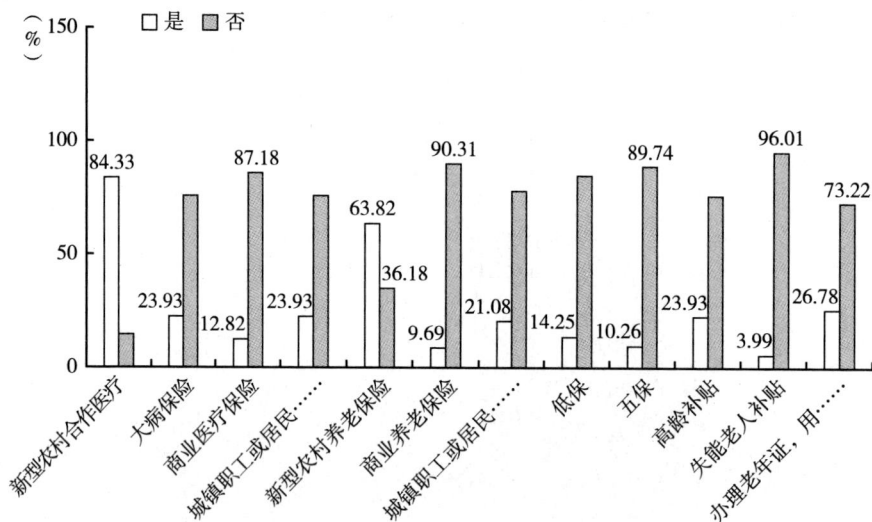

图9　社会保障服务的享受情况调查结果

说明现有老年群体无论对传统医疗养老保险，还是对商业保险的满意度都不是特别高，"低保""五保"甚至可以认为没有发挥其应有作用，而由于对商业保险缺乏普遍的认识和深入的接触，商业保险的保障价值仍未被开发，如何提升农村养老群体的商业险保险普及率仍需多方施力（见图10）。

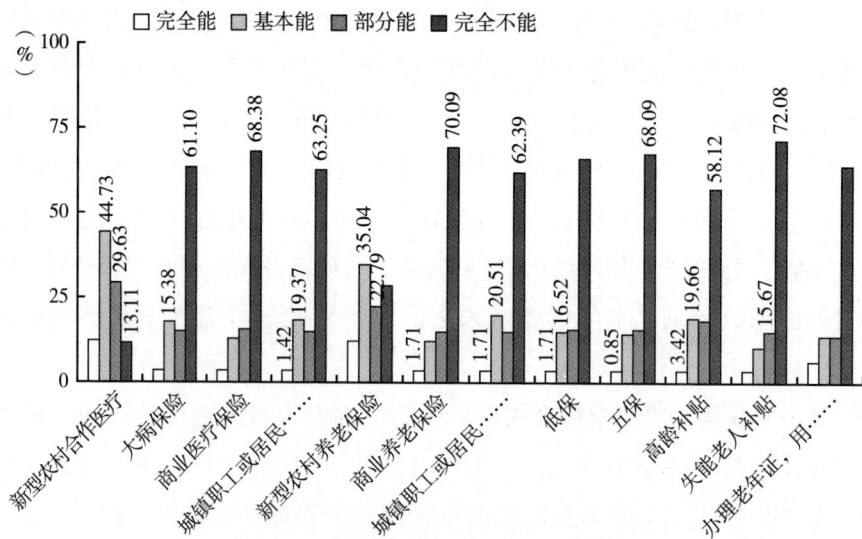

图10　各类保险满足需要程度调查结果

四　湖南农村居家养老社会支持的对策建议

随着我国人口老龄化不断加剧，农村养老问题日益凸显，党和政府高度重视养老问题，把养老问题提到了重要的议事议程，《国务院办公厅关于推进养老服务发展的意见》（国办发〔2019〕5 号）明确"破除发展障碍，健全市场机制，持续完善居家为基础、社区为依托、机构为补充、医养相结合的养老服务体系"，为解决养老问题提供了基本遵循。为贯彻落实中央文件精神，解决湖南农村养老问题，建立以政府、社区、家庭、市场相互支持的居家养老新型养老体系至关重要。

（一）重视农村居家养老的家庭养老功能

调研发现，在湖南农村居家养老的社会支持体系中，家庭成员对老人的日常照料仍然发挥了重要作用，但是由于经济条件和时间精力的限制，湖南很多子女在生活照料和精神慰藉等方面长时间缺位。中国是一个以家庭为核心的国家，家庭对个人的生存和发展起着非常重要的作用，家庭成员对老人的生活照料和精神慰藉具有难以取代的地位。所以我们在完善社会支持居家养老的同时，也要重视家庭的养老功能。

首先，加强家庭对老人的经济支持，满足老人的基本生活物资保障。身体状况不佳的老人，最好能为老人提供自来水、洗衣机、热水器等生活设施，条件允许的家庭可以为老人雇用临时工，减轻老人生活负担。

其次，为老人提供一定的医疗条件，子女应按时为老人购买医疗保险，减轻老人看病难的困难，重视带父母做健康体检，做到有病早预防，父母生病的时候，尽好子女的义务，为父母寻求好的医疗条件，抽时间悉心照顾父母。

最后，加强与老人的情感交流，在家的子女应与父母多沟通交流，给予老人更多的关怀与精神慰藉。常年在外务工的子女应经常给父母电话问候，履行子女的精神赡养义务。常年在外的子女还应创造条件，抽时间常回家看看，给予老人更多的陪伴。

（二）强化农村居家养老的政府支持

一是完善湖南农村老年人社会福利制度。第一，根据党中央、国务院相关政策文件进一步出台扶持养老产业发展的税收优惠政策。设置专项资金，对为养老服务做出突出贡献的机构进行补贴。第二，完善农村困难群体养老生活保障体系。应尽可能多地将老年"低保""五保"群体纳入保障体系，完善分散供养和集中供养方式，初步形成老年人社会救助、老年人福利补贴和农村特困人员供养等相衔接、广覆盖、可持续的农村老年人生活保障体系，从物资上给予保障。第三，加强农村医院和乡村诊所建设，满足农村老年人年龄大、子女不在身边、出远门不方便等就医需求。增加财政投入，为农村医院和乡村诊所增添必要的医疗设备。盘活城市富余、闲置的医疗卫生资源，向农村转移。注重培养农村留得住、用得上的医疗卫生适用型人才，加强农村医生培训，提高其医术水平。定期从县、市医院抽调一些医术高明、医德高尚的医生到农村医院或诊所出诊，以方便农村老人看病。进一步完善新型农村合作医疗制度，降低报销门槛、简化报销程序，让农村老人看得起病、买得起药、得到实实在在的好处。第四，出台对社区、居家养老服务机构的扶持与规范措施。制定详细的社区、居家养老服务机构市场准入规则，对从事社区、居家养老的服务人员设立资格考试，并定期组织培训，定期检查、监督相关机构工作开展情况。通过政府资助购买商业保险、轮休假期等形式为社区、居家养老服务人员增加福利。第五，建设政府伦理。从政策上为家庭支持养老提供制度保障，维护老人的合法权益，对孝老进行正确的法律引导，采取适当的奖惩机制，奖励孝顺、惩戒不孝，为老人提供政策保障。

二是统筹发展村级养老新设施。一方面，要统筹规划发展养老服务设施，根据经济社会发展总规划、乡村总体规划，以及老年群体的总体数量及行为习惯，实现均衡配置、有序建设，确保养老服务设施的使用率。提供统一的老年人活动场所，设立娱乐室、心理咨询室、运动场地等，提供健身器械、体检器材、体育用品，为老年人娱乐、健身、交流创造条件。另一方面，要加大村级养老设施的财政支持和投融资扶持力度。通过鼓励、引导，资金奖补的方式，多措并举增加养老设施的投入与建设，提高养老服务设施的建设补贴及运营水平，增加设施在农村的普及率及覆盖率。

三是建立农村养老服务信息平台。我国互联网、移动互联网用户规模居全球第一，2020 年底互联网用户达 9.89 亿人。我国拥有丰富的数据资源和广阔的应用市场优势，涌现出一批互联网创新企业和创新应用，大数据部分关键技术研发取得突破，许多地方政府开展了大数据相关工作。因此，应充分利用大数据技术，为农村居家养老提供服务支撑，由政府主导统一规划，建立统一的社区居家养老服务信息平台。结合湖南农村居家养老的现实需要，社区居家养老服务信息平台应包括以下基础数据库：老年人基本信息库、老年人健康档案库、老年人居家养老服务需求信息库、社会养老资源共享库。在此基本上，加强与社保、财政、民政、人力资源等政府相关职能部门以及医疗机构等的联通，建立互通互联、实时共享、覆盖面广的居家养老服务信息平台。

（三）完善农村居家养老的社区服务

农村老年人普遍偏向于留在熟悉的居住环境中接受照顾，针对农村老年人无人照料和精神孤独等突出问题，加强农村社区建设，增强社区对留守老人或失能老人的照顾非常有必要。农村社区是以血缘和地缘关系为基础的熟人社会，也是老年人社会活动的主要场所，能够避免让老年人离开自己生活的社区而进入机构生活。在农村社区中的村干部长期与老年人打交道，对老年人的情况都比较熟悉，能更好地满足老年人不同层次的需要。农村社区在为老年人提供支持方面要重视以下几点。

一是建立社区服务机构。加强情况摸底，给 60 岁以上的老人建立专门的档案。对居家养老的老人，针对痛点问题，提供定期巡访、按需上门等个性化服务。对生活不能自理或无人照顾的特殊老人，将他们集中到社区养老服务机构中，接受各方面的照顾。广泛动员留守老人的家庭成员、亲朋、邻居或其他志愿者为其提供照顾。同时要积极筹集资金，保证社区养老服务机构健康运行。

二是营造孝老氛围。农村基层组织应加强对"孝道"文化的宣传，传递中华民族优良传统美德，表彰孝顺子女典型事例，营造良好的敬老爱老氛围，使赡养和孝敬老人成为一种社会责任。对于在家的年轻人，可以通过举办丰富多彩的孝文化娱乐活动，使他们在参加活动的过程中受到教育和启发，更好地关爱长辈。针对常年在外务工的年轻人，村干部还要重视老年人的心理健康服务，想办法督促外出子女加强与留守老人的联系，按时电话问候，条件允许的情况下给老人寄生活费，为外出年轻人经常联系老人和定期回家创造条件。

三是减轻老人监护负担。农村留守老人很多都有监护孙辈的负担，有些甚至还要监护多个孙辈。社区可针对这种情况，建立并完善社区幼儿园，利用社区的资源和力量提供幼儿照料的帮助，减轻留守老人在从事繁重的田间劳作和家务活动的情况下还要监护和照顾孙辈的负担。

（四）加大农村居家养老的非政府组织支持力度

一是充分发挥非营利组织的支持作用。农村老人由于子女外出，失去了最为重要的支撑，在生活中面临诸多自身无法解决和克服的困难。非营利组织具有专业性、灵活性、开创性等特点，视野开阔、思维活跃，非营利组织的介入，可以更好地发挥作用。一方面可以根据需要提供农田科技、教育培训、医疗康复、信息等不同的服务，以满足不同老人们的需要。另一方面可以开展扶困助老活动，鼓励各种民间团体、基金会、慈善机构等为农村老人弱势群体提供支持、保护和服务。

二是提高老年协会参与度。老年协会一直作为社会服务的补充力量在提供养老服务方面给予了大量的帮助，对提高养老服务水平的重要程度不容忽视。力争通过县级主管部门组织、乡镇政府引导、村支"两委"推动、农村贤达牵头，乡乡村村都要组建起乡村老年协会组织。充分发挥老党员、老干部、老军人、老专家、老教师、老医生、老劳模等的作用，以这些社会威望高、号召力强的老人为协会组织者和核心成员，一方面可以更好地维护老人合法权益，增进老年人社会福利水平，另一方面可以利用自身影响力调动各方有用的资源，为老年人居家养老提供更好的服务。

（五）发挥农村居家养老的市场作用

一是发挥市场资源配置优势。农村具有生态环境好、自然资源丰富等特点，村集体可充分利用本土特色和相关资源，引入企业等市场组织进行投资，一方面可打造宜业、宜居、宜家的田园综合体，吸引城镇老年人到乡村旅居养老，通过这种方式，乡村养老服务体系与城镇养老服务体系之间建立起畅通的"转养渠道"，形成动态的交流机制，最大限度地整合使用社会资源。另一方面可吸引企业进行农产品加工和销售，进行产业帮扶，优化产业结构，让农产品生产与市场资源有效对接，为农村发展输血、造血，提升农村经济实力，为当地农民提供更多的就业机会，吸引农村年轻人返乡，提升农村居家养老的内生力。

二是发挥市场竞争机制优势。一方面，老年人服务市场的竞争机制能够提升整个服务供给的质量，通过市场的调节功能，淘汰一部分落后、低效、功能缺失的产品，开发出更多品质优、群众反映好、适应市场需求的养老服务产品，为不同健康状况、不同文化程度的老年群体解决实际问题。另一方面，市场可以引导养老机构提升服务质量，在现有服务功能基础上，增加卫生医疗、修养健身、知识宣讲等综合服务，为孤寡、独居、残疾以及留守老人提供更好的护理服务。

参考文献

伍淑：《湖南农村老年人居家养老的社会支持体系研究》，中南大学硕士学位论文，2014。

睢党臣、彭庆超：《"互联网＋居家养老"：智慧家居养老服务模式》，《新疆师范大学学报》（哲学社会科学版）2016 年第 5 期。

梁欣：《农村留守老人的社会支持体系研究》，郑州大学硕士学位论文，2010。

《党的十九大报告辅导读本》，人民出版社，2017。

李红革：《湖南农村治理与发展报告（2019）》，经济科学出版社，2019。

李云峰：《探索构建政府主导社会参与的居家养老服务体系》，《中国社会报》2019年4月11日。

李云峰等：《湖南健康养老服务事业发展研究》，《湖南社会科学》2019年第5期。

王石泉：《中国老年社会保障制度与服务体系的重建》，上海社会科学院出版社，2008。

张岩松等：《老龄产业发展对策研究》，清华大学出版社，2016。

周博、王维、郑文霞：《特色养老——世界养老项目建设解析》，江苏科学技术出版社，2016。

何莽主编《中国康养产业发展报告（2018）》，社会科学文献出版社，2019。

陈正英、李金秀、唐莹：《健康养老与社区卫生服务——湘鄂渝黔边区老年健康维护实证研究》，中南大学出版社，2016。

B.32
湖南中小学劳动教育现状、问题与对策*

董海军　常美炼**

摘　要： 本文采取分层抽样法,抽取了湖南省8市的中小学校的学生、
教师和家长作为调查对象,深入了解湖南目前的中小学劳动教
育发展现状和问题。研究表明,学生、教师及家长对劳动与劳
动教育都表现出积极正向接纳与肯定态度，但实际的劳动教
育仍存在结构失衡、形式单一、主体单一的缺陷,且学校劳
动教育面临缺乏相应的硬件、软件资源这一困难。未来应从
省内顶层设计来开展规划,构建系统化工作机制体制，各部
门从积极落实课程设置、教材编写、师资引入、打造劳动实
践基地等方面加强劳动教育。

关键词： 中小学　劳动教育　湖南

　　习近平总书记和中共中央近来频频对劳动和劳动教育作出重要论述，中
共中央、国务院于2020年3月印发了《关于全面加强新时代大中小学劳动
教育的意见》（以下简称《意见》），劳动教育迎来发展新机遇。劳动教育具
有区别于其他学科教育的“独特育人功能”，具有立德树人的正向价值观引

---

　* 本报告为湖南省智库重大项目“弘扬劳模精神、劳动精神、工匠精神,加强新时代劳动教育”（项
目编号:20ZWA18）及湖南省总工会委托项目的阶段成果。在调查过程中得到了湖南省总工会
和湖南省教育工会的大力协助,特此感谢。

　** 董海军，中南大学公共管理学院副院长，教授，博士生导师；常美炼，中南大学社会学硕士
研究生。

领作用，大中小学生正处于心智成长发育的重要阶段，是国家的希望、民族的未来，因此全面加强大中小学劳动教育，把劳动教育提升到全面育人的重要内容层面，真正确立"五育并举"的育人格局，成为培养担当民族复兴大任时代新人的必然要求。

为了深入把脉湖南省中小学劳动教育发展现状及问题，寻找精准治理之策，2020年10~12月，课题组在湖南省内开展了广泛的中小学劳动教育调查研究，分别在长沙、湘潭、益阳、永州、岳阳、郴州、怀化、邵阳8市抽取一定数量的中小学学校，对中小学学生、中小学学生家长、教师发放问卷，共回收有效学生问卷156853份，有效教师问卷27777份，有效家长问卷173505份，经深入调查、比较和分析，本文从现状与问题分析、影响因素分析及对策三个方面对湖南中小学学生劳动教育问题进行分析。

一　湖南中小学学生劳动教育发展现状

（一）中小学学生、教师、家长对劳动和劳动教育的认知态度

本文要探究中小学学生、教师、家长的劳动认知及态度和对劳动教育的认知及态度，劳动认知情况具体定义为对劳动价值的认同程度、对学生参与劳动的看法、对劳动平等的认同度；对劳动教育的认知和态度具体定义为对劳动教育价值的认同程度和对劳动教育的形式与发展的认识。

1. 教师的认知态度情况

（1）教师认同劳动的价值，认可劳动平等，赞同劳动参与。

调查数据显示（见表1），教师群体中对劳动的价值认同中达到高度认同的人数占总数的92.9%，中度认同的人数占6.3%，低度认同的人数仅占0.8%，这说明，教师群体在意识认知中充分肯定劳动本身具有很大的价值和积极意义；92.7%的教师对"各劳动形式同等光荣"表示高度认同，低

度认同和中度认同的比例分别是 0.4% 和 6.9%，表明教师群体对"各劳动形式同等光荣"这一说法呈现的认同度是偏高的；90.3% 的教师高度认同学生参与到劳动中去，持低度认同和中度认同态度的比例分别为 2.2% 和 7.5%，所以教师是肯定学生参与到劳动中去的。

表 1　教师对劳动的认知态度情况（N = 27777）

	变量		低度认同	中度认同	高度认同
教师对劳动的认知态度情况	教师对劳动价值的认同度	计数（人）	212	1754	25811
		占比（%）	0.8	6.3	92.9
	教师对"各劳动形式同等光荣"的认同度	计数（人）	109	1917	25751
		占比（%）	0.4	6.9	92.7
	教师对学生参与劳动的认同度	计数（人）	619	2074	25084
		占比（%）	2.2	7.5	90.3

注：N 为样本量，下同。

调查数据显示（见表2），绝大多数教师都认同劳动是个人全面发展的需要、不用利益和报酬单一地衡量劳动价值、应在劳动中无私奉献等价值取向，说明教师群体能够充分认识到劳动的价值、劳动对形塑个体全面发展的作用；90.2% 的教师非常认同"每一位劳动者都值得尊重和敬佩"，89% 的教师非常认同"三百六十行，行行出状元"的说法，89.2% 的教师非常认同"劳动是不分高低贵贱的"说法，这三项都表明了教师在意识层面形成了劳动平等的认知，仅有 64.6% 的教师认可学生去做快递员，与同维度的其他三个变量相比，折射出教师群体在职业选择上也不愿选择快递员之类的体力劳动；结果显示，90.3% 的教师都赞同学生参与到劳动中去，呈现较高的参与意愿，持"不赞同"和"无所谓"态度的比例分别为 2.2%、7.5%，所以教师群体是肯定学生参与到劳动中去。90% 的教师不赞同智能化社会中，学生就可以放弃体力劳动的说法，94.2% 的教师不认同学生因为脑力劳动多而应放弃家务事的说法，说明教师群体对学生参与家务劳动持十分肯定的态度。

表2　教师对劳动的认知态度具体表现情况（N＝27777）

单位：%

变量			非常不认同	比较不认同	一般	比较认同	非常认同
劳动认知与态度	对劳动价值的认同程度	劳动是个人全面发展的需要	3.8	0.8	2.0	4.4	89.0
		没有任何报酬或利益的事情不必去做	77.6	10.8	7.9	1.4	2.2
		如果一个人很有钱了,就不必劳动了	91.1	3.8	2.0	0.6	2.6
		工作无私奉献是劳模的事,与我们普通人无关	83.6	7.8	4.7	1.1	2.8
	对劳动平等的认同度	每一位劳动者都值得尊重和敬佩	2.6	0.6	3.0	3.6	90.2
		三百六十行,行行出状元	2.1	0.6	3.5	4.8	89.0
		劳动是不分高低贵贱的	5.0	0.7	2.2	2.9	89.2
		可以接受我的学生去做快递员	9.4	5.4	20.6	15.7	48.9
	对参与劳动的看法	智能化社会,学生们不必进行体力劳动	82.6	7.4	4.1	1.2	4.8
		学生脑力劳动多,尽量不做家务事	86.2	8.0	2.9	0.8	2.1

（2）教师肯定了劳动教育的育人功能，正确认识劳动教育的形式重点、主体和发展需求。

调查数据显示（见表3），92.8%的教师表现出对劳动教育的价值高度认同，低度认同和中度认同的比例分别是1.1%和6.1%，表明教师肯定了劳动教育的独特价值；76.5%的教师对劳动教育认识正确度处于高水平，表明教师群体对劳动教育的认识比较正确。

表3　教师对劳动教育的认知态度情况（N = 27777）

	变量		低度认同	中度认同	高度认同
教师对劳动教育态度认知情况	教师对劳动教育价值的认同程度	计数（人）	293	1700	25784
		占比（%）	1.1	6.1	92.8
	教师对劳动教育的认识正确度	计数（人）	229	6288	21260
		占比（%）	0.8	22.6	76.5

　　调查数据显示（见表4），94.3%的教师都认同"劳动教育在促进学生的全面发展中意义很大"，说明教师对劳动教育在育人上的正向功能给予了充分肯定。94%的教师都不认同"劳动教育与日常学习毫无关系，是学生的负担"这一说法，说明教师群体很乐意接受劳动教育；"对劳动教育的形式与发展的看法"这一维度的几个具体变量结果同时说明教师群体能够正确认识劳动教育的形式重点、主体和发展需求，说明教师群体能够正确认识劳动教育及比较了解其发展需求。

表4　教师对劳动教育的认知态度具体表现情况（N = 27777）

单位：%

变量			非常不认同	比较不认同	一般	比较认同	非常认同
对劳动教育的认知和态度	对劳动教育价值的认同程度	劳动教育在促进学生的全面发展中意义很大	1.6	0.5	3.5	7.7	86.6
		劳动教育与日常学习毫无关系，是学生的负担	89.4	4.6	2.5	0.8	2.6
	对劳动教育的形式与发展的看法	劳动教育等同于让学生进行体力劳动	9.3	5.3	20.3	19.6	45.4
		劳动态度与劳动价值观的培养也是劳动教育的重要组成部分	1.9	0.8	4.7	7.9	84.7
		劳动教育的实施主体不是只有学校，也需要工会等主体来参与	3.4	1.7	7.9	13.4	73.7
		劳动教育实践活动不仅要在校园展开，也要依靠劳模、工匠人才创新工作室及工人文化宫等阵地	2.4	1.2	6.2	11.5	78.6

2. 家长的认知态度情况

（1）家长肯定劳动的价值引领作用，赞同劳动参与，但在职业选择上呈现偏向态度。

调查数据显示（见表5），家长对劳动的价值认同中达到高度认同的人数占总数的89.5%，中度认同的人数占9.2%，低度认同的人数仅占1.3%，这说明，家长在意识认知中充分肯定劳动本身具有很大的价值和积极意义；84.3%的家长对"各劳动形式同等光荣"表示高度认同，中度认同和低度认同和的比例分别是14.2%和1.5%，总体而言，家长对"各劳动形式同等光荣"这一说法呈现的认同度是偏高的，这表明家长认知到劳动都是光荣的这个道理；结果显示，79.4%的家长都高度赞同孩子参与到劳动中去，低度认同和中度认同态度的比例分别为4.9%、15.8%，所以家长是肯定孩子参与到劳动中去的。

表5　家长对劳动的认知态度情况（N＝173505）

	变量		低度认同	中度认同	高度认同
家长对劳动认知态度情况	家长对劳动价值的认同度	计数（人）	2251	15895	155359
		占比（%）	1.3	9.2	89.5
	家长对"各劳动形式同等光荣"的认同度	计数（人）	2552	24625	146328
		占比（%）	1.5	14.2	84.3
	家长对学生参与劳动的认同度	计数（人）	8425	27397	137683
		占比（%）	4.9	15.8	79.4

调查数据显示（见表6），绝大多数家长都认同劳动是个人全面发展的需要、不用利益和报酬单一地衡量劳动价值、应在劳动中无私奉献等价值取向，说明家长能够充分认识到劳动的价值、劳动对形塑个体全面发展的作用；84.3%的家长对"各劳动形式同等光荣"表示认同，不认同和无所谓的比例分别是1.5%和14.2%，总体而言，家长对"各劳动形式同等光荣"这一说法呈现的认同度是偏高的，这表明家长认知到劳动都是光荣的这个道理。有94.4%比例的家长认同"每一位劳动者都值得尊重和敬佩"的说法，89.8%比例的家长认同"三百六十行，行行出状元"的说法，90.4%比例

的家长认同"劳动是不分高低贵贱的"说法，这三项都表明了家长在意识层面形成了劳动光荣的认知；39.4%的家长可以接受孩子去做快递员，25.3%的家长对此持不置可否的态度，35.2%的家长则无法接受学生去做快递员，这说明，家长虽然能够认同劳动都是光荣的，但是在孩子的择业上还是排斥快递员之类的体力劳动。

表6　家长对劳动的认知态度具体表现情况（N=173505）

单位：%

变量			非常不认同	比较不认同	一般	比较认同	非常认同
劳动认知与态度	对劳动价值的认同程度	劳动是个人全面发展的需要	6.9	2.0	6.7	7.9	76.6
		没有任何报酬或利益的事情不必去做	78.0	8.5	7.6	1.7	4.2
		如果一个人很有钱了，就不必劳动了	89.0	3.6	2.7	0.8	3.8
		工作无私奉献是劳模的事，与我们普通人无关	85.5	4.6	3.6	1.3	5.0
	对劳动平等的认同度	每一位劳动者都值得尊重和敬佩	2.4	0.6	2.6	3.8	90.6
		三百六十行，行行出状元	3.3	1.0	5.8	6.0	83.8
		劳动是不分高低贵贱的	5.8	0.8	2.9	3.0	87.4
		可以接受我的孩子去做快递员	24.7	10.5	25.3	9.4	30.0
	对参与劳动的看法	智能化社会，学生们不必进行体力劳动	75.9	5.6	5.6	2.1	10.9
		学生脑力劳动多，尽量不做家务事	75.8	10.0	7.5	2.0	4.7

（2）家长认同劳动教育的独特价值，对劳动教育的形式认识不足，但是能够正确认识劳动教育的参与主体及发展需求。

调查数据显示（见表7），88.5%的家长表现出对劳动教育的高度认同，低度认同和中度认同的比例分别是 1.1% 和 10.3%，家长群体对劳动教育表现出了较高的认同；50% 的家长对劳动教育有了正确的认识，另 50% 的家长并没有对劳动教育形成一种充分正确的认识。

表7　家长对劳动教育的认知态度情况 （N＝173505）

	变量		低度认同	中度认同	高度认同
家长对劳动教育态度认知情况	家长对劳动教育价值的认同程度	计数（人）	1981	17935	153589
		占比（%）	1.1	10.3	88.5
	家长对劳动教育的认识正确度	计数（人）	1773	85027	86705
		占比（%）	1.0	49.0	50.0

调查数据显示（见表8），92.1% 的家长都认同"劳动教育在促进学生的全面发展中意义很大"，说明家长对劳动教育在育人上的正向功能给予了充分肯定。表8 的结果表明 89.9% 的家长都不认同"劳动教育与日常学习毫无关系，是学生的负担"这一说法，说明家长在主观上是乐意接受劳动教育的；36.5% 的家长认为劳动教育等同于让孩子进行体力劳动，89.6% 的家长认同"劳动态度与劳动价值观的培养也是劳动教育的重要组成部分"的说法，结合政策文件中强调的劳动教育主要指体力劳动，表明家长对劳动教育的形式重点认识不足，对劳动教育实施主体和活动开展的测量结果又表明家长群体能够正确认识劳动教育的主体和发展需求。

表8　家长对劳动教育的认知态度具体表现情况 （N＝173505）

单位：%

		变量	非常不认同	比较不认同	一般	比较认同	非常认同
对劳动教育的认知和态度	对劳动教育价值的认同程度	劳动教育在促进学生的全面发展中意义很大	1.9	0.8	5.2	9.0	83.1
		劳动教育与日常学习毫无关系，是学生的负担	84.6	5.3	3.9	1.3	4.8

变量			非常不认同	比较不认同	一般	比较认同	非常认同
对劳动教育的认知和态度	对劳动教育的形式与发展的看法	劳动教育等同于让学生进行体力劳动	32.6	8.5	22.4	11.2	25.3
		劳动态度与劳动价值观的培养也是劳动教育的重要组成部分	2.3	1.2	7.0	10.0	79.6
		劳动教育的实施主体不是只有学校,也需要工会等主体来参与	2.5	0.9	5.0	7.4	84.2
		劳动教育实践活动不仅要在校园展开,也要依靠劳模、工匠人才创新工作室及工人文化宫等阵地	4.4	1.9	10.0	11.3	72.4

3. 中小学生的认知态度情况

（1）中小学生肯定劳动价值，劳动参与意愿偏高，认同劳动平等，但在职业选择上呈现偏向态度。

调查数据显示（见表9），学生对劳动的价值认同中达到高度认同的人数占总数的84.1%，中度认同的人数占13.3%，低度认同的人数仅占2.6%，这说明，中小学生在意识认知中充分认识到劳动本身具有很大的价值和积极意义；42.6%的学生对"各劳动形式同等光荣"表示高度认同，低认同度和中等认同度的比例分别是2.4%和55%，总体而言，中小学生群体对这一说法呈现的认同度是中等偏高的，但中等认同度的比例高达55%，表明中小学生群体其实还并高度认可"各劳动形式同等光荣"；67.5%的学生有较高的劳动参与意愿，低参与意愿和中等参与意愿的比例分别是7.5%和24.9%，总体而言，中小学生群体呈现的劳动参与意愿是偏高的。

表9　学生对劳动的认知态度情况（N＝156853）

变量			低度认同	中度认同	高度认同
学生对劳动的认知态度情况	学生对劳动价值的认同度	计数（人）	4039	20872	131942
		占比（%）	2.6	13.3	84.1
	学生对"各劳动形式同等光荣"的认同度	计数（人）	3757	86339	66757
		占比（%）	2.4	55.0	42.6
	学生的劳动参与意愿	计数（人）	11803	39103	105947
		占比（%）	7.5	24.9	67.5

　　调查数据显示（见表10），绝大多数中小学生都认同劳动能够促进个人全面发展、不用利益得失单一衡量劳动价值、应在劳动中无私奉献等价值取向；79.8%的中小学生高度认同"三百六十行，行行出状元"的说法，89%的中小学生高度认同"每一位劳动者都值得尊重和敬佩"的说法，这两项都表明了中小学生在意识层面形成了劳动平等的认知，但是58.6%的中小学生无法认同将快递员、外卖员这类职业纳入职业选择的考虑中；超过80%的中小学生不太认同将体力劳动完全交给智能机器人的说法，超过70%的中小学生没有认为因为学习任务过重而推卸家务劳动，这表明中小学生参与劳动的意愿较高。

表10　学生对劳动的认知态度具体表现情况（N＝156853）

单位：%

变量			非常不认同	比较不认同	一般	比较认同	非常认同
劳动认知与态度	对劳动价值的认同程度	劳动可以让我得到全方位的成长	3.6	2.9	13.3	15.1	65.1
		没有好处的事我不做	3.8	2.0	9.2	9.8	75.2
		在工作中无私奉献是劳模的事，与我们普通人无关	81.8	7.5	6.0	1.4	3.3
		如果我爸妈很有钱，我就可以不用劳动	78.6	6.9	7.5	1.8	5.1

变量			非常不认同	比较不认同	一般	比较认同	非常认同
劳动认知与态度	对劳动平等的认同度	三百六十行，行行出状元	3.8	2.6	13.9	11.0	68.8
		每一位劳动者都值得尊重和敬佩	2.5	1.2	7.3	6.0	83.0
		长大可以去当外卖小哥、快递小哥	40.3	18.3	26.1	4.9	10.4
	对参与劳动的看法	以后干体力劳动有机器人就行了，自己不用管	68.9	13.8	11.0	2.2	4.2
		自己平时学习已经很累了，不想干家务	62.4	15.6	14.4	3.6	4.0

（2）中小学生充分认识到劳动教育在育人上的正向功能，对劳动教育的形式认识不足，但是能够正确认识劳动教育的参与主体及发展需求。

调查数据显示（见表11），80.3%的学生表现出对劳动教育的高度认同，低度认同和中度认同的比例分别是0.9%和18.7%，表明学生对劳动教育的价值表现出了较高的认同；仅有30.5%的学生对劳动教育的认识正确度达到了"高"这一等级，69.5%的学生并没有对劳动教育形成一种充分正确的认识。

表11　学生对劳动教育的认知态度情况（N=156853）

变量			低	中	高
学生对劳动教育认知态度情况	学生对劳动教育价值的认同程度	计数（人）	1464	29379	126010
		占比（%）	0.9	18.7	80.3
	学生对劳动教育的认识正确度	计数（人）	17464	91595	47794
		占比（%）	11.1	58.4	30.5

调查数据显示（见表12），85.2%的中小学生都不认同"劳动教育是个负担，会干扰我的日常生活"，说明中小学生普遍能够接受劳动教育进入日常生活，81.9%的中小学生认同"劳动教育要教导人树立热爱劳动的观念

和态度",说明中小学生能够充分认识到劳动教育在育人上的正向功能;47.8%的中小学生不认同"劳动教育就是让我进行体力劳动",28.0%的中小学生认同这一说法,结合政策文件中强调的劳动教育主要指体力劳动,表明学生对劳动教育的形式重点认识不足,但66.6%的学生认同劳动教育除了在校内开展也需利用其他相关阵地开展,表明学生能够正确认识劳动教育的主体和发展需求。

表12　学生对劳动教育的认知态度具体表现情况（N＝156853）

单位：%

变量			非常不认同	比较不认同	一般	比较认同	非常认同
对劳动教育的认知和态度	对劳动教育价值的认同程度	劳动教育是个负担,会干扰我的日常生活	75.9	9.3	8.6	1.8	4.3
		劳动教育要教导人树立热爱劳动的观念和态度	2.5	2.5	13.2	13.9	68.0
	对劳动教育的形式与发展的看法	劳动教育就是让我进行体力劳动	32.2	15.6	24.1	7.8	20.2
		劳动教育实践活动不仅要在校园展开,也要依靠劳模、工匠人才创新工作室及工人文化宫等阵地	7.3	5.1	21.0	13.9	52.7

（二）校内劳动教育现状与问题分析

1. 学校劳动教育开展具备一定的基础和经验

调查数据显示（见表13），76.3%的教师对变量"您所任教的学校是否开设劳动教育相关课程"回复了"是"选项,表明目前大部分学校是设置专门的劳动课程。表14显示54.3%的教师所在的学校开展了建立与劳动教育相关的兴趣小组、社团等的劳动教育活动;82.2%的教师所在的学校开展了主题教育活动;46.7%的教师所在学校组织学生劳动技能竞赛;45.4%的教师所在学校会制定劳动公约;69.7%的教师所在学校会制定每日劳动常规；51.0%的教师所在学校会制定学期劳动任务单。可以看出学校在开展劳动教育活动上有一些基础和经验。

表13　学校开设劳动教育相关课程情况（教师卷）

变量	选项	计数（人）	占比（%）
您所任教的学校是否开设了劳动教育相关课程（N＝27777）	是	21187	76.3
	否	6590	23.7

表14　学校开设劳动教育相关课程情况（教师卷）

变量	选项	计数（人）	占比（%）	个案占比（%）
学校开展的劳动教育相关活动（N＝27777）	建立与劳动教育相关的兴趣小组、社团等	15074	15.3	54.3
	结合植树节、劳动节等节日开展主题教育	22844	23.2	82.2
	组织学生劳动技能竞赛	12979	13.2	46.7
	制定劳动公约	12620	12.8	45.4
	制定每日劳动常规	19372	19.7	69.7
	制定学期劳动任务单	14176	14.4	51.0
	没有开展过上述任何活动	1313	1.3	4.7

2. 学校劳动教育发展存在较多缺陷和实际困难

（1）学校劳动教育结构失调。

研究设置包括日常生活劳动、服务型劳动和生产性劳动的变量来测量学校展开的劳动教育活动，以相关活动开展的频率为指标，对选项"没有组织"到"半年6次及以上"分别赋值1~5分，变量均分越高则表明该项活动开展频率越高。

调查数据显示（见表15），除了"卫生值日"、"布置家庭劳动"以及"劳动技能教学"开展的频率接近半年3~5次和半年6次及以上，剩下项目的开展频率很低，而这些开展频率很低的劳动教育项目都属于服务型劳动和生产性劳动范畴、校外实践范畴。

表 15　学校组织开展具体劳动教育活动的频率情况（教师卷）

单位：分

选选项变量	劳动技能教学	学农/学工	参观考察（农工生产）	志愿服务	公益劳动	卫生值日	布置家庭劳动	职业体验
半年6次及以上	26.7	12.5	7.1	11.7	12.2	69.2	43.7	11.7
半年3~5次	18.5	12.4	7.5	13.7	14.4	11.3	20.6	9.7
半年1~2次	26.8	24.5	22.7	34.9	36.2	11.0	19.8	22.4
一年1次	10.0	14.4	20.6	19.4	20.8	4.2	4.7	16.4
没有组织	18.1	36.2	42.1	20.4	16.3	4.2	11.3	39.8
总计	100.0	100.0	100.0	100.0	100.0	100.0	100.0	100.0
均分	3.3	2.5	2.2	2.8	2.9	4.4	3.8	2.4

（2）缺乏专业资源，形式单一，主体单一。

调查数据显示（见表16），在被问到"你认为当前学校开展的劳动教育存在的不足有哪些"时，63.0%的教师选择"缺乏专门的教师/教材等教学资源"的选项，56.3%的教师认为"形式单一，以课堂学习为主，缺乏实践形式的活动"，54.5%的教师选择没有整合多主体合作的选项，这表明学校劳动教育最突出的问题和不足缺乏专门的教学资源来帮助系统教学，活动形式单一、开展主体单一，社区和家庭力量融入过少。

表 16　学校开展的劳动教育存在的不足（教师卷）

变量	选项	计数（人）	占比（%）	个案占比（%）
学校开展的劳动教育存在的不足（N=27777）	内容单一乏味，无法激起学生学习兴趣	12707	15.2	45.7
	形式单一，以课堂学习为主，缺乏实践形式的活动	15642	18.7	56.3
	缺乏专门的教师/教材等教学资源	17488	20.9	63.0
	开展主体单一，没有整合学校、家庭、社区、工会等力量	15143	18.1	54.5
	实践环节安全无法得到有效保障	10858	13.0	39.1
	学校/政府/社会组织等重视不够	10675	12.7	38.4
	其他	1269	1.5	4.6

（3）学校劳动教育主要困难：家庭忽视培养，学校缺乏相应的软件、硬件教学资源。

调查数据显示（见表17），在回答"开展校园劳动教育主要的困难是什么"这个问题时，71.4%的教师选择家庭忽视对孩子劳动观念、习惯、技能的培养这一回答，说明家庭并未和学校建立协同合作的关系来促进劳动教育的开展；53.3%的教师选择"学校师资力量不够，没有专业的校园劳动教育团队"，47.4%的教师选择了"学校缺乏劳动教育的师资、资金、场地、设备等教学资源"，表明学校内在自身的资源短板是阻碍劳动教育发展的一大因素。

表 17　开展校园劳动教育主要的困难（教师卷）

变量	选项	计数(人)	占比(%)	个案占比(%)
开展校园劳动教育主要的困难（N＝27777）	劳动教育基础理论研究水平不足	7776	10.9	28.0
	家庭忽视对孩子劳动观念、习惯、技能的培养	19837	27.9	71.4
	学校师资力量不够,没有专业的校园劳动教育团队	14802	20.8	53.3
	学校缺乏劳动教育的师资、资金、场地、设备等教学资源	13179	18.5	47.4
	政府对学生的劳动教育重视度不高	4606	6.5	16.6
	尚未形成学生的安全问题的保障机制	2879	4.0	10.4
	社会力量参与不足	3462	4.9	12.5
	学生学习压力大,没有足够的时间、精力参加劳动教育	4308	6.1	15.5
	其他	270	0.4	1.0

（三）校外劳动教育现状与问题分析

1. 家庭劳动教育现状：重"言传"，轻"身教"

（1）家长的"言传"：重视口头教育。

调查数据显示（见表18），学生在回答家长平时的观念教育时，"在家经常教导我要节约节俭""教育我要有热爱劳动、劳动光荣、精益求精等精神""鼓励我参与社区的公益服务活动""不管以后我干什么工作,只要劳动就是最可爱的人"选项所占个案百分比分别为79.2%、77.1%、55.3%、44.1%,选项"劳动教育会影响我的学习成绩""只要我读书成绩好,就不需要做家务劳动"仅占13.8%。这表明家长(包括父母、长辈等)对口头教育上的劳动教育比较重视。

表18　家长在劳动教育上的观念教育情况(学生卷)

变量	选项	计数(人)	占比(%)	个案占比(%)
下面哪些说法符合你爸爸(妈妈或长辈)的观念或行为?(N=156853)	劳动教育会影响我的学习成绩	10927	2.6	7.0
	不管以后我干什么工作,只要劳动就是最可爱的人	69221	16.4	44.1
	鼓励我参与社区的公益服务活动	86703	20.5	55.3
	只要我读书成绩好,就不需要做家务劳动	10727	2.5	6.8
	在家经常教导我要节约节俭	124204	29.4	79.2
	教育我要有热爱劳动、劳动光荣、精益求精等精神	120892	28.6	77.1

(2)家长的身教:偏向日常生活劳动教育。

调查数据显示(见表19),家长的劳动教育方式集中于"教孩子生活自理技能(洗衣、做饭等)""鼓励孩子承担力所能及的家务劳动(清扫、整理等)",个案百分比分别为78.3%和87.7%,而选择"为孩子提供家庭以外的劳动体验机会""带孩子参观工人文化宫/工匠工作室,倾听劳模故事等"的比例分别为49.8%和32.6%,这表明家庭领域的劳动教育偏向日常生活劳动教育,为孩子提供家外场所劳动学习机会的家长均不过半。

表19　家长在实际劳动教育举措上的表现(家长卷)

变量	选项	计数(人)	占比(%)	个案占比(%)
您通常以什么方式对孩子进行劳动教育?(N=173505)	教孩子生活自理技能(洗衣、做饭等)	135826	24.8	78.3
	鼓励孩子承担力所能及的家务劳动(清扫、整理等)	152105	27.8	87.7
	为孩子提供家庭以外的劳动体验机会	86476	15.8	49.8

变量	选项	计数(人)	占比(%)	个案占比(%)
您通常以什么方式对孩子进行劳动教育？ （N＝173505）	带孩子参观工人文化宫/工匠工作室,倾听劳模故事等	56589	10.3	32.6
	其他	2979	0.5	1.7

（3）学生在家庭领域的劳动实践。

学生劳动实践行为具体操作化为"你暑假在农村帮大人干过农活吗?"调查数据显示（见表20），"从未做过"占比最少为15.5%，"以前做过"占比最多为45.1%，"最近二三年还做过"占比39.3%，均未超过50%。这表明学生在家庭中学农实践很缺乏，因此在家庭领域要进一步将劳动教育落到实处。

表20　学生在家庭中参与、体验农业生产情况（学生卷）

变量	选项	计数(人)	占比(%)
你暑假在农村帮大人干过农活吗？ （N＝156853）	从未做过	24381	15.5
	以前做过	70774	45.1
	最近两三年还做过	61698	39.3

2. 社会劳动教育现状：整体较好，仍需进一步提升

社会劳动教育指标具体考查学生问卷中涉及服务型劳动和生产性劳动项目的问题，以"请问你参加以下劳动活动情况大概是"的形式提出，"半年6次以上"到"没有参加"分别赋予5~1分，将选项分数加总得到社会劳动教育指标上的得分，并将4~8分划分为"低分段"，9~13分为"中等分段"，14~20分为"高分段"。

调查数据显示（见表21），学生的社会劳动教育情况得分存在较大差异。在受访的学生中得分最少为4分，最高为20分，平均得分16.6262分。其中得分20分的受访者在其所在群体中所占比例最大，为23.3%，得分4分的受访者仅占1.6%，得分为5分的受访者所占比例最少，为

0.2%，有超过3/5的受访者得分在16~20分，其所占比例皆超过10%。这表明：第一，"高分段"所占比例最多，超过80%，因此总体上看，社会劳动教育开展情况整体上较好；第二，不容忽视的是"低分段"与"中等分段"仍有近1/5，因此仍需要进一步普及社会劳动教育。

表21　社会劳动教育得分情况（学生卷）

变量	选项	计数（人）	占比（%）
社会劳动 教育得分 （N = 156853）	低分段	6726	4.3
	中等分段	18567	11.8
	高分段	131560	83.9

二　劳动教育状况的影响因素分析

（一）自变量和因变量概况

自变量包括"学校位置"和"教育阶段"。在本次调查中，学校位于乡村的受访者共9925人，占35.7%，位于城市的17852人，占64.3%；被访者的"教育阶段"主要以"小学"为主，共有12459人，占44.9%，其次是初中，8265人，占29.8%，普通高中和职高/中专较少，分别为4081人和2972人，占14.7%和10.7%。

因变量为"学校劳动教育"，学校劳动教育由"您任教的学校组织开展下列具体劳动教育活动的情况大体上是"问题中每个选项（1~5分别对应：没有组织、一年1次、半年1~2次、半年3~5次、半年6次以上）分数加总得来的，按照加总得分，划分为四个等级8~16分为"不合格"、17~24分为"合格"、25~32分为"良好"、33~40分为"优秀"。调查结果显示，各个学校的劳动教育状况基本处于"良好"等级，占65.8%，"优秀"占15.3%，"合格"占17.3%，这三个等级共占比98.4%。

（二）相关分析结果

本研究采用 SPSS 23.0 对数据进行卡方检验（见表 22、表 23）。

表 22　"学校位置""教育阶段"与学校劳动教育的相关分析结果

变量	χ^2	df	Cramer's V	p
学校位置	279.734a	3	0.100	0.000
教育阶段	501.190a	9	0.078	0.000

表 22 的结果表明，学校位置以及教育阶段这两个自变量都与学校劳动教育之间存在相关性，但相关性都较弱。

表 23　"学校位置""教育阶段"对学校劳动教育的影响结果

			学校劳动教育				总计
			不合格	合格	良好	优秀	
学校位置	乡村	百分比（%）	2.4	21.4	62.7	13.5	100.0
		调整后残差	8.9	13.3	-8.1	-6.3	
	城市	百分比（%）	1.0	15.1	67.6	16.3	100.0
		调整后残差	-8.9	-13.3	8.1	6.3	
教育阶段	小学	百分比（%）	1.1	15.0	68.1	15.8	100.0
		调整后残差	-5.5	-9.2	7.1	2.3	
	初中	百分比（%）	2.2	21.8	63.9	12.2	100.0
		调整后残差	5.7	12.7	-4.5	-9.4	
	普通高中	百分比（%）	1.9	19.9	64.9	13.4	100.0
		调整后残差	1.9	4.6	-1.4	-3.7	
	职高/中专	百分比（%）	1.1	11.2	63.3	24.4	100.0
		调整后残差	-1.8	-9.3	-3.2	14.6	

表 23 的结果表明，处于乡村、城市的学校，四个等级的标准化残差绝对值均大于 0，说明差异存在统计学意义，并且可以看出，位于乡村学校的劳动教育相较于城市而言更倾向于"合格"和"不合格"的等级，位于城市学校的劳动教育相较于乡村而言更倾向于"良好"和"优秀"；在四个教

育阶段其各自的四个等级中，标准化残差均大于 0，因此说明差异具有统计学意义。具体来看，在小学阶段，劳动教育相较于其他三个阶段而言更倾向于"良好"和"优秀"的等级；在初中、普通高中阶段劳动教育相较于其他三个阶段更倾向于"不合格"和"合格"；在职高/中专阶段，劳动教育相较于其他三个阶段而言更倾向于"优秀"。所以总体来看，城市学校劳动教育相较于乡村学校劳动教育开展得更好，相较于初中和普通高中，学校劳动教育在小学和职高/中专开展情况更好。

三　加强湖南劳动教育发展的对策建议

（一）成立全面加强劳动教育领导工作小组，构建系统化工作机制体制，实现多职能部门联动协作

省委、省政府可以成立全面加强劳动教育领导工作小组，具体职能部门中，由教育部门牵头，主导劳动教育改革建设中的课程设置、课程设计、师资建设、实践基地建设等内容，为深化劳动教育、提高劳动教育质量提供充分的条件，切实负起劳动教育的主要责任；宣传部门要抓好正面宣传和舆论引导工作，营造劳动教育的良好氛围；工会需充分运用自身的劳模工匠资源库和弘扬劳模精神、劳动精神、工匠精神的宣传经验，做好师资、教材、基地等重要辅助支持工作；文化旅游管理部门、农业农村厅、工信厅、科协等主要做好向学生开放如劳模工匠馆、博物馆、公共图书馆、文化馆、农场、观摩实践厂房、科技馆等事业单位、社会机构、公共场所作为参观学习以及服务性劳动基地的工作；发展和改革等部门要将劳动教育尤其是劳动教育的场地建设发展纳入国民经济和社会发展规划；财政部门要加大财政投入，优化支出结构，确保教育经费落实到位；自然资源、住房和城乡建设部门要配合做好学校布局规划，统筹做好劳动教育的土地供给和学校建设工作；妇联要加强社区家庭教育指导服务；共青团、少先队等群团组织和关心下一代工作委员会要做好青少年、儿童劳动

教育引导、关爱、支持、保护工作，从而构建起系统化的工作机制体制，实现多职能部门联动协作。

（二）教育部门落实劳动课程设置，加快课程教材编写，优化劳动课程设计

各级各类学校要明确劳动教育实施机构、人员，设立劳动教育必修课程，将劳动教育纳入课程方案和人才培养方案，根据各学段特点，对劳动教育课程的课时、形式，以及课外校外的劳动时间、劳动内容、劳动方式作出具体规定，同时确立劳动教育评价指标和体系，将劳动素养纳入学生综合素质评价档案，并将结果作为评优评先的重要参考和中考成绩的重要参考或依据。在教材编写上，教育厅牵头组织教师、高校科研团队、妇联、工会等力量共同为劳动教育编写专业教材，教材须以弘扬"劳模精神、劳动精神和工匠精神"为核心，以学习劳模工匠、能工巧匠为重心，以劳动法教育为创新点，同时基于国情省情，充分利用好相关群团组织的劳动教育新经验、新成果，如充分借鉴省总工会编写的《中国梦　劳动美——劳模精神伴成长》系列读本的内容。在课程设计上，坚持以弘扬劳模精神、劳动精神和工匠精神为核心，以学习劳模工匠榜样为重点，以贯彻落实日常生活劳动、生产劳动和服务性劳动等劳动实践为中心，依托既存的劳模工匠培育、推广及运用的资源优势和经验优势，创新劳模工匠榜样学习教育课程，丰富劳动教育内涵和形式。

（三）教育部门拓宽教师纳入渠道，强化师资队伍建设

高等学校可以加强劳动教师培养，有条件的师范院校开设劳动教育相关专业，培养相关人才，为大中小学劳动教育输入专业度较高的劳动教师；学校与工会建立合作，工会组建劳模工匠师资团，组织劳模、工匠和"五一"劳动奖章获得者或先进工作者到学校开展"三种精神"为内核的劳动教育讲学，或者聘请劳模工匠担任学校劳动教育辅导员，充实劳动教育的师资力量；加大县域内教师统筹调配力度，探索校际劳动教育教师共享机制，鼓励

职业院校教师到中小学开展劳动教育。完善劳动教育师资团队的专业化培训，将劳动教育纳入教师培训内容，开展全员培训，对承担劳动教育课程的教师进行专项培训，配备劳动教育教研员，建立教研组，促进劳动教育教师专业化发展。

（四）各级各类学校和社会组织联合打造实践基地，贯彻落实劳动实践要求

首先各级各类学校要因地制宜设立校本劳动技能培训基地，采取多种方式拓展劳动教育实践场所；其次在行业组织、行政事业单位、社区和其他社会机构，建立相对稳定的劳动实践基地；市、县政府应把中小学劳动教育综合实践基地建设纳入当地的教育发展规划中，运用所在区域自然、经济、文化等方面的资源，结合当地生产实际需要，建立开放共享的劳动教育实践场所；学校可以积极推进校企深度合作，将校企合作的企业拓展为劳动实践基地；各群团组织可开放自身的实践基地，进一步发挥其劳动教育功能，如工会组织的劳模创新工作室。

参考文献

赵海燕：《新时代劳动教育的时代意蕴与实践策略》，《社会科学战线》2021 年第 3 期。

李建国、杨婷婷：《中国共产党领导学校劳动教育的历史演进、基本经验及启示》，《学习与实践》2021 年第 2 期。

杨兆山、陈煌：《马克思主义教育同生产劳动相结合思想的几个基本问题》，《社会科学战线》2021 年第 1 期。

余清臣：《当代劳动的异化风险与现代劳动教育的应对》，《社会科学战线》2021 年第 1 期。

湖南农村留守儿童性教育现状及对策研究

——基于怀化等四地的考察

李 琦　徐竹芳*

摘　要：　在城市经济快速发展的同时，农村青壮年劳动力流失现象较为严重，广大农村地区随之产生了"留守儿童"这一特殊群体。传统观念根深蒂固、家长认知水平不足、学校课程体系不完善、社会机构运行机制不健全等因素造成了家庭性教育、学校性教育、社会性教育的全方位缺失，而信息获取渠道冗杂、不良资讯错误引导又导致青少年形成了对"性"的错误认知，基层性教育发展陷入困境。促进基层性教育普及需要家庭、学校、社会三方形成合力，建立"家校社联动"的有效教育模式，打造三位一体的性教育普及体系，促进农村留守儿童形塑正确的性认知和性观念，进而引导其健康成长。

关键词：　农村留守儿童　性教育　性认知　家校社联动

2009 年，联合国教科文组织、艾滋病规划署、人口基金、儿童基金会和世界卫生组织联合发布了《国际性教育技术指导纲要》，纲要指出："性教育是指采取适合一定年龄、具有文化相关性的方式，通过提供在科学意义

---

* 李琦，湖南师范大学新闻与传播学院教授，博士生导师，主要研究方向为传播与文化；徐竹芳，湖南师范大学新闻与传播学院 2018 级本科生，2018 级"世承班"学员。

上准确、真实、不带任何评判色彩的信息，传授有关性和人与人之间关系方面的知识。"① 性教育有助于促进人们就有关"性"的诸多问题做出决策、进行交流和减少风险，从而树立正确的性观念，塑造健全人格。

为探索一条促进基层性教育发展的科学之路，2020 年 7～8 月，课题组在湖南省怀化市芷江侗族自治县、涟源市湄江镇、邵阳市城步苗族自治县、株洲市攸县新市镇开展了"农村留守儿童性教育现状"调研活动，四地共回收有效问卷 1558 份，其中包括家长版 732 份，青少年版 826 份。为细致、深层地了解调研地居民对性教育的认知情况，调研小组对当地 4 位学校负责人、14 位家长和 17 位学生进行了线下深度访谈。经过深入调研和比较分析，本文主要从现状、问题、原因、对策四个方面对湖南农村留守儿童性教育问题进行探讨。

一 留守群体与保守观念：农村地区
性教育落后现状

农村地区由于特殊的地理环境和历史发展背景，经济、文化各方面相对落后，性教育在农村地区的普及任重道远。

（一）家长知识储备不足，亲子交流机会匮乏

1. 家长对普及性教育的态度

如表 1 所示，填写问卷的 732 位家长中，有 693 人认为跟子女普及性教育很有必要，但同时有 39 人持相反态度，从中可以看出，调研地大多数家长都认识到了性教育在青少年成长过程中的重要性。但对性教育普及持支持态度的家长中，有 429 人不知道如何进行相关知识普及，这体现出农村地区性教育发展的先天劣势——即便认识到了性教育的重要性，

---

① 阚阅：《全面性教育：走向"性与人际关系"的系统化学习》，《上海教育》2020 年第 20 期。

也会因为自身知识储备、传统观念、亲子关系等多重因素的影响而难以采取有效措施。

表1　被调查者（家长）认为是否有必要跟孩子普及性教育知识

		人数(人)	百分比(%)	有效百分比(%)	累积百分比(%)
有效	认为很有必要,但不知如何进行性教育知识普及	429	58.6	58.6	58.6
	认为很有必要,且会在家庭教育中跟子女普及相关知识	264	36.1	36.1	94.7
	认为暂时没有必要普及相关知识	39	5.3	5.3	100
	合计	732	100	100	100

调查结果显示，填写问卷的家长中，对学校开展性教育课程持支持态度的占总人数的91.39%，一方面是因为自己在外务工，缺少与孩子的交流沟通，另一方面则是因为自身对相关知识不够了解，希望孩子能在学校课程里学习到更多有用的知识。但同时，仍有8.61%的家长不支持学校开设性教育课程，他们认为"性教育"是一件十分隐私的事，没有必要在公共场合让青少年接触此类信息。由此可知，虽然大部分家长已经认识到了性教育的重要性，但仍有部分家长对其有所误解，把性教育等同为"性器官""性行为"的教育。

2. 亲子间性知识交流现状

问卷结果显示（见表2），在填写问卷的家长中，仅有61位家长在日常生活中经常向子女普及性教育知识；有250位家长表示从来没有跟子女普及过性教育知识，一方面是因为自身对相关知识不了解，另一方面则是因为传统观念影响而羞于跟子女讨论相关话题，还有部分家长认为性教育会诱发性行为，从而刻意回避此类问题；65.85%的家长表示只对子女讲解过相关知识1~2次，他们认为学校开设的生理健康课程足以让孩子学习到相关知识。由此项数据可看出，调研地的家庭性教育基本处于缺失状态，除了少部分家长在日常生活中有向子女讲解生理健康知识的意识，在大多数家庭中，性教育是被忽视的。

表2　被调查者（家长）是否跟孩子普及过性教育知识

		人数（人）	百分比（%）	有效百分比（%）	累积百分比（%）
有效	经常	61	8.34	8.34	8.34
	偶尔,3次以上	218	29.78	29.78	38.12
	很少,1~2次	203	27.73	27.73	65.85
	从来没有	250	34.15	34.15	100
	合计	732	100	100	100

（二）学校教育资源有限，开设课程效果欠佳

通过实地走访，调研队员了解到调研地部分中小学开设了生理健康课程，但多以班会的形式开展，课程体系并不完善，学校也不具备专业师资力量，从表3中的数据可知，还有部分学校从未开展过此类课程，学生对"性"相关知识一无所知，这体现出调研地的学校性教育也较为缺失。

表3　被调查者（儿童）所在学校是否开设了生理健康课程

		人数（人）	百分比（%）	有效百分比（%）	累积百分比（%）
有效	系统且具体地讲过	271	32.81	32.81	32.81
	上过课,但只是简单讲了讲	341	41.28	41.28	74.09
	没有上过课	214	25.91	25.91	100
	合计	826	100	100	100

（三）性教育认知不完善，青少年性教育落后

如表4所示，从"你学习过哪些性教育知识"的回答中可知，虽然学校开设了生理健康课程，但学生从课程中学习到的知识并不多，学校课程内容也大多以简单的生理知识为主，并没有向学生传授性安全和性别平等知识，这说明基层地区学校性教育课程的设置存在问题，课程结构并不完善。826名青少年中共有321人完全不了解性教育相关知识，调研地青少年性教育十分落后。

表4　被调查者（儿童）学习过哪些性教育知识

		人数(人)	百分比(%)	有效百分比(%)	累积百分比(%)
有效 (注: 此题 为多 选题)	生理知识(月经、遗精、发育等)	450	54.48	54.48	54.48
	性安全	154	18.64	18.64	73.12
	性观念(两性平等、社会性别等)	189	22.88	22.88	96
	都没有过	321	38.86	38.86	134.86
	合计	826	134.86	134.86	134.86

（四）获取信息渠道冗杂，对"性"存在排斥态度

调研地性教育活动开展过程中存在许多问题，青少年获取相关信息的渠道十分冗杂，这导致其所接收的信息大多不全面，许多青少年形成了对"性"的错误认知，不利于当地性教育的普及和发展。

1. 青少年获取信息的渠道冗杂

调查结果显示（见表5），当地青少年获取"性"相关知识有多种途径，但主要信息来源是父母和学校，这说明家庭性教育和学校性教育在青少年形成科学的生理健康观念中发挥着重要作用。但同时，有8人表示自己曾通过不良书刊获取信息，虽然相对于样本总数而言数量并不多，但这从侧面反映出调研地青少年中仍然有人通过不良途径获取性相关知识，促进基层性教育发展刻不容缓。

表5　被调查者（儿童）从哪些途径获取性教育知识

		人数(人)	百分比(%)	有效百分比(%)	累积百分比(%)
有效 (注: 此题 为多 选题)	学校课程	546	66.10	66.10	66.10
	父母教育	429	51.94	51.94	118.04
	同龄人谈论	194	23.49	23.49	141.53
	互联网	100	12.11	12.11	153.64
	书籍、影像作品	87	10.53	10.53	164.17
	黄色书刊	8	0.97	0.97	165.14
	不明确,各种片段信息交织	43	5.21	5.21	170.35
	合计	826	170.35	170.35	170.35

2. 青少年排斥"性"相关话题

由图 1 可知，填写问卷的 826 名当地青少年中，有 60.42% 的人表示自己不会跟周围的人谈论"性"，其中 31.48% 的人是因为对有关"性"的问题十分反感，28.94% 的人是因为对"性"相关话题很害羞。表示愿意与周围人谈论"性"话题的青少年中也仅有 18.64% 的人会在讨论时积极发表自己的观点，其他 20.94% 的人较少主动发言，这体现出调研地大部分青少年对于"性"的认知存在偏差、对"性"相关话题持排斥态度，他们往往因为感到害羞或心理反感而拒绝接触"性"相关话题，这也在一定程度上加大了当地性教育普及的难度。

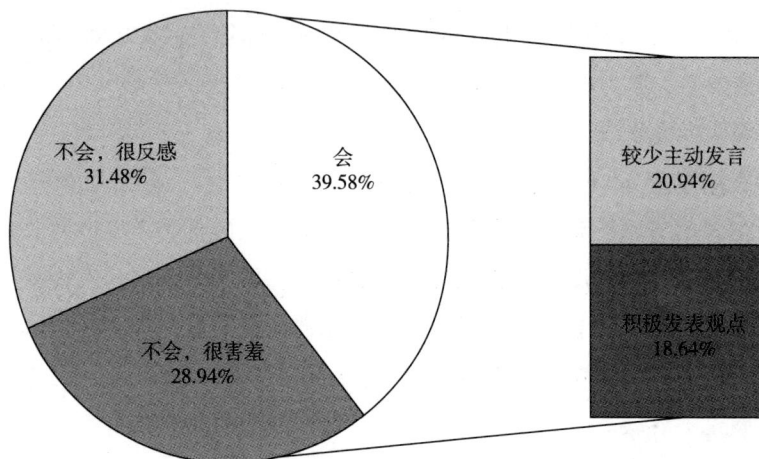

不会，很反感
31.48%

会
39.58%

较少主动发言
20.94%

不会，很害羞
28.94%

积极发表观点
18.64%

图 1 调研地儿童是否会跟周围人讨论"性"

二 避而不谈与教育落后：基层性
教育普及问题突出

分析调研地性教育现状主要从家庭、学校、社会三个方面展开，家庭性教育意识不强，学校性教育措施不够，社会性教育经验不足，基层性教育普及问题突出。

（一）家庭性教育：缺乏交流陪伴，过分依赖学校

1. 观念传统，意识不强

在中国人的传统观念里，"性"是不可以被公开谈论的，许多家长在谈到"性"时，会下意识地想到"性行为"，还有许多家长认为接触相关知识会诱发孩子过早地发生性行为，殊不知家长们对"性"的回避和嗤之以鼻的态度会加深孩子的困惑和好奇①。家庭性教育的缺失会促使孩子从其他渠道来获取相关知识，这反而会加大其接收错误信息的可能性，导致孩子形成错误的性观念。即使现在大部分家长已经开始意识到性教育的重要性，但是由于受到中国传统伦理道德的束缚，家长在面对孩子的疑问时依然难以开口，家庭性教育也就难以落到实处。

2. 缺少陪伴，缺乏了解

调研地留守儿童居多，爷爷奶奶通常很难注意到孩子青春期生理、心理上的困扰，在"性"这一方面也比父母辈更保守，加上自身对性教育也不够了解，便很难和孩子进行交流。而那些在孩子身边的父母也因为忙于工作而缺少对孩子的陪伴，他们平日里关注最多的是孩子的学习情况和身体健康，但却忽视了孩子们在青春期的困扰。从图2可知，中国儿童受性侵害情况往往被家长低估，亲子间缺少交流导致家长对子女的成长经历缺乏了解，这便导致了一个更加严重的问题：许多青少年遭遇性侵后会选择不告诉父母，久而久之便会造成自身心理困扰、产生心理问题。

3. 依赖学校，推卸责任

许多家长十分支持学校开展生理健康课程，更有不少人认为性教育是学校的责任②。诚然，学校的确应该承担青少年性教育的责任，但家长并不应该把传授生理健康知识的责任全部推卸给学校。家长是孩子的第一任

---

① 孔虔：《由幼儿遭性侵事件反思当前幼儿性教育缺失》，《现代教育科学》2014年第10期。
② 张祥荣、梁音、龙兴云：《中国家长的性教育认知与理念更新》，《现代交际》2018年第19期。

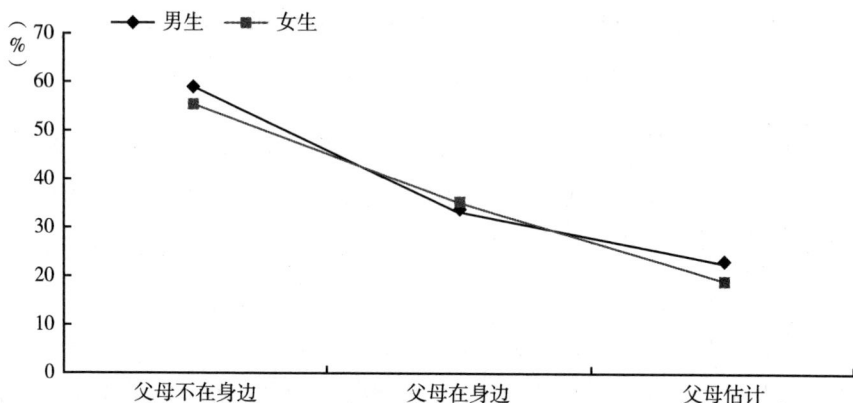

图2　中国儿童受性侵状况被家长低估

数据来源：网易数读。

老师，性教育也是如此，孩子早期的性别认知和自我保护意识都需要家长去引导和培养。其次，目前我国中小学性教育体制并不完善，很多学校的性教育课程内容都仅仅停留在生理变化、性别差异层面，学校暂时还无法扛起性教育的大旗，不能为学生传授科学、系统、全面的生理健康知识。

4. 避而不谈，不予重视

不少家长认为"性侵害"离自己很远，所以并不重视对孩子的性教育。大人们对"性"避而不谈的态度很容易给孩子留下一个"性"是"脏的"、是"不好的"的印象，这种对"性"的禁忌感会给本就受伤的孩子带来更多伤害。"只有女孩才会遇到性侵犯"是家长对"性侵害"的另一误解，许多家长误以为只有女孩需要"性教育"，但2013年《广东省青少年健康危险行为监测报告》显示：男生有过被迫性行为的人数是女生的2.2~2.3倍。"性侵害"给人带来的伤害是不分男女的，更是不可预测的，如图3所示，将2019年侵害未成年人犯罪主要罪名与2017年对比可以发现：针对未成年人"性犯罪"的占比提升了13个百分点，形势已经非常严峻。

2017年侵害未成年人犯罪主要罪名

强奸
16%

盗窃
14%

其他犯罪
32%

故意伤害
11%

交通肇事
8%

寻衅滋事
9%

抢劫
10%

2019年侵害未成年人犯罪主要罪名

强奸
21%

其他犯罪
38%

猥亵儿童
8%

故意伤害
7%

抢劫
7%

聚众斗殴
7%

寻衅滋事
12%

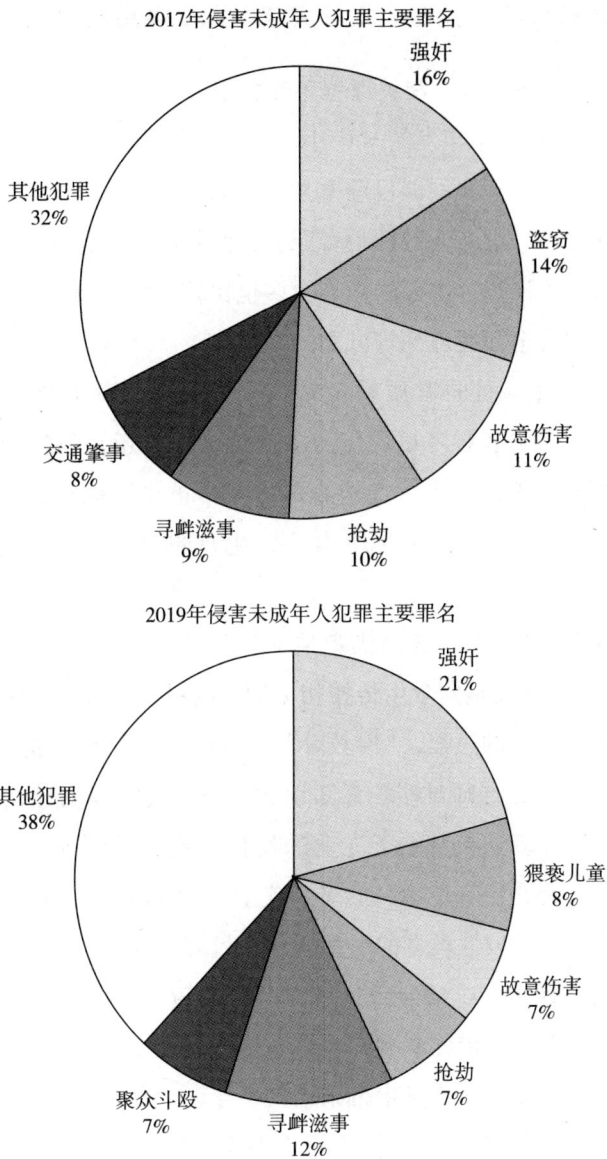

图3   2017年与2019年侵害未成年人犯罪主要罪名对比

数据来源：《未成年人检察工作白皮书（2014～2019）》。

（二）学校性教育：专业人才欠缺，无法满足需求

1. 课程开展效果不佳，相关课程不受重视

教育部早在 2008 年印发的《中小学健康教育指导纲要》中就提到要将性教育纳入健康教育框架，但目前基层学校性教育实际开展情况并不乐观。大多数学校并没有开设专业的性教育课程，而是将性教育的内容分散在心理健康课和生物课等课程，讲课的内容大多也比较浅显，极少有学校会为学生传授性观念、性安全和性道德等方面的知识。

虽然我国一直号召向素质教育转型，但应试教育的氛围依然十分浓厚。在中考、高考等各种考试的压力下，许多学校还是将精力放在了语数英等主要考试科目上，美术、音乐等课程常常被主课取代，"性教育"就更难分到课时。在应试教育的压力下，生理健康课程逐渐演变成了自习课。

2. 基础教育资源匮乏，无法满足学生需求

"性教育"不仅仅是向学生传授相关知识的过程，也是一个对学生"性认知"进行正确引导的过程，"性教育"老师的观点很有可能会影响学生以后对"性"的态度，老师对性教育知识的了解程度更是直接决定着课程开展效果，但我国许多学校都缺乏专业的性教育老师，目前大多数学校"性教育"相关课程都是由其他学科的老师代上。除了缺乏专业师资力量以外，缺乏教材也是我国学校性教育的一大问题。目前，我国大部分学校并没有专业的"性教育"课本，这便导致了地方"性教育"教材层出不穷但专业性不足的现象，甚至有人借此漏洞向中小学生传授"女德""同性恋是病"等封建错误思想，这无疑会给学生带来错误引导。

许多学校的"性教育"仅仅停留在两性生理差异层面，但"性教育"不只是简单的生理知识，它还涵盖了性文化教育、性心理教育、性伦理教育、性权利教育、性美学教育、性法律教育等方面[①]。通过采访调研地学校

---

① 李传印：《学校性教育的内容与途径探析》，《中国性科学》2020 年第 4 期。

负责人，我们了解到当地学校并未采取措施去了解学生具体需求，缺乏与学生的沟通，不能解答学生疑惑，也不能真正帮助学生排解困扰。

（三）社会性教育：活动范围有限，项目运行受阻

1. 活动开展范围有限

随着社会的呼吁，关于留守儿童性教育方面的相关机构、组织、调研和项目纷繁多样，各类会议、研讨、信息和报告也都层出不穷，但是青少年对性教育的参与度和满意度仍不乐观。近几年，各地涌现出不少的专业性教育机构，如湖南李丽心灵教育中心的"青柚课堂"项目及孙雪梅发起的"女童保护"项目，也有越来越多的学校邀请社会性教育机构给学生上课，但这些机构活动开展的范围依然十分有限，并不是所有的学校都欢迎社会性教育机构走进校园，而且许多性教育公益机构的固定讲师人数有限，招募的社会志愿者往往难以独立完成性教育知识普及工作，这便进一步限制了活动的开展范围。

2. 项目运行遭到排斥

受传统观念影响，并不是所有的性教育宣传活动都能取得学生家长和学校老师的支持，许多机构在进校园讲课时出现过讲到一半被学校老师叫停的情况，学校认为他们"尺度"太大，所讲述的内容不适合学生学习。"青柚课堂"项目开展过程中也多次出现过类似情况，在本次调研过程中，还有当地学校负责人在了解本项目调研主题后拒绝提供问卷填写支持。家长和学校的排斥无疑是社会性教育机构发展的一大阻碍①。

三 深入探究与个案研讨：当地性教育落后原因分析

调研结果表明，四个调研地性教育现状均不乐观，呈现出家庭、学校、社会性教育全方位缺失的特点。调研地留守儿童群体数量庞大，填写问卷的

---

① 徐莹、张碧碧、叶熊静：《幼儿园性教育现状及相关建议——基于武汉市洪山区幼儿园的调查研究》，《现代教育科学》2014 年第 4 期。

826 名当地青少年中，约 80% 的人是留守儿童，从观念到制度、从当地基础设施到性教育发展环境，调研地性教育普及受到多方因素的限制。

（一）社会氛围："性羞耻"传统观念根深蒂固

调研地均为经济并不发达的农村地区，居民受教育程度不高，思想观念相对落后，当地常住居民中留守儿童和中老年人居多，受传统观念影响，"性教育"在当地是一个陌生词，甚至有许多家长表示"性教育"是禁忌，在公开场合谈"性"是羞耻的，"性丑化"的现象更是屡见不鲜。家长在日常生活中刻意回避性教育话题，青少年就会在潜意识里认为"性"是不应该被认知的，从而产生对"性"的排斥和轻视。另外，在基层地区，当"性"成为敏感词时，便很少有人愿意打破常规，当地性教育宣传也会十分薄弱，这便使青少年对"性"更加陌生，基层性教育现状也变得更加严峻。

（二）家庭方面：家长文化程度普遍较低

如表 6 所示，填写问卷的 732 名家长中，初中及以下学历占总人数的 72.68%，大学本科及以上学历的家长仅占总人数的 1.23%。调研地家长中外出务工人员居多，大多数家长学历不高，这也在一定程度上导致家长们性教育普及意识不强，部分家长没有向子女传授相关知识的意识，另外一部分家长则是有意识而无能力，家长自身的受教育水平和文化程度对子女的成长教育发挥着重要影响。

表 6　被调查者（家长）的学历

		人数(人)	百分比(%)	有效百分比(%)	累积百分比(%)
有效	小学	86	11.75	11.75	11.75
	初中	446	60.93	60.93	72.68
	高中或中专	166	22.68	22.68	95.36
	大专	25	3.41	3.41	98.77
	大学本科	8	1.09	1.09	99.86
	研究生	1	0.14	0.14	100
	合计	732	100	100	100

（三）学校方面：学校缺乏专业师资力量

本次调研共实地采访了 4 位当地中小学老师以了解调研地中小学生理健康课程开设情况，接受采访的 4 位老师均表示学校曾开展过性教育相关活动或开设了生理健康课程，但活动及课程效果并不明显。限制基层中小学性教育课程开展的一大因素便是缺乏专业人才，学校缺乏资金进行人才引进，而现有教师队伍又无法达到专业的授课水准，这便使当地许多中小学性教育课程形同虚设，既不能满足学生需求，也无法达到家长的期望。

四 多方发力与共同关注：留守儿童性教育发展对策

促进调研地性教育普及需要家庭、学校、社会机构、教育部门、政府部门、媒体机构相互配合、共同发力。

（一）家庭教育应转变观念，加强交流沟通

1. 改变传统观念，形成正确认知

家庭性教育相对于学校性教育和社会性教育具有天然优势，家长在日常生活中能够以最直接和自然的方式影响孩子对于性的认知和态度[1]。促进子女健康成长、正确看待"性"，需要父母及时更新观念，不断提升自身的性知识水平，正视"性"的客观存在，不要刻意回避或抵制，更不要认为只有学校需要承担性教育的责任。

2. 加强亲子沟通，了解具体需求

性教育不是色情，回避话题更不是保护，给予孩子更多关注和陪伴，以平等的身份与其交流，这样才能在孩子成长的过程中及时发现孩子的困惑、

---

[1] 张红梅、尹霞、刘永存：《中小学生家庭性教育的现状调查及启示》，《教育研究与实验》2019 年第 6 期。

了解孩子的需求。刻意回避、遮遮掩掩反而容易促使青少年对"性"形成错误认知，产生性恐惧和性回避心理。通过加强亲子间的沟通，父母和子女才能够站在平等的位置上对性和生理进行公开探讨，具有高度个体性和私密性的性问题此时也得以在家庭这样一个自然的性教育场所中变得公开、透明，这既有利于子女形成对"性"的正确认知，也有利于构建健康、和谐的亲子关系。

3. 学习国外经验，引进绘本教育

绘本教育是近年来国内外大热的性教育方式，芬兰、英国、日本等国家早在20世纪70年代便开始陆续引进绘本教育，主要通过出版针对不同年龄阶段青少年的性教育画册来达到性知识普及的作用，《我们的身体》《小威向前冲》等绘本近年来也不断引至国内，家长可以充分利用此项辅助工具，在孩子成长的不同年龄阶段为其选购合适的性教育绘本，让他们在成长的过程中一步步学习相关知识，从而形成正确的性认知。

（二）学校教育应完善课程，提高课程实效

1. 开设专业课程，合理设置课程结构

建立完善的课程体系，针对不同年级学生合理规划课程内容，打破传统观念的束缚，改变男女生分开上课的方式，严格落实课程安排、严格完成具体课时要求。课程内容要由浅入深，除了基本生理健康知识的讲授外，还要注重性安全知识的普及和两性平等、性权利、性法律知识的传授，从而让学生增强自我保护的意识，帮助其远离性侵害，让学生不仅能够形成对"性"的正确认识，也能促进其形成正确的性别观，塑造健全的人格。

2. 选择适用教材，提升课堂教学效率

完善教材是中小学开展性教育课程的一大重点，学校性教育课本应根据不同地域的风俗、文化、学生当前认知程度及接受能力来进行编写，以此来使课本内容更具针对性，从而提高课堂教学效率，帮助学生从课堂中学习到真正有用的知识，运用课堂知识来解决内心困扰。

3. 收集课程反馈，了解课程开展效果

学校在合理安排课程、完成授课任务之外，还需要及时收集和整理课程反馈。其目的在于评估课程开展效果，了解学生对每次课堂内容的看法，从而总结课程开展中的不足，更具针对性地对不足部分进行调整和完善。同时，也可以在收集课程反馈时了解学生希望在下次课程中学习哪些知识，从而对课堂内容安排进行优化调整。

4. 关注学生成长，设立校园心理辅导室

留守儿童群体因父母在外务工而常常会产生"孤独感"，在设置固定课时的生理健康课程之外，设立心理辅导室是基层学校促进性教育普及的一个重要举措。辅导室内配备 1～2 名专业老师，学生在有相关困惑时便可前往辅导室与老师进行交流，老师再对其进行科学、合理的疏导，这有利于青少年在面临困惑时能及时获得解答，也有利于学校性教育的全方位开展。

5. 进行专业培训，加强师资队伍建设

各基层学校应不断引进专业人才负责性教育课程的授课，打造专业师资队伍，提升学校的教学水平。同时还应加强对学校全体老师的专业培训，使其了解性教育基本知识、形成对性教育的正确认知。在学校性教育中，只有老师掌握专业知识并悉心教导，学生才能形成对"性"的正确认知和正确态度。

（三）社会机构应发展创新，提高活动实效

1. 扩大活动开展范围，提升机构影响力

目前我国许多地区都已创立本土性教育公益机构，但真正被大众熟知的却寥寥无几，机构知名度和自身影响力成为限制性教育公益机构发展的一项重要因素。因此，相关机构应不断完善活动策划，用高质量活动来吸引大众关注。另外，性教育公益机构应不断扩大活动开展范围，与各基层中小学展开合作，通过"性教育进校园""免费性教育知识讲座"等活动让基层中小学学生在合适的阶段学习科学、全面的生理健康知识。

2. 开设固定活动场所，提升机构活跃度

性教育公益机构应开设线下固定活动场所来定期举办相关活动，一方面，定期活动能提升机构的活力和创造力，从而吸引更多青少年的参与；另一方面，场馆内可以为大众提供性教育相关书籍、影片和绘本，并安排志愿者为前来参加活动的青少年及家长讲解相关知识，从而让更多人了解"性"、了解"性教育"。

3. 加强外部交流合作，提高机构知名度

身处互联网时代，性教育公益组织应充分利用大众传播工具来进行品牌宣传。除创建微博、微信公众号等社交平台账号之外，还可以探索与外部媒体的合作，选择粉丝量多、影响力大的媒体与其达成公益合作或商业合作协议，通过其文案宣传和内容转发从而不断提高机构的知名度，达到促进性教育公益机构良性发展的效果。

（四）教育部门应输送人才，推动课程完善

1. 提供资金支持，输送专业人才

许多基层学校由于地理位置相对偏僻、教育设施不完善等原因而不具备开设性教育课程的条件，教育部门应为其提供充足的资金和人才支持，一方面能让基层学校有足够的资金投入生理健康课程的建设，为学生传授系统实用的知识，另一方面，具备专业师资人才也有利于基层学校课程内容及授课体制的完善。

2. 推动课程完善，检验教学成果

基层学校由于各类资源、资金不足，在课程开展过程中面临诸多困难，教育部门应及时关注基层学校性教育工作的开展状况，通过专家培训等方式让基层中小学教师掌握科学的授课方法，还应发布相关文件统一基层学校生理健康课程授课标准，让各地中小学对性教育问题形成高度重视。同时，为保证课程效果，可以通过抽样调查、成果展示、学生反馈、家长反馈等方式对基层中小学性教育课程开展成果进行检验。

（五）政府部门应加强监管，做好普法宣传

1. 加大对性犯罪的打击力度，做好普法宣传工作

政府部门应加大对性犯罪的打击力度，特别是针对未成年人的恶性性侵案件。近年来，青少年遭性侵案频发，2015～2019年，性侵害未成年人犯罪案件占侵害未成年人刑事犯罪案件的45%～70.3%（东方法律网提供），其中熟人作案在2016年占比高达91%，政府部门在加大对相关犯罪打击力度的同时，更应做好普法宣传以及性教育宣传工作，通过普及法律知识让公民认识到未成年人性侵害案件的严重性及恶劣性，起到警示和预防的作用。

2. 加强网络平台的内容监管，阻断色情信息传播

如图4所示，随着互联网技术的发展，城乡未成年人互联网普及率已十分接近，此时加强网络监管便尤为重要。政府监管部门应出台相关法律条例来监管网络秩序，肃清网络空间；网络监管部门应严厉打击色情网站，严格监督各类网站是否为用户提供黄色、性暴力信息，从而阻止淫秽色情信息在未成年人之间的传播，规避其后续产生的不良影响。

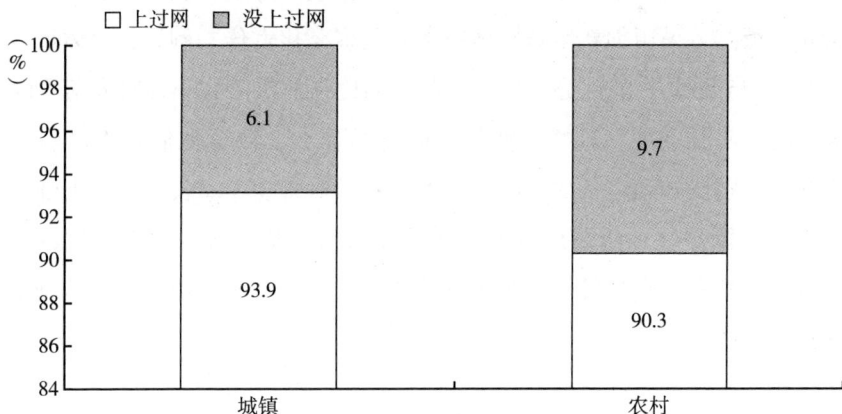

图4　城乡未成年人互联网普及率对比

（六）媒体机构应加强宣传，提升受众认知

1. 加大性教育宣传力度

随着大众传播媒介的发展，农村地区居民与互联网的连接也更加密切，媒体此时更应承担起性教育知识普及以及性教育宣传的重要作用，在为儿童进行性教育知识讲解的同时，也要帮助家长改变传统观念，引导全民建立健康科学的性观念，营造和谐的社会氛围。

2. 创新性知识宣传方式

基层媒体应根据当地实际情况制定更具针对性的媒体宣传策略，合理利用新媒体受众广、表现形式多样、互动性强等优点促进性教育知识宣传。除了通过微信公众号、微博等平台进行简单的图文讲解外，还可以利用抖音等大众喜闻乐见的短视频平台发布生动有趣的讲解视频，给大众留下更加深刻的印象。

3. 引进新媒体宣传技术

随着新媒体技术的发展，大众传播呈现出全新的格局，我国媒介生态和传播环境也发生了深刻变革。相较于传统媒体而言，新媒体宣传更具灵活性，此时应充分发挥新媒体的作用，建设新型宣传阵地，利用新媒体拉近与受众间的距离，采用创新型新媒体技术开展多元化宣传。例如，媒体可以充分发挥"iH5网页"的优势，通过一些互动性强的沉浸式小视频或情景测试让孩子们"身临其境"地感受性教育究竟是什么，测试他们是否已经形成了正确的性别认知和完备的自我保护意识；针对青少年家长及学校老师，则可以通过拍摄性教育纪录片或推广性教育知识普及类 App 的形式进一步宣传和普及性教育，充分发挥新媒体宣传的聚焦效应和传播优势，来达到更加显著和长效的宣传效果。

4. 提高性侵案件报道率

2014年发布的《中国校园性侵政府信息公开报告》显示："官方对校园性侵案件平均公开率仅为8%，只有3%的政府部门承认其辖区在五年内曾发生过校园性侵案件。"由此可知，除被媒体曝光的性侵案件外，还有许多

案件处在阴影之中，当媒体失声时，受众便无法了解真实情况，继而无法对当前严峻形势形成正确认知，最终对性教育问题予以忽视。

媒体此时承担着传递信息、发出危险信号的重要作用，在对性侵案件进行报道时应做到实事求是、公开报道，立足于事件真相，尽可能唤起受众关注的最大值，在避免对受害人造成二次伤害的前提下提高青少年性侵案件的报道率，起到警示社会的作用，提高家长和孩子的防范意识，为大众敲响警钟。

五　结语

基于对湖南四地的实地调研，我们认为当前我国部分基层地区性教育普及受到多方因素限制，发展现状并不乐观，家庭性教育、学校性教育、社会性教育体系均有待完善。大众对性教育有所了解但认知不足导致性教育并未得到高度重视，观念传统和资源匮乏又成为基层性教育普及过程中的一大阻碍，推动基层性教育普及道阻且长。家庭、学校、社会三方应合力打造三位一体的性教育普及体系，建立科学系统的性教育机制，为缺乏陪伴的农村留守儿童营造一个良好的成长空间，为其在性生理、性心理、性体征变化等方面提供全面、自然、客观的认知教育，促进其形成正确的性观念。

改变基层地区性教育严重缺失的现状，引导留守儿童对"性教育"及"性知识"形成正确认知，需要全社会共同努力。教育部门应不断向基层学校输送专业人才以推动学校课程体系的完善，政府部门应给予充分政策支持推动基层性教育普及，媒体机构应加强宣传报道来增强大众对"性教育"和"性侵害"的认知。只有全社会对性教育予以高度重视，才能从根本上减少性侵害悲剧的发生，推动青少年健康成长。

社会科学文献出版社

皮 书

智库报告的主要形式
同一主题智库报告的聚合

✤ 皮书定义 ✤

皮书是对中国与世界发展状况和热点问题进行年度监测，以专业的角度、专家的视野和实证研究方法，针对某一领域或区域现状与发展态势展开分析和预测，具备前沿性、原创性、实证性、连续性、时效性等特点的公开出版物，由一系列权威研究报告组成。

✤ 皮书作者 ✤

皮书系列报告作者以国内外一流研究机构、知名高校等重点智库的研究人员为主，多为相关领域一流专家学者，他们的观点代表了当下学界对中国与世界的现实和未来最高水平的解读与分析。截至 2021 年，皮书研创机构有近千家，报告作者累计超过 7 万人。

✤ 皮书荣誉 ✤

皮书系列已成为社会科学文献出版社的著名图书品牌和中国社会科学院的知名学术品牌。2016 年皮书系列正式列入"十三五"国家重点出版规划项目；2013~2021 年，重点皮书列入中国社会科学院承担的国家哲学社会科学创新工程项目。

中国皮书网

（网址：www.pishu.cn）

发布皮书研创资讯，传播皮书精彩内容
引领皮书出版潮流，打造皮书服务平台

栏目设置

◆ **关于皮书**

何谓皮书、皮书分类、皮书大事记、
皮书荣誉、皮书出版第一人、皮书编辑部

◆ **最新资讯**

通知公告、新闻动态、媒体聚焦、
网站专题、视频直播、下载专区

◆ **皮书研创**

皮书规范、皮书选题、皮书出版、
皮书研究、研创团队

◆ **皮书评奖评价**

指标体系、皮书评价、皮书评奖

◆ **皮书研究院理事会**

理事会章程、理事单位、个人理事、高级
研究员、理事会秘书处、入会指南

◆ **互动专区**

皮书说、社科数托邦、皮书微博、留言板

所获荣誉

◆ 2008 年、2011 年、2014 年，中国皮书
网均在全国新闻出版业网站荣誉评选中
获得 "最具商业价值网站" 称号；
◆ 2012 年,获得 "出版业网站百强" 称号。

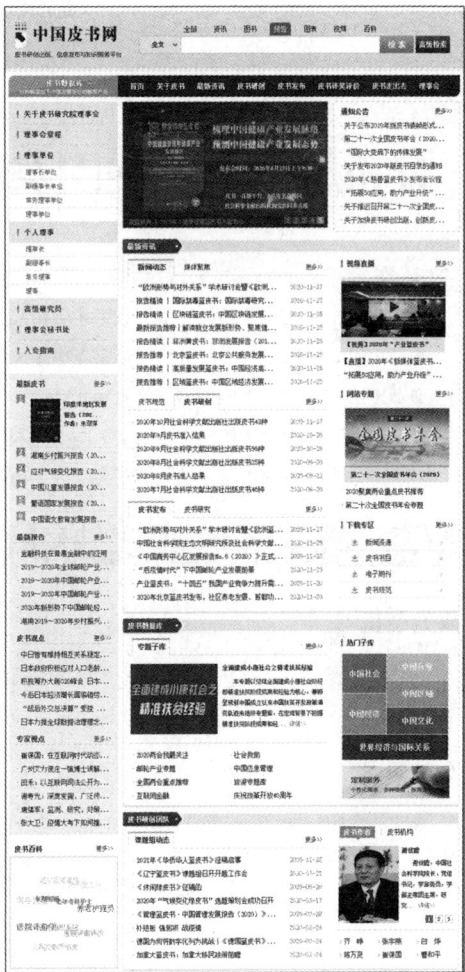

网库合一

2014年，中国皮书网与皮书数据库端口
合一，实现资源共享。

中国皮书网

权威报告·一手数据·特色资源

皮书数据库
ANNUAL REPORT(YEARBOOK)
DATABASE

分析解读当下中国发展变迁的高端智库平台

所获荣誉

- 2019年，入围国家新闻出版署数字出版精品遴选推荐计划项目
- 2016年，入选"'十三五'国家重点电子出版物出版规划骨干工程"
- 2015年，荣获"搜索中国正能量 点赞2015""创新中国科技创新奖"
- 2013年，荣获"中国出版政府奖·网络出版物奖"提名奖
- 连续多年荣获中国数字出版博览会"数字出版·优秀品牌"奖

成为会员

通过网址www.pishu.com.cn访问皮书数据库网站或下载皮书数据库APP，进行手机号码验证或邮箱验证即可成为皮书数据库会员。

会员福利

- 已注册用户购书后可免费获赠100元皮书数据库充值卡。刮开充值卡涂层获取充值密码，登录并进入"会员中心"—"在线充值"—"充值卡充值"，充值成功即可购买和查看数据库内容。
- 会员福利最终解释权归社会科学文献出版社所有。

社会科学文献出版社 皮书系列
SOCIAL SCIENCES ACADEMIC PRESS (CHINA)

卡号：155869867391
密码：

数据库服务热线：400-008-6695
数据库服务QQ：2475522410
数据库服务邮箱：database@ssap.cn
图书销售热线：010-59367070/7028
图书服务QQ：1265056568
图书服务邮箱：duzhe@ssap.cn

S 基本子库
SUB DATABASE

中国社会发展数据库（下设 12 个子库）

整合国内外中国社会发展研究成果，汇聚独家统计数据、深度分析报告，涉及社会、人口、政治、教育、法律等 12 个领域，为了解中国社会发展动态、跟踪社会核心热点、分析社会发展趋势提供一站式资源搜索和数据服务。

中国经济发展数据库（下设 12 个子库）

围绕国内外中国经济发展主题研究报告、学术资讯、基础数据等资料构建，内容涵盖宏观经济、农业经济、工业经济、产业经济等 12 个重点经济领域，为实时掌控经济运行态势、把握经济发展规律、洞察经济形势、进行经济决策提供参考和依据。

中国行业发展数据库（下设 17 个子库）

以中国国民经济行业分类为依据，覆盖金融业、旅游、医疗卫生、交通运输、能源矿产等 100 多个行业，跟踪分析国民经济相关行业市场运行状况和政策导向，汇集行业发展前沿资讯，为投资、从业及各种经济决策提供理论基础和实践指导。

中国区域发展数据库（下设 6 个子库）

对中国特定区域内的经济、社会、文化等领域现状与发展情况进行深度分析和预测，研究层级至县及县以下行政区，涉及省份、区域经济体、城市、农村等不同维度，为地方经济社会宏观态势研究、发展经验研究、案例分析提供数据服务。

中国文化传媒数据库（下设 18 个子库）

汇聚文化传媒领域专家观点、热点资讯，梳理国内外中国文化发展相关学术研究成果、一手统计数据，涵盖文化产业、新闻传播、电影娱乐、文学艺术、群众文化等 18 个重点研究领域。为文化传媒研究提供相关数据、研究报告和综合分析服务。

世界经济与国际关系数据库（下设 6 个子库）

立足"皮书系列"世界经济、国际关系相关学术资源，整合世界经济、国际政治、世界文化与科技、全球性问题、国际组织与国际法、区域研究 6 大领域研究成果，为世界经济与国际关系研究提供全方位数据分析，为决策和形势研判提供参考。

法律声明